ALDO NAOURI

PARIER SUR L'ENFANT

POCHES
ODILE JACOB

Pour l'édition de poche :

15, RUE SOUFFLOT, 75005 PARIS

www.odilejacob.fr

ISBN : 2-7381-1029-0
ISSN : 1621-0654

Pour mes enfants, dans l'ordre,
Laurent,
Agnès,
Elsa.
Et à Jeanne, mon épouse, leur mère.

Je tiens à remercier, ici, Monique Cahen, Françoise Peyrot et Jean-François de Sauverzac pour les avis qu'ils m'ont donnés. Le soutien qu'ils m'ont apporté m'a aidé à mener à bien la rédaction de cet ouvrage.

Avertissement

On n'apprendra, dans cet ouvrage, rien de vraiment nouveau.

Cette déclaration préliminaire devrait, en principe, se suffire à elle-même et n'appeler aucun commentaire. Mais, comme elle peut paraître décourageante ou incongrue, sinon provocante, habile ou suspecte, elle mérite d'être quelque peu étoffée. Elle le sera donc, alors même qu'elle s'est imposée spontanément à moi jusque dans sa littéralité.

Il est vrai, et on aura tout loisir de s'en apercevoir, que rien de ce que je décris ou dont je traite aux différents chapitres de cet ouvrage n'est ou ne peut être ignoré de qui que ce soit. Quand je parle du flottement des idéologies, des vicissitudes du couple ou des mouvements qui travaillent notre tissu social, quand j'aborde l'élevage des enfants ou le malaise des adolescents, le rôle des médias ou la mort subite du nourrisson, je n'apporte aucune autre information que celle dont matériellement chacun dispose, par son expérience personnelle ou par ses propres moyens d'édification. Et on poursuivrait indéfiniment l'inventaire que j'esquisse, cela n'y changerait rien !

Si bien qu'on pourrait considérer mon travail comme un long processus de simple référence à des évidences flagrantes et notoires. Ce n'est pas faux.

J'ajouterai, pour être encore plus complet, que je n'ai pas manié lesdites évidences en professionnel de la sociologie ou de la prospective, pas plus qu'en philosophe ou en moraliste. Je n'ai à ces compétences aucune prétention, pas plus que je n'en ai à celle d'universitaire culturé et bardé de références bibliographiques ou à celle de statisticien-analyste surin-

formé et manieur de chiffres. Je me suis seulement appliqué à privilégier le statut des évidences que j'ai rencontrées, en prenant le temps de les examiner minutieusement et jusque dans ce qui m'a paru être la moindre de leurs conséquences, sans jamais considérer a priori *que tout était simple ou devait aller de soi.*

Ma réflexion, à cet égard, n'a pas d'autre ambition que d'être similaire à celle que le bon sens de chacun pourrait lui faire mener. Mais, comme il est bien entendu que mon entreprise n'est pas fondée sur une compilation gratuite ou capricieuse de faits disparates qui auraient été pris au hasard, j'invite le lecteur à se méfier de sa construction et à ne pas s'en laisser imposer par son apparente facilité, voire parfois par ce qui pourrait passer pour de la subtilité ou de l'élégance. Cette construction est la mienne. Elle porte la marque de mes adhésions autant que la trace de mes convictions les plus intimes. Elle est le produit de mon propre parcours existentiel et ne devra jamais être lue autrement. Je ne veux pas avoir entrepris, entre autres choses, de dénoncer les sortilèges des démonstrations impeccables, pour finir par en produire une à mon tour.

Qui plus est, l'agencement de mes arguments éventuels est profondément marqué par le fait que je suis un professionnel de l'enfance. Un professionnel au sens large du terme. De la santé physique de l'enfant, à proprement parler, tout d'abord. Mais aussi — je l'ai manifesté dans mes précédents écrits [1] *— du tissu environnemental qui module et modèle son devenir. Comme tout cela se trouve mâtiné d'un rapport étroit à la psychanalyse, dont on sait l'impact et la force, au moins sur l'imaginaire du public, il y aurait de quoi me conférer quelque autorité — d'autant que je m'appuie, fréquemment, sur des observations cliniques que j'exploite à un point inhabituel. Eh bien, il n'est pas jusqu'à ce point qui ne me paraisse mériter d'être pris avec la plus grande circonspection. Mon statut social ou mes divers parcours m'autoriseraient-ils, en leurs seuls noms, à produire toutes les assertions, toutes les acrobaties ou toutes les déductions ? Alors même que rien n'interdirait de considérer les résultats de l'exercice auquel je me suis livré comme autant de marchepieds, judicieux mais* *néanmoins suspects, d'une entreprise qui demeurerait masquée pour sa plus grande partie.*

On peut, en effet, aisément convenir qu'on ne devient pas par hasard un professionnel de l'enfance, et a fortiori *celui que je suis devenu. Bien au contraire. Cela ne peut se comprendre ou se concevoir que comme un choix nettement défini, parfaitement circonscrit et ayant une fonction irrécusable. Choix qui pourrait résulter d'une série de contraintes dont la moindre ne serait pas la nécessité de résoudre des problématiques personnelles inabordables par d'autres voies. Je ne trouve, d'ailleurs, aucune satisfaction morbide à le reconnaître aussi ouvertement, puisque ce genre de mécanisme se situe au cœur le plus secret de toute option existentielle. Mais on comprend qu'à l'inverse m'en réclamer, sur le mode d'une autorité quelconque tout en rechignant à en faire état, ne pourrait ressortir qu'à l'usage abusif d'alibis pour le moins troublants.*

Alors ?

Alors, il y aurait, là, on s'en sera aperçu, l'esquisse d'un modèle circulaire et sans fin de relance du questionnement qui n'a rien d'un pur exercice de style.

Il me semble que, dans un travail au cœur duquel il a été, il est et il sera, sans relâche, question de difficultés de communication, mon tout premier devoir consistait à ne pas en édifier une de plus. Certes, j'ai un rapport étroit à l'enfance et je veux regarder les évidences que j'aborde avec ce regard fasciné et neuf du tout-petit qui n'a pas encore appris à s'en laisser conter. Mais, de ce rapport à l'enfance, nul ne peut se déclarer, quels que soient son âge, son sexe, sa profession ou sa condition, être indemne. Et chacun, ayant été enfant et ayant été affublé d'une famille dont l'aventure n'a pas pu manquer de laisser en lui une trace toujours présente et toujours douloureuse, peut faire sien et recouvrer l'usage de mécanismes qui ne sont ni figés ni clôturants, mais perpétuellement ouverts et en voie de relance. Chacun peut donc, au travers de sa lecture, mener sa réflexion propre, parallèle à la mienne, autonome et solitaire, réagençant à son goût, à son gré, avec ses moyens, selon son humeur et les impératifs de sa propre histoire, les arguments dévidés devant lui et dont il a toujours plus ou moins su la consistance autant que l'existence.

Peut-être parviendra-t-il à les examiner différemment à la lumière des évidences que j'ai dites flagrantes et qui en régissent l'enchaînement ? Peut-être s'en sentira-t-il enrichi et enthousiaste, ou bien, à l'inverse, éprouvera-t-il quelque agacement ou déception ? Peut-être aura-t-il le sentiment heureux d'avoir changé sans savoir pourquoi ni comment, ou bien celui dépité d'avoir perdu un temps toujours précieux ? Du moins devra-t-il convenir, au terme de sa lecture, que dans cet ouvrage il n'aura rien appris de vraiment nouveau.

Et ce ne sera que tant mieux !

Première partie

LE CORPS DE L'ENFANT

Des mots, un jour, m'ont fait.
D'autres mots, un jour, me déferont.
Un mot vivifie et un autre peut achever.
Un mot de toi suffit à faire ma joie.
Je l'attends, me le diras-tu ?

(Extrait d'une berceuse
du folklore judéo-libyen.)

La maladresse

Elle n'avait pas tourné la tête. Elle était restée dans la position exacte où mon entrée l'avait surprise, adossée à ses coussins et lisant la page de gauche d'une revue. Mais son regard, lui, était venu instantanément à ma rencontre. Il aurait dû me clouer sur place tant il était chargé de méfiance. C'était un regard noir, intense et lourd, dans de grands yeux qui mangeaient le visage pâle et maigre au menton marqué et saillant. Sa bouche n'était qu'un trait à peine rose et ses cheveux bruns étaient courts et raides. Ses sourcils fins et épilés finissaient de conférer à l'ensemble de son expression ce qui aurait pu lui manquer de dureté. Elle était vêtue d'une chemise de nuit blanche à bretelles qui découvrait des épaules anguleuses et sans grâce. Sa poitrine était plate comme celle d'un garçon et ses bras qui n'en finissaient pas étaient décharnés sous une peau terne, blafarde et un peu fripée.

Quand, tout en m'avançant, je m'étais présenté, elle avait plié son journal et m'avait regardé rapidement de haut en bas, avant d'esquisser un sourire très vite éteint. Puis elle avait fait mine de se lever de son lit. Elle s'était essayée à quelque amabilité. Ainsi était-ce moi, qui avais bien voulu venir jusque-là voir son petit Benoît... Elle m'en avait remercié sans plus d'insistance que d'émotion. Et j'ai dû me dire que sa voix rocailleuse ne pouvait sans doute pas s'assortir à un langage moins économe.

Je m'étais assis au bord du lit, à ses côtés, pour la laisser parler. Ce qui avait paru l'étonner et l'avait contrainte de baisser d'un cran ce que je percevais comme une défiance de principe, avant qu'elle n'entreprît de raconter un bout de son histoire.

Cette maternité avait été pour elle une aventure incroyable. Elle avait toujours eu des règles irrégulières et elle était réputée définitivement stérile. « Alors, les précautions... » Quand elle avait vu son ventre grossir, elle avait d'abord été contente en pensant qu'enfin elle prenait un peu de poids. Mais, quand elle avait su qu'elle était enceinte, « ça avait été un sacré choc ». Elle ne pouvait pas y croire, « ça ne pouvait pas être possible. Comme ça, au bout de tant et tant d'années » ! Pendant des jours et des semaines, elle avait essayé de dépasser sa surprise. Puis, n'y étant pas parvenue, elle avait fini par se demander si elle n'allait tout de même pas interrompre cette « grossesse incongrue ».

C'est qu'elle n'en voulait pas, de cet enfant. Ça remettait bien trop de choses en question. Surtout à son âge. Elle avait fait plusieurs fois le « tour du monde et des palaces ». Elle avait eu une vie mouvementée, trépidante, pleine de « luxe à ras bord » et elle s'y était suffisamment « faite » pour l'accepter comme devant être telle « une fois pour toutes ». Elle ne s'en était pas ouverte tout de suite au « jules » du moment qui était un important homme d'affaires et qui avait déjà eu un fils d'une première union. Mais, lui, dès qu'il l'eut appris, au lieu de l'encourager à avorter, lui avait tout de suite proposé de vivre avec elle et de garder cet enfant. Allant jusqu'à lui faire valoir, dans un élan spontané et quasi superstitieux, que c'était peut-être, pour eux deux, l'annonce d'un bonheur encore plus grand puisque rien ne laissait présager qu'elle pût devenir féconde. Elle s'était récriée. Leur « vie à deux facile, la péniche sur la Seine », leur « passion commune pour leur Harley-Davidson »... ! Il avait tout balayé. La « vie moderne » rendait « tout possible » et « la médecine était à la hauteur » : elle ne soumettait plus les femmes enceintes « aux déformations et aux contraintes ». Quant à l'« esclavage domestique », c'était « une chose révolue » : elle aurait une nurse pour l'enfant. Rien de leur existence ne serait changé ou ne devrait en souffrir... Elle s'était laissé convaincre par un programme qui avait fini par lui paraître, somme toute, rassurant et prometteur.

Elle m'avait tout de suite dit : « Je vous avertis, je suis une emmerdeuse et, vous l'avez compris, je n'ai pas la moindre intention de changer quoi que ce soit à ma vie. » Puis, comme pour m'en donner la preuve et me faire regretter mon regard attendri et amusé, elle avait ajouté : « La semaine dernière, j'ai encore fait mille bornes à moto et je n'ai pas diminué, un seul jour, ma consommation de tabac d'une seule cigarette. » Mais elle espérait que je comprendrais puisque son « amie Josette » lui avait parlé de moi et de mes « méthodes, cool, sympa et à la page ». En disant cela, elle avait jeté un œil jaugeur sur mes jeans et mes boots comme pour juger, par elle-même, sur ma personne, de la véracité de cette présentation.

Puis elle s'était tournée vers Benoît, au prénom judicieux et parfaitement dans la ligne de la forme de superstition qu'avait évoquée son père. Benoît, béni, bienvenu. La puéricultrice qui l'avait déshabillé s'était retirée pour aller préparer un biberon.

Pendant mon examen, elle m'avait regardé, assise au bord de son lit, ramassée sur elle-même, un peu recroquevillée, tendue, les mains serrées entre les cuisses, le visage attentif et penché en avant, les yeux encore un peu plus écarquillés. À la méfiance de son regard était venue s'ajouter une certaine dose de crainte qui allait parfois jusqu'à la terreur, quand il m'arrivait d'empaumer le petit corps et de le passer d'une main à l'autre. Pour l'apaiser, quand j'ai eu fini, je m'étais avancé vers elle, et je lui avais tendu son bébé. Elle avait été d'abord surprise. Puis, comme mon mouvement n'hésitait pas, elle avait déplié brusquement ses longs bras. Elle avait avancé ses mains dans ce qui se voulait un geste de recueil mais qui avait commencé par être un geste de rejet. Et je m'étais fait la remarque qu'en quelque sorte elle venait, pour la deuxième fois, de recevoir cet enfant d'un homme : du père d'abord qui l'avait convaincue de le garder, de moi ensuite, qui, sans l'en avertir, étais venu le lui coller entre les pattes. Elle avait étouffé un petit cri et ses gestes avaient été saccadés et maladroits. Benoît, qui avait été jusque-là silencieux, s'était mis soudainement à pleurer et elle avait failli le lâcher. Je le lui avais remis dans une position confortable entre ses bras et j'avais arrangé le lange pour qu'il n'eût pas froid. Il s'était rapidement calmé. Elle m'avait regardé, silencieuse et plus étonnée ou impressionnée qu'effrayée. Puis l'étonnement avait fini par disparaître, laissant place de nouveau, sinon à de la frayeur, du moins à une considérable appréhension.

J'avais pris mon ton le plus enjoué pour lui dire que tout cela ne pouvait que lui devenir rapidement familier et qu'il était naturel, au second jour d'une première maternité, de se sentir à ce point gauche avec son bébé. Elle l'avait regardé alors avec une expression fugace de douceur et l'ébauche d'un minuscule sourire attendri. Puis elle m'avait dit, chuchotant presque : « Je l'ai baptisé pour moi, pour moi toute seule », en poursuivant, sans le quitter des yeux et en lui caressant le menton : « Je l'ai appelé Fermton. » Et, comme je m'étonnais de ces phonèmes qui me paraissaient incompréhensibles, elle avait ajouté : « C'est à cause de son nom. Il a été reconnu par son père. Il s'appellera Baik. Alors Fermton Baik, vous voyez ? », ajoutant, devant mon silence qui lui avait fait lever le regard vers moi, de sa voix redevenue soudainement rocailleuse : « Non ? Vous ne voyez pas ? Ferme — ton — bec. Ah ! vous y êtes, enfin ? »

Et c'est vrai que je n'y avais pas « été », ni tout de suite ni tout à fait. Parce que j'essayais à toute vitesse de mesurer, pour Benoît, les conséquences possibles d'une surnomination comme celle-là, forgée, de surcroît, par une mère de toute évidence anorexique. Cela devait-il équivaloir de sa part, pour lui, à une injonction qui risquait de provoquer, à terme, des problèmes d'appétit, ou bien tentait-elle de lui transmettre, de cette manière étrange et singulière, le peu dont elle disposait de sa propre personne ? Était-elle en train de lui intimer l'ordre de lui ressembler, ou bien, timidement et en catimini, en train d'essayer de lui dire qu'elle n'avait à lui offrir que sa maigreur, ses bras osseux, sa poitrine plate, sa maladresse et sa terreur ? Tentait-elle seulement de se couler ainsi, comme elle était, tout près de lui, pour le faire un peu à elle ? Doucement, silencieusement ? Tout comme son corps avait un jour fini, sans l'avertir, par se réveiller pour engendrer, et lever on ne sait quel interdit.

Ça n'avait été, ensuite, qu'une longue succession de consultations envahies par les demandes les plus contingentes et les détails les plus farfelus. Comme si ce premier entretien avait épuisé, d'un seul coup, tous les sujets et clos, définitivement, une histoire à peine ébauchée.

Plus que me surprendre, elle me sidérait. Elle arrivait avec son casque de motard à la main, silhouette giacomettienne, sanglée dans un blouson et un pantalon de cuir noir qui la rendaient encore plus filiforme. Elle rejoignait, dans la salle d'attente, la nounou, bonne mamma antillaise, qui avait amené Benoît par le métro. Entrée dans le cabinet, elle ne pouvait pas rester en place. Elle arpentait la pièce dans tous les sens, allant sans raison d'un coin à l'autre, prenant parfois son bébé pour une caresse distraite ou le propulsant brutalement d'autres fois dans les bras de la nourrice, pour finir par tirer une chaise qu'elle retournait dans un geste ample à la façon des piliers de bistrot. Elle s'asseyait alors, à califourchon, et me demandait sur un ton impatient et un peu sec : « Alors, où est-ce qu'on en est du programme des réjouissances pour Fermton ? »

Et moi, jeune, incompétent, naïf et imbécile, je me persuadais que je devais lui communiquer intégralement tout le savoir et toute la science dont elle me faisait dépositaire et auxquels elle semblait tant tenir. Je relevais une forme de défi et je m'attardais à expliquer, dans les plus infimes détails, les perspectives et les progrès, convaincu qu'il me fallait d'abord la familiariser, la réconcilier avec le corps de son enfant pour pouvoir aborder ensuite les choses plus en profondeur. J'avais bien tenté, probablement maladroitement, quelques incursions dans son passé. Elle m'avait vite remis au pas : « J'vais pas vous raconter ma vie !

Qu'est-ce que ça a à voir avec les croûtes de nez de Fermton ou sa chiasse ? »

J'étais tout de même parvenu à recueillir des bribes de son histoire. Des bribes seulement. Des miettes qu'elle me jetait à son gré et selon son humeur. Le sucre au bon chienchien qui avait été sage. Non, ses parents ne connaissaient pas son enfant, ils ne savaient pas même son existence. Elle « (s')en voudrai(t) de leur en dire quoi que ce soit. Ces cons-là, ils peuvent crever » ! Son père, « brutal » et « violent » officier de police en province, l'avait « tabassée à coups de ceinture » quand il avait eu vent de sa première liaison. Il l'avait, d'ailleurs, toujours « eue dans le nez, et il avait trouvé là une occasion rêvée qu'il n'a surtout pas voulu rater ». De toute façon, elle n'avait pas vécu avec eux, ou si peu. Son père reprochait, sans relâche, à sa mère de lui avoir fait une fille au lieu du garçon qu'il voulait. Et sa mère, après elle, n'avait plus pu avoir d'enfant. Elle s'était « écrasée » et avait laissé au père « tyrannique » le soin de toutes les décisions, l'exercice de toutes les vexations et de toutes les brutalités, sans jamais donner son avis ou même s'interposer. On l'avait donc « mise en pension, chez les religieuses ». Elle s'y était « tenue à carreau ». Elle avait toujours été maigre et son cycle menstruel ne s'était jamais tout à fait bien régularisé. Comme les médecins consultés avaient tous dit que « c'était dans la tête », cela n'avait fait que redoubler la haine et la hargne que son père avait contre elle.

« Pensez comment je me suis tirée, et à toutes jambes encore, avec le premier mec qui a accepté de me prendre avec lui ! »

Les grands-parents paternels de Benoît, eux, étaient divorcés. Mais la grand-mère était très présente. Elle avait une aussi grande tendresse pour Benoît que pour sa « presque-bru », qu'elle visitait fréquemment sans réussir pour autant à la rasséréner, à l'amadouer ou à s'en faire la complice. C'était elle qui lui avait déniché la nounou antillaise et qui l'avait amenée un jour. Et ça, ça semblait, de l'avis de tout le monde, avoir été autant une chance qu'une trouvaille.

Les mois et les années s'étaient succédé sur ce mode. La péniche avait été vendue ; et la famille avait déménagé une première fois pour une de ces belles villas de Sceaux qui fut vendue, elle aussi, au bout d'un an en contrepartie de l'acquisition d'une maison encore plus grande en plein centre de Paris. C'est à ce moment-là que j'avais rencontré le père de Benoît. C'était un homme grand, massif, au visage sanguin, souriant et doux, qui prenait un air amusé et protecteur quand il regardait son enfant ou sa compagne. Il avait vainement tenté, à cette occasion, de m'expliquer les avantages de ses multiples transactions immobilières, mais je n'y avais rien compris.

Je continuais de voir régulièrement Benoît, avec sa mère et sa nounou. Il n'était pas plus malade que les autres enfants. Il avait fini par devenir un petit enfant en assez bon état, pas très gros ni potelé, mais pas maigre non plus.

Les consultations s'étaient graduellement et naturellement espacées.

C'est alors que survint cet épisode qui m'avait d'abord laissé perplexe. Benoît s'était mis à se réveiller plusieurs fois toutes les nuits et à réclamer à boire. Il buvait de petites quantités, mais souvent. Puis ça l'avait pris aussi dans la journée. Un besoin fréquent et irrépressible de boire, qu'il se sentait contraint de satisfaire, sans discernement, avec tout et n'importe quoi. Il se précipitait aussi bien sur la tasse de café noir que sur le verre de vin ou de whisky, si on n'y prenait garde.

Aux alentours de trois ans, les secteurs pathologiques organiques incluant ce symptôme sont à la fois rares dans leur occurrence et restreints par leur nombre. Je m'étais fait, cependant, un devoir de les explorer minutieusement pour me mettre à l'abri d'éventuels reproches. Sans obtenir, bien sûr, le moindre résultat.

Quand la mère de Benoît m'avait rapporté le compte rendu des examens, la situation était devenue, en à peine quelques jours, bien plus grave et infiniment plus préoccupante. Benoît allait jusque dans les WC boire dans la cuvette. Une fois, même, il avait failli s'y noyer. Une autre fois, il avait essayé de boire de l'eau de lessive laissée dans le bidet. Au square, quand son exploration ne lui donnait pas satisfaction et qu'il ne parvenait pas à faucher un biberon qui traînait sur un banc, il creusait le sable jusqu'à trouver l'humidité puis il y collait sa langue et son visage. Dans la rue, échappant à toute surveillance dès qu'il voyait une flaque, il traversait en courant et, au mépris d'un danger dont il ne pouvait avoir à son âge la moindre conscience, il s'allongeait sur la chaussée, et lapait fébrilement l'eau qui l'avait attiré, hurlant et se débattant dès qu'on cherchait à le relever, en créant les embouteillages qu'on peut imaginer.

Sa nounou et sa mère finissaient par ne plus le sortir, car il leur faussait facilement compagnie, comme si le moindre filet dans un caniveau lui donnait un incroyable génie de l'escapade. Car le plus souvent elles ne se rendaient compte de ce qui se passait qu'au bruit soudain des freins crissant et des klaxons insistants. Mais, à la maison, le cauchemar ne cessait pas pour autant : Benoît arpentait l'appartement dans tous les sens, tambourinant les portes de la cuisine, des WC et de la salle de bains en hurlant. Dès que, pour céder à son insistance et tenter de le faire taire, on lui donnait un verre d'eau, il se mettait à trépigner, en prenait seulement une gorgée ou le buvait d'un trait, et, invariablement, le jetait ensuite à terre pour repartir de plus belle dans sa quête inépuisable.

Il semblait être devenu fou.

Même dans mon cabinet, sa mère et sa nounou avaient le plus grand mal à le tenir. Il gesticulait, poussant cris et grognements, en réclamant à boire. Si, par hasard, il parvenait à échapper à la poigne qui le tenait, il allait tout droit au lavabo et s'y collait, ou bien il se penchait en dessous, cherchant désespérément aux bords du syphon quelque trace d'humidité. Quand sa nounou excédée l'agrippait et le ceinturait sur son ample giron, il arrêtait un moment son manège. Il acceptait alors de prendre un bonbon ; il le suçait en le sortant plusieurs fois de la bouche, puis, comme s'il avait épuisé ce plaisir de substitution, il levait vers moi son regard apeuré et me disait : « A boi', te pait. »

J'avais essayé de comprendre du mieux que je pouvais la signification de cet étrange symptôme. Et j'avais appris, sans pouvoir juger, sur-le-champ, de la valeur ou de la signification de la coïncidence, que la famille était depuis déjà quelque temps dans une situation des plus inquiétantes. Le père avait été arrêté et mis en prison pour une série de malversations, et la mère de Benoît passait le plus clair de son temps à changer de lieu pour se cacher et échapper à la police qui la recherchait sans relâche.

La communication de cette accumulation de malheurs m'avait écrasé et m'avait fait apparaître la situation comme bien trop grave pour mes seules compétences qu'elle dépassait de loin. J'étais parvenu, non sans mal, à faire accepter une hospitalisation. Il me semblait que je ne pouvais pas faire autrement si je voulais isoler cet enfant du milieu qui pouvait avoir fait naître son symptôme et surtout l'entretenir. Il me fallait briser une forme de cercle vicieux en mettant Benoît à l'abri de ce qui avait pu l'impulser aussi violemment. Et je me disais, de surcroît, que cela ne pouvait, en même temps, que soulager sa mère et lui rendre la vie un peu moins compliquée.

Je m'étais même fait un devoir de me rendre régulièrement dans le service où les troubles s'étaient, d'ailleurs, assez rapidement amendés.

Voilà ce que j'avais présent à la mémoire, au moment même où cette mère se tenait, là, debout, face à moi dans mon cabinet.

Elle était venue seule. Elle était furieuse et me faisait, avec la violence dont je l'avais toujours sentie capable, un procès en règle et dont je ne savais comment me tirer.

« ... De la merde, rien de plus ! De la merde ! Je suis dans la merde ! Mon fils est dans la merde ! Vous n'êtes que de la merde ! Le service à la con où vous l'avez mis c'est de la merde ! Ouais !

« Vous savez, c'est pas la peine de tirer cette gueule ! Vous n'avez qu'à juger par vous-même, et, si vous pouvez me trouver encore une salade pour faire passer la sauce, je suis prête à régler l'addition. Figurez-vous que votre putain de fameux professeur X à la noix m'a dit de venir le voir toutes les semaines. Il paraît que c'est comme ça qu'il faut faire. Et que c'est en parlant avec moi qu'il pourrait comprendre ce qui va pas chez Fermton. Un peu votre genre, fouille-merde, quoi ! Comme si vous vous étiez donné le mot ! Bref ! Allez donc savoir pourquoi, comme une conne, j'ai accepté. Faut-y que j'l'aime, mon chiard, et que j'aie gobé à vos magouilles ! J'aurais mieux fait de me casser une patte plutôt que d'y mettre un pied, dans ce putain d'engrenage. Parce que, là, telle que vous me voyez, j'en reviens. Ouais, je reviens de mon premier et dernier rendez-vous. Oh ! ça n'a pas été long ! J'ai foutu le camp immédiatement et en claquant la porte en plus. Et c'est pas demain la veille qu'ils me reverront dans ce putain de foutu service de merde. Parce que votre prof, je ne sais pas où il est allé les piquer ses diplômes, mais il peut se les foutre où je pense, c'est de la merde comme tout le reste !

« Un con pareil, ça s'invente pas ! Croyez-moi, ça ne s'invente pas ! Non, mais quel con ! J'arrive, il me fait asseoir, il se cale les fesses dans son fauteuil, derrière son bureau, et qu'est-ce que vous croyez qu'il me balance en pleine gueule comme toute première phrase ? Vous n'allez peut-être pas me croire parce que comme connerie, celle-là, elle décroche le pompon. Il me dit : "Alors, vous allez bien ?"

« Non, mais dites donc ! Dites donc ! Dites-moi seulement comment, comment il a pu dire une chose pareille ? Hein ? Comment peut-il dire une telle connerie, comment peut-il prononcer de tels mots, quand il sait que mon jules est en taule, que j'ai mon gamin dans son service de dingues, que j'ai la police au cul et que j'ai pris deux taxis et le métro pour venir jusqu'à l'hôpital sans être suivie ! Comment peut-il imaginer, même une fraction de seconde, que je puisse "aller bien" ? Et en plus pousser l'inconscience, l'impudeur et le cynisme jusqu'à me le demander ! C'est de la gueule de qui qu'il croit pouvoir se foutre ? Pas de la mienne, en tout cas, et il attendra de la revoir, pour essayer une seconde fois ! Et vous, c'est du pareil au même ! »

Je n'ai rien pu dire.

Je n'ai pas eu le temps de dire le moindre mot.

Elle s'est retournée brutalement et d'une seule pièce, blanche de rage, tremblante, et plus squelettique que jamais. Puis elle est partie en claquant rageusement, aussi, ma porte.

J'ai appris par une lettre du professeur X, qui ne faisait aucune allusion à cet incident, que la grand-mère était venue le lendemain chercher Benoît, en dégageant la responsabilité du service et en signant sa pancarte.

Je n'ai plus jamais eu de leurs nouvelles.

Benoît-Fermton.

C'est Benoît-Fermton que le monde a accueilli, dans cette chambre d'une clinique des beaux quartiers, par un matin ensoleillé de printemps.

C'est Benoît-Fermton, conçu apparemment par surprise, par accident ou par hasard — selon la manière dont on préférera s'exprimer —, dans le corps réputé stérile d'une mère qui a hésité à le garder parce que la question même de sa propre place au monde n'avait pas cessé de lui poser des problèmes. C'est Benoît-Fermton qui a suscité l'intervention massive d'un père qui, à l'annonce de la conception, a offert le partage, a insisté sur le confort, a promis la disponibilité, a annulé les obstacles un à un et a permis à la grossesse d'aller jusqu'à son terme.

Voilà ce que dit, en substance, le récit immédiat de la mère.

Mais, de cela, le monde prend-il ou pense-t-il devoir prendre le moindre acte ? A cela, le monde confère-t-il ou pense-t-il devoir conférer le moindre statut ? A cela, le monde accorde-t-il la moindre importance ?

Un récit, ce n'est fait que de mots. Un récit, c'est une succession de mots, c'est inclus dans des mots, c'est transmis par des mots. Et, des mots, qu'est-ce ? Des sons qui s'émettent, des sons qui s'agencent, des sons qui s'égrènent et puis qui disparaissent aussitôt émis. Des sons qui peuvent s'ordonner, modeler, signifier, désigner, dire, mais aussi changer, basculer, se modifier, se contredire et ne rien avoir de stable, de fiable ou de définitif.

Des mots, seulement des mots.

Même s'ils éclosent, là, en couronne, autour du corps de Benoît-Fermton.

Jusqu'à cette prénomination qui conjoint autant l'espoir et la joie que la superstition et l'attente. Jusqu'à cette surnomination offerte comme un extraordinaire et singulier viatique. Ambiguë et troublante, condensé parfait, têtu et obstiné d'une histoire combien lourde.

Des mots, seulement des mots. Insistants, rétifs, fragiles et précaires.

Comment pourrait-on leur conférer la moindre importance, la moindre consistance, se prêter au moindre de leur traitement, alors qu'ils peuvent, par leur nature et leur définition, donner lieu à tous les malentendus, ouvrir la voie à toutes les méprises ? Alors et surtout que le corps de Benoît, lui, est là dans sa matérialité admirablement stable, repérable et tangible.

N'est-ce pas le corps de Benoît sorti du corps dur, osseux et marqué de sa mère qui vient vraiment dire au monde que Benoît est là ? Un corps, ce n'est pas comme des mots. Ça ne s'évapore pas, ça ne disparaît pas instantanément pour revenir aussitôt sous une autre forme. Un corps, ce n'est pas un rêve.

Un corps, ce n'est pas un son labile et changeant. Un corps, c'est présent. Un corps, ça se manifeste. Ça peut même avoir des exigences précises, comme le suppose la grand-mère qui ira jusqu'à lui offrir, en guise de compensation pour le moins frappante, les bras dodus et la poitrine généreuse d'une nounou antillaise.

Et moi, pédiatre, n'est-ce pas le corps de Benoît que j'empaumerai, que je soulèverai, que j'examinerai ? N'est-ce pas sur lui que je devrai pouvoir lire les preuves de la satiété, celles de la carence ou des besoins autant que les signes des maladies qui pourront l'affecter ? N'est-il pas, ce corps, réputé d'accès facile à ma sagacité de clinicien ? N'ai-je pas soigné les diarrhées, les bronchites et autres érythèmes fessiers qui sont venus en altérer la quiétude ? Avec toujours la même efficacité. Et une merveilleuse aisance, rendue plus agréable encore par l'assentiment éventuel des instances dans lesquelles ma profession m'inscrit.

Un corps certain, concret, visible et vérifiable.

Une réalité.

Une série de fonctions bien répertoriées, aux mécanismes connus qui s'emboîtent et s'intriquent. Quelques milligrammes d'une poudre médicamenteuse, souvent infiniment moins, et les manifestations de ce corps seront modifiées. La chaleur laissera place à la fraîcheur, les yeux cesseront de vouloir obstinément se fermer, la souffrance disparaîtra, les cris cesseront, le bien-être reviendra. Comme s'il fallait du concret à ce qui n'est que concret ! Cohérence parfaite ! Homogénéité rassurante !

Et qui pourrait ne pas en témoigner !

Ce n'est pas comme avec les mots !

Ces mots qui dessinent, dans leur trame et leurs agencements, ni plus ni moins que ce que chacun s'obstine à croire devoir leur faire dire, et impeccablement dire !

Quel rapport y a-t-il entre le corps et les mots qui le disent ?

Sont-ils, l'un et les autres, des phénomènes tout aussi transitoires et qui ne se conjoignent que par l'effet, hasardeux, d'une forme de concomitance ou de partage des lieux qu'ils habiteraient dans le même temps ?

Un corps peut-il avoir la propriété de générer un dire précis, spécifique ou adéquat ?

Ou bien peut-il être, jusque dans ses manifestations les plus intimes, influencé par des propos qui se seraient tenus en sa présence — ou hors de sa présence, et qui auront été colportés alors jusqu'à lui par de mystérieux relais ?

Comment de simples mots, à la teneur si peu saisissable, peuvent-ils s'ancrer si profondément en conduisant à une forme de sidération, ou bien, à l'inverse, provoquer de véritables réactions en chaîne ?

Est-il d'ailleurs simplement concevable qu'on puisse réunir en questions adjacentes ou voisines des disparités que rien ne semble pouvoir autoriser à associer ?

Le langage a-t-il quelque chose à voir dans les manifestations du corps ?

Et son action aurait-elle — mais comment, alors ? — le moindre rapport avec celle de la poudre médicamenteuse ? Autrement dit, peut-on trouver, dans le récit rapporté, des éléments qui fassent chaîne et qui la fassent depuis le grand-père maternel policier, provincial et brutal jusqu'à la folie de Benoît-Fermton en passant par les voyages intercontinentaux, la péniche sur la Seine et la surnomination de cet enfant ?

Cette question ne peut bien évidemment pas méconnaître, ne serait-ce qu'au titre d'une inévitable incise, l'agencement même du récit, sa construction, son travail d'exposition, son mode narratif. Et ce qui, dans cet agencement et dans tout ce qui en constitue l'écriture, organise à bas bruit un certain nombre de relais qui auraient été délibérément voulus comme tels, sans être ou avoir été nommément désignés. Il est indubitable que nulle narration ne peut échapper à ce genre d'effet et que l'organisation même du discours narratif suscite la méfiance que l'on a face au prestidigitateur dont on sait qu'il ne sort de sa manche que les lapins qu'il y avait déjà mis. Mais il est indubitable aussi que les éléments les plus concrets, les plus remarquables et les plus forts ne peuvent ni avoir été inventés ni avoir été déplacés. Dans l'étonnement qu'on peut concevoir, on pourrait désigner comme des lapins, c'est-à-dire une série de subterfuges destinés à justifier et à entretenir l'émerveillement, ce qui précisément y ressemble. Mais on n'invente pas une prénomination comme « Fermton ». On n'invente pas une mère motarde, squelettique et une opulente nourrice antillaise. On n'invente pas le récit méticuleux des manifestations pathologiques de Benoît. Elles ont été ainsi et doivent être prises comme telles, jusque dans la littéralité de leur description.

Le débat qui s'ébauche, ici, n'a rien d'un exercice de rhétorique aussi élégant que gratuit. Ce qui peut accréditer une œuvre de fiction, qu'elle soit romanesque, théâtrale ou cinématographique, c'est précisément la cohérence qui soude les faits et soutient leur enchaînement. C'est à l'aune de cette cohérence que se mesure le génie du créateur. Et, si chacun peut en être plus ou moins impressionné, s'en sentir concerné ou ému, c'est que cette cohérence renvoie rigoureusement à un système de lois largement partagé et formidablement efficient, même s'il est ignoré, enfoui, inaccessible et insu.

Or, c'est à cette même cohérence qu'obéit un cas clinique comme celui de Benoît-Fermton.

En tant que clinicien, j'ai vécu cette histoire comme je l'ai racontée. Cela ne veut pas du tout dire que j'aie pu en maîtriser constamment et de bout en bout ce qui advenait et me sollicitait parfois violemment. Mais je ne pouvais pas faire autrement que recueillir des indices, les emmagasiner, les enregistrer avec ce qu'ils pouvaient avoir d'intelligible mais avec aussi ce qu'ils avaient d'opaque et de mystifiant.

Plus d'une fois, la tentation a été grande d'assigner un sens précis à un fait, une manifestation, un dire. L'étiqueter, l'estampiller, l'affecter d'un indice qui eût pu le rendre plus aisément classable en vertu des exigences de mes propres facultés de classement. Ainsi, quand j'entends pour la première fois le nom de « Fermton », je le renvoie aussitôt à ma perception de cette mère dont je fais une anorexique parce que mon regard de clinicien n'a pas pu ne pas recueillir des indices qui m'imposaient ce diagnostic. Mais, à partir de là, la tentation devenait encore plus grande de prendre ce mot pour un message qui eût pu « clore le bec » de cet enfant sur toute nourriture. Autrement dit, mes préoccupations de pédiatre, spécialiste du bon nourrissage de l'enfant, venaient en première ligne. Très vite cependant, une autre hypothèse, probablement influencée par la perception de ce qui se dégageait de ce tableau — singulier certes — de maternité, s'est fait jour : la mère de Benoît-Fermton, soumise aux mêmes lois que les autres mères, ne faisait que recevoir son enfant. Elle le recevait. Mais elle le recevait avec ses mots. Avec ses mots à elle, qui étaient bien à elle et pas ceux d'une autre, et pas nécessairement les miens ou ceux que je pouvais imaginer. Ses mots à elle qui gardaient tout leur pouvoir et tout ce qu'ils pouvaient impulser ou résumer, à partir d'autres mots ou d'autres significations tues et enfouies.

Il en est ainsi et pas autrement pour tous les faits et pour la suite des événements.

Et, égrenant ces mots, ou les recevant, il y a les corps.

Or, les corps se meuvent, les corps se manifestent, les corps bougent, les corps s'expriment.

Une gestuelle, elle aussi, est un langage.

Une gestuelle est un langage qui nous atteint et nous étreint par-delà les mots. Une gestuelle est un langage qui nous parle, qui nous impulse, qui nous modèle, nous affecte et nous signifie avec autant d'assurance et de précision tout ce que les mots les plus savants pourraient tenter de faire.

Il en est ainsi de ce que produit un regard quand se fronce un sourcil, quand se creuse la ride la plus minime, quand se contracte, même de la façon la plus fugace, une paupière ou quand se modifie, de la façon la plus ténue, le diamètre d'une pupille. Il n'en est pas autrement de ce que dit ou fait une main qui prend une autre main, de ce que dit ou fait une main qui empoigne un bras, de ce que dit ou fait un bras entourant une épaule... Embrassades multiples et familières, flagrantes d'expressivité. Gestes d'approche augurant une rencontre dans un flirt débutant, mimique appliquée, trompeuse ou ambiguë des danseurs sur une piste. Gestes précis des amants qui se savent, l'un l'autre, parce qu'ils se sont longuement et mutuellement appris... ou qui se découvrent parfois, sombrant dans l'émerveillement, recevant et donnant, parfaitement et sans la moindre hésitation, ce que chacun attend de l'autre !

Ce n'est que la suite minutieusement et patiemment enrichie de ce qui a été enseigné par les gestes de ces grands corps portant et ayant porté un corps plus petit dans le temps ancien et enfoui du tout petit âge, dans le temps ancien et insupportable de l'impossible autonomie. Chacun a été un tout-petit. Chacun a été porté par un parent, chacun a connu des gestes premiers et secourables et a perçu, à partir de ces gestes, le tout premier message, le tout premier témoignage muet d'aide, d'amour et d'assistance. Et nul ne peut prétendre être indemne ou vide de la trace[2] laissée en lui par ce premier modèle de communication qui formera matrice pour tous les modèles ultérieurs.

C'est la raison pour laquelle les gestes parlent et disent avec une singulière précision et une économie infinie. Ils condensent, dans l'espace et le temps, le sujet tout entier inclus dans son histoire en mouvement.

Il en est ainsi de ce que transmettent à Benoît les premiers gestes de sa mère, gestes maladroits et gauches, mais qui, coulés dans la tendresse nouvelle et nécessaire, s'accompagnent de l'émission d'une surnomination qui n'est pas n'importe laquelle : « Ferme — ton — bec. » « Ferme ton bec et tais-toi, tais, tais, ne dis rien du miracle qui s'est opéré dans le silence de mon corps, en stricte contravention de tout ce qui en était attendu. Reste mien, ainsi, en catimini, tu seras mon secret. Mon précieux et ultime secret. »

Il n'en est pas autrement de cet autre geste ample de cette même mère qui empoigne une chaise, la retourne et s'installe dessus à califourchon. Et il n'en va pas autrement, non plus, de cette manière de venir, le casque à la main, en moto. Chaque chose, chaque geste, chaque choix de ce mode d'expression renvoie à d'autres choses encore que d'autres mots ont dit ou diront. Ces gestes masculins provocants, singés ou parasités par la maladresse, l'incongruité et un zeste de grâce, ramènent à chaque fois des pans entiers d'histoire : on y retrouve sans effort le refus d'une fille — d'un corps de fille en conséquence — par son propre père, le silence épais et résigné de la mère, les règles qui ne s'installent pas, la poitrine plate, le corps d'éphèbe éternellement hésitant, et la stérilité prolongée.

Les corps organisent des séquences de dire qui se passent de mots.

Les corps organisent des séquences de dire qui se passent de mots parce que tous les mots y sont contenus, comme s'ils avaient renoncé, essoufflés, à tenter de s'articuler et ne pouvaient que de cette façon-là condenser à l'extrême un message infini et immensément étendu.

Et les pédiatres, eux, en savent quelque chose. Parce que, précisément, les corps auxquels ils sont confrontés ne savent pas, le plus souvent, faire usage du langage courant intelligible et correctement énoncé. Et pourtant ! Combien la moindre mimique est-elle un mode achevé d'expression ! Combien souvent une brusque et fugace contraction d'un muscle de la face, quand la main palpe doucement, n'est-elle pas la traduction, la seule mais la plus fiable, de la douleur qui a été éveillée ! L'art des médecins d'enfants ne consiste-t-il pas à explorer les zones dolentes, aux limites du tolérable, avec toute la délicatesse dont ils savent revêtir leurs gestes-caresses, pour en tirer les inestimables informations qui établissent le diagnostic ?

Les corps parlent. Ils parlent à leur manière.

Les corps parlent et enseignent leur langage.

Les corps parlent et témoignent, pour qui veut bien l'entendre, de l'existence d'une véritable grammaire [3], immuable et riche, qui, pour élémentaire qu'elle soit, demeure la seule et véritable grammaire de l'inarticulé, celle de l'« indicible-autrement ».

Comment la pénétrer, comment la saisir, comment la rendre, cette grammaire, intelligible, sans contresens, à chacun ? quand tout ce qui s'y déploie se trouve suspecté de renvoyer à des présupposés, aux commodités d'un classement qui ne serait qu'arbitraire et artificiel ou à l'angoisse qui envahit sans gêne cet espace immanquablement flou ? quand tout ce qui s'en signifie renvoie tout un chacun à l'énigme insondable de sa propre expérience d'une gestuelle à l'épreuve ou à l'abri des mots ? quand chaque échange instauré sur ce mode ne peut que faire référence, pour le destinataire, à ce temps, enfoui au fin fond de sa mémoire, où son viatique de gestes secourables, son stock d'impressions immédiates, s'est constitué avec plus ou moins d'intensité, de richesse ou de bonheur.

La mère de Benoît-Fermton nous en fournit un exemple d'une grande richesse et porteur d'un singulier enseignement.

A un moment précis, elle réagit aux événements, avec une violence dont la raison profonde nous demeure encore insaisissable. Et elle ne se contente pas de vitupérer, elle accuse.

Il y a certes, dans son accusation, une dose incontestable de pertinence, puisqu'elle accuse, principalement, le professeur X de n'avoir pas hésité à proférer les propos qu'il a tenus. Mais pourquoi semble-t-elle littéralement contrainte de concevoir pareille colère devant ce que son sens de l'humour — des plus authentiques, j'en témoigne — aurait pu, sans difficulté, épingler comme une regrettable, stupide et inconvenante maladresse, une maladresse dont elle aurait pu aller jusqu'à rire ?

Pourquoi ?

Saute d'humeur ? Caprice ? Fatigue ? Effet de ras-le-bol ? Les interprétations ne manquent pas qui permettraient d'évacuer, à point nommé, l'inconfortable questionnement que cet ensemble suscite. Mais ce serait au prix du sacrifice de cette cohérence sur laquelle j'ai déjà insisté et que rien jamais, dans toutes les péripéties, ne paraît être parvenu à entamer. Résistons donc à la facilité et prenons le pari de cette cohérence. Nous verrons alors que ça n'aura pas été pour le plaisir d'une simple acrobatie d'écriture ou pour celui de vaines et stériles discussions byzantines sur des choix d'attitude.

Car il en va d'enjeux infiniment plus graves.

D'un côté, il y a la note d'information du professeur X, qui ne fait pas le plus petit commentaire ou la moindre mention de ce que dit la mère de Benoît. Avec cette note, avec ce que dit cette note, avec ce qu'instaure cette note, c'est de l'incontrôlable de la folie et des avatars de traitements psychiatriques qu'il s'agira. Ce sera, en même temps, l'histoire tout entière qui restera en rade.

De l'autre côté, il y a ce que ne cesse pas de nous dire la mère de Benoît. Et cela cadre parfaitement avec l'ensemble des faits collectés en amont au point de mieux les éclairer encore et de nous permettre de faire, de cette histoire, autre chose qu'une compilation de détails farfelus sans le moindre lien organique.

D'un côté, il s'agit ni plus ni moins que de subir le hasard, de le mettre au seul principe d'une communication déclarée d'emblée, de par le simple fait de son occurrence, littéralement impossible entre soignants et patients, et de placer ainsi ledit hasard, en exergue, comme fait intangible, non aménageable et responsable du blocage de l'ensemble des rapports entre les êtres.

De l'autre, il s'agit d'affronter les interrogations et les mystères sans désespérer d'une clinique, prometteuse dès lors que l'on consent à s'astreindre à l'ascèse qu'elle impose autant qu'au respect méticuleux des détails qu'elle fournit sans compter. Le recueil des indices qu'elle produit conduira progressivement à la découverte de ce qui les noue, qui les lie et qui permet d'en comprendre l'enseignement ou la leçon, fût-elle leçon d'une erreur ou d'une maladresse. Ce qui reviendra à ne pas désespérer de la communication qui, même si elle est désignée comme difficile, ardue, sujette à toutes sortes d'embûches, génératrice de toutes sortes de pièges, demeure toujours éminemment présente, nécessaire et somme toute inévitable.

D'un côté, il s'agit de laisser au seul hasard le soin de tout organiser, quitte à ce qu'on puisse recueillir dans ce qu'il met en place, comme dans une incroyable et opportune loterie, des bouts inattendus de sens.

De l'autre, il s'agit de poser ce sens comme un préalable, en le sachant glissant, difficile à saisir ou à cerner, nécessitant autant d'efforts que de travail et de critique. Mais de s'obstiner, cependant, dans cette conduite en sachant que l'exercice n'en est pas gratuit et qu'il renvoie à chaque instant aux problèmes de chacun et au sort que le quotidien de nos sociétés lui réserve.

Il n'est donc pas inutile de revenir et de s'attarder même, de la manière la plus scolaire, à la séquence qui nous occupe.

Nous ne savons, donc, toujours pas pourquoi la mère de Benoît a réagi aussi violemment à l'entrée en matière du professeur X. Et lui n'a pas même cru bon d'en dire la moindre chose, au point qu'on peut légitimement se demander s'il a compris ce qui s'était passé ou s'il a seulement pris acte de l'orage qu'il a provoqué. On peut imaginer la scène : cette femme qui se lève d'une seule pièce, se retourne et s'en va, sans rien dire, sans une parole, en claquant simplement, mais sûrement violemment, la porte.

Or, tout cela ne se serait produit que pour deux ou trois mots, deux ou trois malheureux mots ?

Mais n'est-on pas là, précisément, dans une histoire où il n'y a à l'œuvre, de bout en bout, que des mots, des mots, encore des mots, une véritable profusion de mots ? Des mots qui balisent, des mots qui disent des étapes, des mots qui signent des séquences, des mots qui marquent des articulations. Des mots qui organisent toute l'aventure.

Où les chercher ? Où les trouver agissants ? Comment les repérer ? Ils sont tellement profus qu'on devrait presque poser la question autrement : quels sont les mots qui seraient inutiles ? où ne pas les trouver agissants ? où ne pas les repérer ? On a un choix particulièrement embarrassant. On peut relire une fois de plus le récit de cette histoire dans son ensemble. On continuera de s'en trouver impressionné, mais on n'aura, peut-être, pas saisi de façon convaincante la manière dont les mots en travaillent et en subvertissent chaque séquence.

Et pourtant !

Comment se signifie l'insistance du père de Benoît à demander que se poursuive la grossesse ? Par des mots ! Et pas n'importe lesquels, puisque ceux-là fleurent une forme de superstition qui trouvera sa redondance dans le choix d'un prénom qui évoque la bonne fortune. Et, cette bonne fortune, qu'est-ce, sinon ce que chacun peut souhaiter, espérer ; ce qui échoit de l'extérieur, qui surprend la volonté du bénéficiaire qui ne s'y attendait pas, qui n'avait rien fait pour et qui n'en est pas consciemment responsable au point de se précipiter dessus et de s'en emparer comme s'il en craignait la perte imminente ? Logique de ce qui s'appelle la bonne fortune !

Comment se signifient les exigences de la maman de Benoît ? Par la référence, à la veille d'un accouchement, au millier de kilomètres à moto, à une ration quotidienne de tabac qui n'est pas diminuée « d'une seule cigarette », puis à la vie facile dans les « palaces ». N'est-ce pas une ambiguïté singulière que cette véhémence côtoyant ce qui est décrit, dans la survenue de la grossesse, comme étant de l'ordre de l'inattendu, du miracle, et qui, une fois de plus, rejoint et se réplique autant dans la superstition du père que dans la prénomination de l'enfant ?

Comme si chacun des partenaires de ce couple ne voulait ou ne pouvait accueillir cet enfant qu'en prime ! Mais une prime qui serait venue en catimini ou sous l'impulsion irrépressible et imposante des effets d'un incompréhensible hasard. Une prime qui, parce qu'elle ne peut pas être intégrée dans tout ce qui la précède, ne devra surtout pas venir déranger l'ordonnancement impeccable d'une existence dans laquelle chacun avait pris ses habitudes. Ce qui reviendrait à mieux comprendre que, après le constat de sa grossesse, cette femme n'ait pas pu croire que s'était levé enfin, pour elle, l'ancien et insupportable interdit posé à l'intégrité du fonctionnement de son corps au féminin.

Si on voulait s'attarder à reprendre l'histoire par ce bout, on verrait s'emboîter, avec un indéniable bonheur, les rapports de la mère de Benoît à ses parents et principalement à son père : « Vous m'avez niée, vous m'avez laissée seule, longtemps seule, et je me suis démerdée comme je l'ai pu avec une anatomie non reconnue. J'ai attendu, longtemps et en secret, attendu sans rien dire, comme pour taire, étouffer ce débat que votre interdit a instauré. De ma victoire, de la résolution de mon affaire, il ne vous sera rien, rien dit, parce que vous reviendriez sans doute m'emmêler encore avec l'insupportable de ma dérogation. Alors dans le plus grand secret je demeure. Je fais ce que je fais en douce. » Ce n'est pas tout. Car on retrouverait aussi bien, probablement et de la même manière, les effets de la précédente aventure conjugale du père de Benoît qui avait, lui, déjà eu un enfant, tout autant que les rapports étroits qu'il continue d'entretenir à sa propre mère divorcée, pourvoyeuse de nounou antillaise et toute présente. Autrement dit, quel que soit l'angle sous lequel on voudrait aborder ou réécrire cette histoire, on ne pourra pas échapper à l'emprise des mots qui la parsèment et lui donnent sa force et sa consistance. Jusqu'à Benoît qui, assigné à devoir

« fermer son bec », ne s'en trouve que mieux encore un résumé relais supplémentaire.

Faudrait-il disserter sur le rapport de la mère de Benoît aux hommes qu'on ne pourrait pas les placer autrement que sous l'impact de mots, sous l'impact d'un terme qui serait une défiance infinie. Défiance qui, une fois de plus, renverrait aux imagos parentales, et principalement à celle du père policier brutal et rejetant. Mais cette défiance, au passage, m'inclut et m'englobe pour finir par précipiter de la façon la plus radicale sur la personne du professeur X. Cette défiance, je ne peux que la percevoir, tant elle est exprimée dans ce tout premier regard qui m'est lancé, depuis le lit de clinique, puis dans cet autre regard jaugeur qui évalue sur ma personne la véracité des dires de l'« amie Josette », et enfin dans cette manière de me remettre à ma place et de me renvoyer au plus élémentaire de mon statut dans toutes sortes de commentaires du type : « J'vais pas vous raconter ma vie. Qu'est-ce que ça a à voir avec les croûtes de nez de Fermton ou sa chiasse ? »

Mais où aller, une fois qu'on aura remarqué ce déterminisme formidable et cette impossibilité de se soustraire à l'espace que tissent les mots ?

Encore et toujours aux faits inscrits, traduits et transcrits dans des mots, à ces faits qui continuent d'être actifs, à bas bruit, toujours comme en catimini, une fois de plus, précisément.

Car faudra-t-il que cette mère l'ait investi, son « jules », pour que son corps soit, spontanément, sorti de sa léthargie ! Faudra-t-il qu'il lui en ait apporté des choses, cet homme, pour que, enceinte enfin de lui, elle lui fasse, elle lui fabrique, un garçon. Comme si, largement avertie par sa propre aventure, elle ne voulait pas ou n'avait pas voulu lui infliger la paternité d'une fille : son propre père ne lui aura-t-il pas administré, sur ce chapitre, une leçon inoubliable et qui sera restée à jamais marquée sur son propre corps dont il est question une fois de plus ?

Or, du corps de Fermton, cette mère au corps marqué ne s'approche que prudemment.

Elle a, au tout début de sa maternité, ces gestes gauches sur lesquels je me suis empressé de la rassurer. Mais, par la suite, elle ne s'est pas trouvée plus à l'aise. Elle a délégué. Elle a beaucoup délégué à la nounou qui avait été promise dans les termes du contrat initial. Comme pour ne pas déroger au programme que le père de son enfant lui avait tracé. Remarquons au passage, une fois de plus, l'impact et la force des mots : cet enfant n'avait-il pas été déclaré d'emblée ne pas devoir bouleverser l'existence brillante et mouvementée du couple ? Or, si l'on s'interroge sur la signification de cet étrange *a priori*, on ne peut que remarquer qu'il est une forme de point central de la négociation qui permet à la grossesse de se poursuivre. Autrement dit, l'exigence de la mère de Benoît reçoit toutes les satisfactions du côté du père de Benoît. Comme s'il avait compris, lui, que cette conception opérée en contravention des affirmations de la science devait, pour aboutir aux résultats souhaités, continuer de se poursuivre dans le respect scrupuleux de l'ensemble des conditions qui ont entouré son déclenchement. Or, faire en sorte que cette grossesse ne change rien reviendrait à poursuivre l'ensemble de cette aventure comme s'il ne s'était pas produit de grossesse, donc à créer les conditions qui satisfassent à l'exigence que tout se passe et se déroule toujours en douce et en catimini. Dans le même temps et dans le même registre, on ne peut pas ne pas remarquer que la mère de Benoît, elle, si elle se pose d'emblée comme incompétente, exigeante, voire rejetante, ne le fait pas tant par haine pour ce qui lui arrive que par l'effet même de la surprise et de l'inattendu. Or, que dit-elle de ce que fut sa propre mère ? Qu'elle était une femme écrasée, injustement accablée de reproches stupides et totalement éloignée de ce qui aurait pu constituer un modèle aisément imitable ou une référence sécurisante. Comment, dans de telles conditions, les choses eussent-elles pu avoir un autre déroulement ?

Mais comment, aussi, tout cela peut-il se nouer avec l'étrange tournant de l'histoire de Benoît-Fermton ?

On ne peut le comprendre qu'à poser la scène de violence consécutive à la maladresse du professeur X comme le point central où tout ce qui avait été dit et vécu jusque-là prenait soudainement un sens flagrant.

Serait-ce que le bain, les bains de mots eussent pu y être pour quelque chose ?

L'envisager, l'admettre ou le faire admettre n'est pas une entreprise des plus faciles, quand le scepticisme délibéré est versé au rang d'une méthode, que les sciences expérimentales règnent en dictant leurs exigences de reproductibilité et quand il est fait injonction au vivant de répondre, sous peine d'être tout simplement nié jusque dans son existence ou ses manifestations, aux seuls critères qui définissent la matière inerte !

Il est vrai que ce n'est pas une question très simple puisqu'on se retrouve dans ce que nous avons vu comme étant impalpable, incontrôlable, invérifiable, fuyant, intangible. Autrement dit, dans ce qui suscite la plus vive des angoisses et dont on voudrait se tenir le plus possible à l'écart.

N'est-il pas, en effet, infiniment plus rassurant de se cantonner aux effets, vérifiables, eux, de la merveilleuse et toute simple poudre médicamenteuse ? C'est tout de même elle, ou un de ses équivalents, qui a réussi à bloquer la folle compulsion de Benoît-Fermton, pendant son séjour dans le service.

Au début, les nounous, en se relayant, le gardaient constamment contre elles, enfermé dans leurs bras, pour l'empêcher de se livrer à sa manie. Que faisaient-elles sinon lui offrir le contact et la chaleur de leur corps maternant pour le rassurer, pour faire céder son incompréhensible terreur, pour calmer le tremblement fin de son âme, tout comme elles l'auraient fait pour un animal épuisé et transi ? À défaut de comprendre les moindres motifs de sa conduite, n'essayaient-elles pas simplement, comme elles le pouvaient, de lui signifier qu'il devait et pouvait se sentir désormais à l'abri, protégé, hors de danger, comme restitué dans le ventre chaud et rassurant dont il venait de sortir, si peu de temps auparavant ? Elles étaient des corps substituts de corps de mère qui s'offraient à un ressourcement, des corps de mère de relais, un peu comme avait dû l'être et l'avait été celui, confortable, de la nounou antillaise commise à cet office... Mais cela n'avait pas suffi à Benoît qui ne cessait pas de gigoter et de réclamer à grands cris de l'eau en hurlant qu'il voulait s'en aller. Comme si cette substitution n'avait pas réussi à effacer ce qui, impérieusement, le poussait à vouloir aller boire. Or, cela s'est poursuivi ainsi jusqu'à ce que se soient manifestés les effets de la pharmacopée. Benoît avait reçu des drogues dites incisives. Celles qui tranchent net les délires et autres manifestations jugées anormales et perturbantes pour l'enfant comme pour son entourage.

Les manifestations ont cédé. Le coup de gomme a été efficace. Benoît pouvait de plus en plus quitter sa nounou du moment et aller jouer avec les autres petits qu'il côtoyait, sans courir d'un trait vers le robinet ou les WC et sans présenter d'autre manifestation inquiétante.

Exemple frappant et indéniable de ce qui se nomme succès thérapeutique.

Effet irrécusable de la pincée de poudre médicamenteuse.

Retour en force d'une réalité du corps, d'une physiologie des corps, rassurante parce que vérifiable, immuable, sue et interchangeable en quelque sorte. Ce qui a convenu à Benoît aurait pu convenir à tout autre enfant atteint de troubles similaires.

En rester là, se contenter de ce résultat et ne pas chercher à aller plus loin est une option possible et défendable, mais que peut-elle vouloir dire ? Alors que nul ne pourrait garantir que les étranges manifestations de cet enfant ne seront pas appelées à se reproduire, sous le même aspect ou sous la forme d'équivalents guère plus rassurants ?

Le contre-argument qui vient immédiatement à l'esprit, c'est que, si de nouvelles manifestations survenaient, il serait toujours possible d'user des mêmes drogues ou de drogues équivalentes. La pharmacopée est d'une telle richesse ! Et, après tout, n'est-ce pas un sort fréquent de nos semblables que d'être dépendants indéfiniment d'une bonne médecine ? L'institution de la Sécurité sociale n'a-t-elle pas été instaurée dans ce but ? Son existence n'est-elle pas, pour chacun, la preuve d'un progrès certain et d'un pas gigantesque de nos sociétés vers des modes de civilisation qui les éloignent de la barbarie primitive ?

Par ailleurs, aller chercher d'une autre manière la racine du conflit qui tenaille Benoît-Fermton, cela paraîtrait louable et irréprochable autant comme souci que comme procédé, mais cela ne suppose-t-il pas déjà l'existence d'une forme d'idéologie sous-jacente qui, comme toutes les idéologies, trouvera des adhérents et des détracteurs ? Et encore faudra-t-il prouver que le recours à cette méthode préservera l'enfant efficacement et durablement d'éventuelles rechutes ou d'avatars quelconques.

À moins de mettre au jour les preuves de la validité d'une démarche qui serait convaincante et recueillerait l'ensemble des suffrages.

Déjà se dessine une forme de défi qui se trouve lancé à ce qui pourrait s'extraire de cohérent d'une histoire comme celle-là.

D'autant que, là encore, on ne pourra que passer par le défilé des mots.

Mais nous pouvons nous y essayer. Même si c'est peine perdue. Même si, dans la réalité, cet enfant n'aura pas pu bénéficier de ce que la reprise de son histoire, des années plus tard, pourrait nous apprendre.

À première vue, et ce qui frappe, c'est que Benoît semblait, en effet, être devenu fou. Fou d'eau. Ça avait commencé par l'eau qu'on lui avait proposée la nuit quand il se réveillait, comme on en propose à tout enfant. Mais ensuite, cette eau, il était allé la chercher partout. Il en buvait par petites quantités et sans cesse, dans le bidet, la baignoire, la cuvette des WC autant que dans le caniveau et dans les flaques boueuses.

Sa mère, sa nounou et sa grand-mère n'y ont rien compris.

Et moi non plus, d'ailleurs, qui ai fini par l'hospitaliser. Je ne reviendrai pas une fois de plus sur la suite.

Mais voilà que, au moment où les choses semblaient prendre une tournure plus supportable et presque rassurante, sa mère se manifeste, comme pour tout déconstruire ! Elle claque la porte, elle hurle, elle invective, elle retire son enfant de l'hôpital !

Sous quel prétexte ? Aurait-elle été contaminée ? Aurait-elle soudainement pris un incompréhensible relais de son fils ? Aurait-on, malencontreusement, touché à une sorte d'équilibre imperceptible mais qui eût pu avoir été nécessaire ?

Comment le savoir ? Comment en décider ?

Serait-ce vraiment pour cette simple question de quelques mots amenés en guise d'excuse ? En tout cas, c'est ce que, elle, elle nous dit en insistant et met en avant, sans la moindre confusion ni la moindre explication. Au point que nous ne pouvons pas décider qu'il puisse s'agir d'autre chose.

Certes, ces mots ne sont pas n'importe quels mots, mais, à le reconnaître et lui en donner acte, serions-nous ou aurions-nous été plus avancés ? Certainement pas. Et nous n'avons pas d'autre choix que de devoir intégrer ces mots, et la signification singulière qui en a émané, à tout ce dont nous disposons comme matériel antérieur.

Pourquoi cette entrée en matière est-elle perçue comme effroyablement agressive ? À bien des égards, et selon le vécu de la mère de Benoît, elle ne peut que l'être, incontestablement.

En effet, le professeur X savait tout de la situation des parents de Benoît, puisque sa mère et moi-même la lui avions expliquée. Le père de Benoît — à ce que je crois pouvoir m'en souvenir — avait tenté, dans ses affaires, un véritable coup de bluff, un coup de poker à la fois hasardeux et malhonnête. Il l'avait calculé, il en avait évalué les risques. Il savait ce qu'il faisait. C'était un énorme brasseur d'affaires et cela semblait faire partie des stratégies auxquelles il était accoutumé. Il avait transféré la plus grosse partie de ses biens au nom de la mère de Benoît. Puis, sur ces biens qu'il lui avait fait gager, il lui avait fait contracter des emprunts en lui en faisant retirer le montant en espèces. Il la présentait alors, munie et convaincante avec ses serviettes pleines de billets de banque, comme acheteuse potentielle, prête à payer de gros dessous-de-table, à des vendeurs d'immeubles malhonnêtes et un peu naïfs qui lui signaient des contrats en blanc, en lui avançant le montant de sa commission avant même la signature des actes définitifs. Au bout d'un moment, tout a basculé et nos deux compères se sont trouvés poursuivis par les plaintes en justice de créanciers revenus, durement, à plus de réalité. Lui avait été arrêté à l'aéroport où il cherchait à prendre un avion pour l'étranger et elle, qu'il avait eu à peine le temps de prévenir, avait donc fui de cachette en cachette.

Dans une telle conjoncture, il était, naturellement et objectivement, impossible que cette femme pût « aller bien ».

Soit.

Mais cela ne nous dit encore rien sur les raisons de la violence de sa réaction.

Et on ne se trouve pas plus avancé, sauf à supposer que cette réaction, telle qu'elle s'est produite, aura été une forme de défense élémentaire et instinctive. Exactement comme quand on retire sa main de l'eau bouillante ou qu'on écarte brutalement de soi le pommeau de la douche parce que l'eau serait devenue trop chaude. Cette femme se serait sentie brutalement dans une situation particulièrement dangereuse qui lui commandait ce qu'elle a fait.

En fait, elle aurait reçu le « Vous allez bien ? » comme la plus formidable et la plus radicale dénégation de son possible mal-être. Ce qui revenait à lui signifier que tout ce qu'elle était en train de vivre pouvait simplement n'avoir pas la moindre importance. En annulant d'un seul coup, et instantanément, tout ce qu'elle avait jusque-là accompli.

Si on se permettait, même par une question anodine et purement formelle, de supposer qu'elle pouvait « aller bien », rien de ce qu'elle était en train de vivre ne la concernait donc au point de ne pas lui permettre d'« aller bien ». Cela équivalait à lui signifier qu'elle ne pouvait plus disposer de ce qu'elle avait vécu avec son compagnon et son fils comme d'autant de choses primordiales et dont la perte pouvait être considérable.

Autrement dit, elle se trouvait renvoyée par cet effacement brutal et massif, en un enchaînement fulgurant, à payer les conséquences du fait que ce qu'elle aura fait en douce et en catimini n'aura pas laissé de trace ou n'aura pas transformé le paysage au point d'y imposer sa dimension. Il ne lui en sera en quelque sorte rien resté qui pût la redéfinir. Et son identité se trouvera à nouveau résumée dans le seul statut stable et permanent qu'elle eût jamais connu et qu'elle doit continuer d'assumer : celui de fille d'un brutal père officier de police (notons, au passage, que la police à ses trousses ne devait pas lui faire faire d'économie d'associations d'idées). Elle ne serait donc et ne demeurerait que ces seules choses que son passé d'enfant atteste qu'elle a été. Long passé, dont son corps est témoin, de fille rejetée et haïe par son père, premier homme qu'elle ait connu et dont l'attitude imprimera en elle sa défiance ultérieure envers tous les hommes. À cette défiance redevenue massive, seul son « jules » a échappé, et c'est ce qui a produit le miracle Benoît. Or ce « jules », qui l'a, pour une part, réconciliée avec elle-même et lui a offert la possibilité de se parachever dans cette grossesse inattendue, est en prison au moment où se déclenchent les troubles de leur enfant. Qu'on pût même la supposer pouvoir « être bien » à ce moment-là reviendrait à réduire à néant, une fois de plus, ne serait-ce que ce côté positif de son aventure et la distance qu'elle avait cru, grâce à lui, avoir prise avec son passé.

Elle ne peut pas ne pas résister à un pareil cataclysme. Elle se rebiffe et, pour elle, elle en est sûre, le professeur X ne peut que se fourvoyer.

Or, s'il se fourvoie à ce point dans quelque chose d'aussi simple et d'aussi flagrant, il ne peut que s'être également fourvoyé dans l'appréciation, autrement délicate, des troubles de Benoît. Tout comme moi-même, d'ailleurs, qui, dans mon évaluation de clinicien, ne m'étais laissé guider que par ce qui m'avait le plus frappé : la soif inextinguible sur laquelle j'avais fondé mon enquête médicale. Je n'avais tenu compte que de l'« eau ». Alors qu'il avait été, pourtant, nettement et clairement dit que Benoît avalait aussi bien le café, le vin ou le whisky, et qu'il avait même tenté de boire de l'eau de lessive.

Combien délicat est donc, jusque dans le traitement d'une information clinique, le respect méticuleux des mots et combien se trouve dangereuse toute assignation hâtive de sens ! Or, si l'on y regarde de plus près et qu'on veuille chercher une signification à cette compulsion à boire, on devrait ne pas négliger le fait que Benoît, en réalité, recherchait et avalait tout ce qui était liquide. Benoît absorbait du liquide. Benoît courait, compulsivement, après le liquide. N'est-il pas étonnant que le trouble ait pris naissance au moment où les malversations incluant l'argent étaient en train d'être débattues entre son père et sa mère, probablement parfois en sa présence ? Est-il insensé de penser que le mot « liquide », ce mot même, ait pu être au centre de ces conversations ? Et, fréquemment répété, venir et revenir, chargé, par la voix et les intonations des parents, de tout ce que son manque pouvait susciter de craintes et d'inquiétude en eux ? La scène est facilement imaginable : le scénario qui se construit, se tisse et s'élabore repose intégralement sur cet élément pivot, sur ce mot sans cesse et sans cesse répété. Or, les malversations conduiront à la situation que l'on sait et à l'emprisonnement du père de Benoît. Et ce père n'est pas, ne peut pas être un individu chichement investi. Il a, au contraire, une place considérable. Car c'est lui qui a contribué, beaucoup plus que son rôle ne le lui commandait, à permettre à Benoît de naître, malgré les appréhensions de sa mère. C'est en quelque sorte à lui que Benoît doit tout simplement la vie.

Le fond émotionnel de la situation ne peut qu'être intégralement transmis à Benoît, dans le flou le plus parfait, dans la confusion la plus grande, assurément, mais avec cette précision étonnante dont on a vu que la gestuelle pouvait être capable. De l'angoisse, de la tension, le sentiment aigu d'un danger imminent ou présent sont pompés intégralement par cet enfant qui comme tous les enfants est une véritable éponge sensorielle. Et le tout se serait trouvé ponctué par le retour fréquent d'un mot, d'un mot qui aurait condensé, d'un mot qui aurait fait pont : « liquide ».

Comment ce mot-pont, liquide/argent-liquide/eau, aurait-il pu s'inscrire aussi violemment en Benoît et pour Benoît ? Comment et pourquoi, par-delà les hypothèses que j'émets et décris, Benoît s'y serait-il livré à ce point et de cette manière ? Cela ferait partie de la progression et de la trajectoire de son aventure autant que du contenu de la relation qu'il entretenait à chacun de ses deux parents. Il n'en reste pas moins que ce à quoi on a assisté, c'est que, ce mot-pont, Benoît aurait essayé de l'intégrer à une langue qu'il commençait à peine à manier. Il aurait essayé de le répercuter, il aurait essayé de dénoncer et de dire toute l'inquiétude dont il l'aurait senti être porteur. Mais il n'aurait pu le faire, sans déroger à la règle qui lui est par ailleurs assignée de « fermer son bec », qu'en l'ânonnant par son propre corps qui en serait devenu l'organe émetteur, l'écho fidèle et têtu, amplifiant mais en l'occurrence déformant par rapport au langage conventionnel. Il ne sera malheureusement pas parvenu à se faire entendre de cette manière et il ne réussira qu'à mystifier son entourage et ses médecins.

Mais, de cette propriété déformante du langage du corps, de cette spécificité de son expression, de ce genre de glissement de sens et de distorsion qu'il introduit, la mère de Benoît, elle, sait quelque chose. Enfant-fille d'emblée rejetée, elle a été sensibilisée, depuis toujours mais répétitivement, aux différences minimes mais radicales qui iront jusqu'à lui faire nier son corps, le modeler en si peu féminin et lui interdire longtemps l'accès à l'engendrement. Soumise à l'expression du non-amour de son père, n'a-t-elle pas espéré un jour pour le moins, au prix des altérations énormes imposées à son propre corps, parvenir à se faire apprécier de lui ? De l'amour porté au père, dans le secret de son propre corps qui parle pour elle, elle sait, parce qu'elle les a accomplis, appris et compris, les possibles détours. C'est la raison pour laquelle elle peut avoir entendu, soudainement, au travers de ses manifestations folles, le texte du message d'amour de Benoît pour ce « jules » auquel elle s'est elle-même vouée jusqu'à s'en rendre complice dans une transaction malhonnête.

C'est ce que pourrait lui avoir dit, en condensé et par un minuscule déplacement, la maladresse du professeur X.

Un double mécanisme se met donc en place. D'une part, elle ne peut que résister à ce à quoi la maladresse la renvoie, et, d'autre part, elle se met probablement à entendre d'une manière totalement différente les manifestations de son fils. Le message de Benoît lui apparaît comme une reprise de son propre message à peine ébauché, et, de ce fait, lui semble ne pas pouvoir et ne pas devoir continuer d'être aussi férocement réduit au silence. Enfant soumise aux règles immuables d'une véritable grammaire élémentaire, elle aura dû payer, jusque dans son devenir, les distorsions que ses parents, son père en particulier, auront imprimées à l'expression des règles de cette grammaire. Mère, à son tour, d'un enfant soumis lui aussi aux règles identiques de la même grammaire, elle assiste aux effets des distorsions qui ont été imprimées par elle, à son insu et à son corps défendant, et qui se disent « discrétion, secret, catimini, superstition ». Distorsions imposées par l'exploitation de l'économie de sa propre histoire, mais qui rencontrent un renforcement considérable dans les dispositions de son partenaire adepte des jeux, des coups de poker et des risques qui se prennent dans le silence et l'espoir d'une hypothétique bonne fortune. De tout cela, et dans la fulgurance, elle ne peut pas prendre conscience. Elle en perçoit probablement seulement les effets et ce que ces effets dictent. Elle retirera, brutalement, son fils du service avant de disparaître. Et ce sera probablement l'acte d'amour le plus authentique et l'acte tout court le plus intelligent qu'elle pouvait accomplir.

Quelle longue et dure aventure ! Quel long et douloureux trajet !

Le monde a accueilli Benoît. Et le même monde l'aura conduit jusqu'à cette expression insoutenable de son énorme mal-être. Le monde troublé dans sa quiétude et son bon fonctionnement conventionnels par des signes et des symptômes qui demeurent inclassables et hors de toute maîtrise. Et, comme ce monde ne peut plus mettre cela sur le compte de quelque divinité ou de quelque mauvais sort, ce qui reviendrait au même, il s'efforcera de réfléchir, dans l'après-coup, à ce qu'il faut faire, à ce qu'il aurait fallu faire ou ne pas faire. Comme si ces bilans pouvaient délivrer quelque enseignement, quelque parade ou quelque recette préventive.

On peut se demander ce qu'eût été la vie de Benoît s'il avait été l'enfant de n'importe quels autres parents. Les composantes de son corps eussent été immuables. Pas une de ses caractéristiques physiologiques ne s'en serait trouvée modifiée. Mais, pour le reste, ce n'aurait pu être que tout autre chose. Puisqu'il aurait été l'aboutissement d'une histoire différente dont il se serait fait l'écho et dont l'impact aurait procédé d'autres déterminants. Mais il serait resté, de toute façon, sous le sceau et la dépendance de ce que ses parents auraient véhiculé jusqu'à lui. Lesquels parents ne peuvent jamais, eux-mêmes, que répercuter ce qui leur est venu d'ailleurs et à quoi ils n'ont pas pu manquer de réagir. Cet ailleurs étant ample, multiforme et multidirectionnel, ce qui s'y origine se combine plus ou moins intimement à leur histoire pour finir, de quelque façon que ce soit, par en affecter le cours.

Fermton était en bout de chaîne des Baik d'un côté, et au bout d'une autre chaîne d'innommés de l'autre. À son père Baik, il devra de n'avoir pas fini en avorton. À sa mère, il devra ce père et le surnom timide et tendre à la fois, malgré l'horreur apparente d'un jeu de mots qui ne sera pas sans produire des effets. Mais, à Baik, brasseur d'affaires aux choix suspects, à sa mère, passionnée de moto et pétrie de défiance envers les hommes, il devra la générosité des formes opulentes de sa nounou antillaise, le confort douillet des beaux appartements... mais aussi une terreur indicible qui le conduira à une hospitalisation marquante.

Rien n'est donc plus trompeur et illusoire que d'accueillir, comme le fait le monde, Benoît comme un corps isolé, ayant ses lois propres et complètement clivé de toute influence du milieu qui l'a produit et continuera de le façonner.

Ce corps, écho fidèle et comptable méticuleux, concentre en lui, et répercute en retour, tout ce qui lui vient d'amont et dont il est, immuablement, l'antenne et le réceptacle. Et cet amont commence au couple de ses deux parents.

Et comment ce couple pourrait-il rester indifférent ou à l'abri de son inscription dans les événements de sa vie courante ? Pendant des mois et des années, les parents de Benoît-Fermton ont eu une existence peut-être risquée et mouvementée ; néanmoins était-elle confortable et éloignée du danger dont l'éclosion des troubles graves de leur enfant se trouvera être contemporaine. La coïncidence extraordinaire de la survenue des troubles et de l'arrestation du père aurait dû être prise en considération de façon plus appuyée aussi bien par moi-même que par les soignants hospitaliers. Or elle a été négligée. Elle a été négligée pour plusieurs raisons.

Moi, le tout premier, je ne pouvais pas — je le répète, bien que je le regrette —, sauf à trahir mon statut social, décider arbitrairement que cet enfant ne pouvait pas être porteur d'une des maladies que j'ai recherchées et dont ce symptôme pouvait être une manifestation. Mais, ce faisant, je me suis rétracté derrière une position bien définie et confortable de pédiatre clinicien organiciste, comme si l'intérêt que je pouvais porter aux manifestations d'un autre ordre avait soudainement revêtu le caractère d'une imposture. Car, si, comme chacun de mes collègues, je peux percevoir une série de nuances fécondes et utiles, je sais que jamais l'usage de ces nuances n'a fait l'objet d'une reconnaissance officielle, d'un quelconque enseignement ou d'une quelconque formation. Ce serait comme si l'annonce qui m'avait été faite d'une transgression de la loi par le père de Benoît m'avait acculé à rentrer moi-même frileusement dans l'ordre étroit des seules choses établies et à craindre de voir étiqueté comme transgressant l'intérêt que je pouvais porter à l'autre pan de l'histoire. Cela m'aura considérablement bouché les oreilles.

Pour ce qui est du professeur X, des mécanismes identiques pouvaient être intervenus, compliqués sans doute d'une possible relation conflictuelle à ma propre personne, parce que, je l'ai appris ensuite, il jugeait que je venais trop souvent à son goût dans son service.

Et nul sans doute, sauf peut-être les soignantes nounous de substitution, n'aurait pu se trouver à l'aise dans une situation qui était proprement amorale. Une situation où de l'argent avait été volé, et en quantité énorme.

Il serait totalement illusoire d'imaginer que les systèmes soignants ou tous autres systèmes concernés par l'enfant puissent être à l'abri de pareilles interférences. On voit mal comment leur statut pourrait les mettre en position d'extra-territorialité par rapport à un tissu social dont ils ne sont que les sécrétions autant que les servants. On voit mal comment, par le seul effet de leur existence, ils pourraient restaurer l'efficience de cette grammaire élémentaire — sur laquelle nous aurons à revenir — ou changer quoi que ce soit à la manière dont se noue la relation d'un parent à son enfant et inversement. On voit mal comment l'instauration de cette relation peut s'accommoder de ce que conçoit ou autorise ce même tissu social. Il y a, là, quelque chose de très confus, quelque chose de très mal défini, quelque chose de noyé sous des strates d'*a priori*, d'idéologies, d'idées toutes faites et de bonne conscience. Chacun pourra protester de l'intérêt majeur qu'il porte à l'enfant, il n'aura pas d'autre argument à aligner que la validité et l'efficacité foncières qu'il croit être celles de ses méthodes. Proposant simplement de tracter à lui l'enfant et de le retirer d'une situation qu'il pourra juger immorale ou pitoyable pour ne lui offrir que ses propres services, certes, peut-être, plus conformes à l'ordre courant, mais, au demeurant, parfaitement anonymes.

Il n'y a pas que des nounous mères de substitution. Il y a un environnement serré, étroit et compétitif tissé autour de l'enfant.

Mais imaginer que cet enfant, amené jusque dans le cabinet du pédiatre, se trouve isolé et à l'abri des remparts que forment pour lui ses parents, c'est commettre une grave erreur de réflexion et de méthodologie. Quoi qu'on dise ou veuille, l'enfant n'est rien d'autre qu'un point. Un point d'un ensemble considérable, ouvert et dont tous les éléments sans exception sont interactifs. Un point auquel confluent, sans exclusive, toutes les forces de ces différents éléments.

Résultat, provisoire, d'une conjonction de désirs qui lui ont donné naissance, il ne cesse à aucun moment d'évoluer avec les avatars de ces mêmes désirs, véhiculés jusqu'à lui par ses parents qui, loin de le protéger, lui transmettent intégralement ce qu'ils ressentent sans lui en faire faire l'économie de la moindre parcelle. Mais cela, ils ne le savent pas. Cela, ils n'en veulent rien savoir. Cela, ils le nient. Et, autour d'eux, tout, tout les encourage à demeurer dans cette ignorance et dans cette dénégation.

Pourquoi ?

Pour quel résultat ?

Et dans quel intérêt ?

Deuxième partie

L'ENFANT SURINVESTI

Si la mère est concernée par la naissance,
c'est le père qui met au monde l'adolescent.

(Aphorisme
du folklore judéo-libyen.)

CHAPITRE PREMIER

La gradation

« ... C'est vrai. C'est incontestable. Et, si je m'en réfère à ma propre expérience, c'est encore plus évident. Je ne peux pas ne pas être choquée par cette manière de faire. Je ne peux pas ne pas la réprouver. Même si on me répète que ça fait désormais partie du paysage et d'un nouveau mode de vie, et que nous devons nous y adapter. En tout cas, je peux vous dire qu'il y en avait un qui ne voulait rien entendre à cette manière de voir qui passe pour nouvelle, c'est le père des jeunes filles. Il s'arrachait les cheveux, le malheureux, et il essayait désespérément de faire entendre son point de vue. Il n'a pas eu le moindre succès. Comme vous pouvez l'imaginer, chacun l'envoyait bouler et le traitait de rétrograde, d'attardé, d'amoureux jaloux et possessif de ses filles et de je ne sais pas quoi encore. La mère, elle, en revanche, trouvait tout ça parfaitement naturel. Elle disait à qui voulait bien l'entendre qu'il valait mieux pour ses filles de faire ça, confortablement installées chez elle, plutôt que d'aller dans les champs ou dans une bagnole, en cachette, avec en plus des choses comme le secret, la honte et une culpabilité stupide et inutile.

« En tout cas, je peux vous dire que les filles, elles, elles étaient parfaitement à l'aise. C'en était même incroyable : elles sortaient de leur chambre sans gêne aucune, en minislip avec leur tête ébouriffée et leur incroyable T-shirt. Elles se baladaient toujours comme ça. Le matin, elles arrivaient à la table du petit déjeuner dans cette tenue, les fesses à l'air, pas même provocantes, avec leur bouille pleine de sommeil. Et tout cela ne semblait leur paraître rien de moins que nature ! Elles n'arrêtaient d'ailleurs pas de dire, elles aussi, en écho à leur mère, que quand on s'aime il n'y a pas à avoir d'hypocrisie. Et leur mère de les féliciter, de les approuver et de surenchérir. Elle m'a dit en aparté : "Moi, je préfère ça, au moins il n'y a pas de dissimulation. De cette manière, elles ne sont pas seules. Elles ne sont pas perdues. Elles viennent même souvent me voir pour me dire comment elles se sont débrouillées, de quelle manière ça s'est passé, les difficultés ou les obstacles qu'elles ont pu rencontrer. Et moi, je leur donne mon avis et les conseils que je peux leur donner. Le sexe, vois-tu, c'est une chose beaucoup trop importante dans une vie pour que ce soit raté. Et ça peut si facilement l'être à cause de stupides mesures répressives ou faute d'informations les plus élémentaires."

« Moi, je vous avoue que je ne la comprends pas. C'est vrai, je ne la comprends pas, cette femme. Sincèrement, vous voyez, je crois et je suis même à peu près sûre qu'elle se trompe. Je crois réellement que la sexualité ne peut pas s'afficher, et surtout pas de cette manière. Parce que c'est quelque chose que l'on fait et que l'on doit faire pour soi, pour se détacher de ses parents, et justement grandir malgré eux, contre eux et contre leur désir de mainmise perpétuelle. Ça n'a rien à voir avec la dissimulation. Moi, personnellement, à cet âge, je n'ai bénéficié d'aucune complaisance et je peux vous dire que je ne le regrette pas, que je ne m'en plains pas et, même après avoir entendu ce que j'ai entendu, je suis plutôt ravie du sort que j'ai connu.

« Eh bien, vous voyez, autant je comprends votre moue et vos réticences quand je vous raconte l'histoire de cette amie, autant je ne comprends pas la tête que vous faites quand je vous raconte que j'ai expliqué à Paulin comment on embrasse une fille. Je n'ai rien fait de mal. Je pense, au contraire, que je lui ai rendu service. Et un service d'une tout autre nature. Parce que, ce que j'ai dit, c'était de la pure information, un point c'est tout. Il avait onze ans et il est venu lui-même, le plus sérieusement du monde, me demander comment et de quelle façon ça se passait. Je ne pouvais pas ne pas lui répondre. C'est vrai que je lui ai tout expliqué dans les plus petits détails. Mais, que voulez-vous, moi, je trouve que c'est tellement important le baiser, et qu'il y a tellement d'hommes qui embrassent mal !... D'ailleurs, je pense qu'il a bien assimilé ce que je lui ai expliqué et je crois que je n'ai pas si mal fait, puisqu'il est venu, quelque temps après, me raconter qu'il avait fait ça trois fois et que ça lui avait bien plu. Vous voyez bien qu'il s'émancipe et qu'il ne reste pas dans mes jupes. Bien au contraire, je me débrouille et je fais tout pour qu'il soit le plus souvent possible avec son père. Son père qui, soit dit en passant, n'en est pas si content : il me houspille en disant que je le lui colle un peu trop souvent entre les pattes.

« Non. Non, je ne suis pas d'accord. Je crois que ce que j'ai fait n'a rien à voir avec la complaisance que vous supposez. Cette complaisance, je vous assure que moi-même je la condamne, et véhémentement...

(Silence...)

« Dites, puisque je suis là, j'en profite pour vous poser une question, justement, de la part de Paulin. Il savait que je venais vous voir pour son frère et il a insisté pour que je ne l'oublie pas : il s'inquiète de sa poitrine qui gonfle un peu. Il m'a montré qu'il avait le sexe qui grossissait et qu'il lui poussait du poil tout autour. Il m'a dit qu'il était embêté par ses mamelons parce qu'il avait peur qu'il ne lui pousse des seins. Je vous avoue que je n'ai pas su quoi lui répondre. Est-ce normal ?

— Vous lui rapporterez ma réponse en lui expliquant que, dans les processus pubertaires, cette congestion mamelonnaire, et même quelquefois mammaire, est tout à fait normale. Elle existe dans les deux sexes, mais, chez les garçons, elle s'arrête assez rapidement. D'accord ? C'est clair ? Bien ! Revenons à la façon dont il vous a posé cette question. Trouvez-vous normal qu'il vienne à son âge vous montrer encore son sexe comme il l'a fait ? Et croyez-vous que ce soit totalement indépendant de votre explication du baiser ?

(Long silence, puis :)

— C'est vrai, ce que vous dites. Je n'y avais pas pensé comme ça. Mais, que voulez-vous, je ne sais pas, je ne peux pas ne pas fournir d'explication... »

La mère de Paulin est, incontestablement, une mère pleine de bonne volonté persuadée que son attitude est strictement irréprochable. Et, pour me le prouver, elle n'hésite pas à mettre cette attitude en balance avec celle de son amie dont elle condamne « véhémentement » la douteuse complaisance. Sa propre manière de faire, pour s'être cantonnée au seul stade des « explications techniques », se trouverait à l'abri des écueils et ne devrait rien produire de nocif. Son fils n'est-il pas, d'ailleurs, venu rapidement de lui-même, comme pour la conforter sur la qualité de la leçon qu'il a mise à profit, lui raconter ses prouesses d'embrasseur ? Et cette narration n'est-elle pas, à elle seule, une preuve rassurante des effets de son action pédagogique ? Ne constitue-t-elle pas, sans la moindre ambiguïté, le signe patent du fait que ce jeune garçon n'est pas plus fixé à elle qu'il ne risque de le demeurer ? Elle se trouve de bonnes raisons pour protester. Car elle se vit comme foncièrement différente de son amie dont elle a parfaitement compris que le manège, au demeurant devenu banal et courant de nos jours, ne masque ni plus ni moins qu'un violent désir d'appropriation définitive de ses filles. Elle dénonce la compréhension, l'approbation, le confort et la sollicitude offerts à profusion à ces adolescentes comme un piège redoutable auquel elle-même sait avoir pu heureusement échapper. Cela lui permet de dire, au passage, des choses pertinentes sur la fonction des premières amours. Mais cela ne l'empêche cependant pas d'avoir quelques difficultés à comprendre que les confidences de son fils à peine pubère, aussi bien que la monstration qu'il lui fait de son sexe, découlent de la complicité qu'elle lui a manifestée, à son insu, par les explications détaillées qu'elle lui avait fournies !

Est-ce un hasard que, au sortir de l'histoire de Benoît-Fermton et de sa folie, on se retrouve trempé dans une autre forme de regrettable excès ?

Certainement pas. Car les deux cas peuvent légitimement se succéder, même s'ils présentent des différences considérables.

Certes, l'histoire de Benoît-Fermton se situe hors du temps, hors des époques et à l'écart des modes changeantes. Centrée, en effet, sur le seul impact d'un signifiant qui, dès lors qu'il a éclos, organise le devenir de l'être, elle est exemplaire d'un destin quasi universel que connaît chaque humain. Elle paraît éloignée, à cet égard, de ce qu'instaure le discours de la mère de Paulin puisque ce discours est centré, lui, sur une brûlante actualité dont nul n'aurait pu imaginer les effets, ne serait-ce que dans les années soixante. Mais ces deux aventures d'enfants partagent une caractéristique commune : elles sont des aventures d'enfants qui pâtissent incontestablement des conditions de l'existence qui leur est faite. Ce n'est pas parce que, dans la seconde, nous sommes confrontés, de la manière la plus précise, au parasitage conjoncturel d'un devenir par ce qui se trouve concédé au discours du moment, que nous pouvons déclarer ce devenir comme potentiellement moins préoccupant. Le discours du moment ne fait que créer, de toutes pièces, les conditions d'une aliénation qui prend simplement d'autres allures et d'autres modes de manifestation que ceux qui ont été reconnus jusque-là.

On pourrait faire quelque réserve et dénoncer l'artifice en arguant de ce que Benoît-Fermton est un enfant petit, alors que Paulin et les jeunes filles de l'amie de sa mère sont dans la traversée de l'adolescence ; que Benoît-Fermton est plus passif, plus réceptif, moins libre de ses choix, et qu'il prend, en conséquence, de plein fouet le choc produit par la situation de ses parents ; alors que ces adolescents, déjà quelque peu constitués, auraient un registre optionnel et des défenses plus à même de les préserver ; qu'il s'agirait, autrement dit, là, d'une mise en parallèle abusive de situations qui ne peuvent en aucun cas s'apparier.

Ce serait faire preuve de beaucoup de naïveté, d'une considérable mauvaise foi ou d'une méconnaissance suspecte de faits pourtant flagrants. Car la distinction qui se trouverait faite ainsi, par tranche d'âge et sur ce mode, n'est que des plus artificielles.

Qu'on se reporte au père, brutal officier de police, de la mère de Benoît, ou à la mère, divorcée, de M. Baik, on ne peut pas dire que leur action sur leurs enfants ait tout à fait cessé quand ces mêmes enfants sont devenus adultes. Bien au contraire, il en ressort que la relation parent-enfant se poursuit très longtemps, voire indéfiniment — nous y reviendrons souvent, d'ailleurs —, et qu'elle ne cesse pas d'interférer dans les conduites et le devenir des individus.

Il est bien entendu que cette relation ne pourra pas ne pas connaître d'aménagement, ne serait-ce qu'autour de la réalité des corps qui se modifient. L'enfant demeure, certes, et à bien des égards, ce qu'il est, tant que n'ont pas été franchies les étapes délicates de sa transformation ; tant que la chrysalide devenue inutile n'a pas été abandonnée pour qu'ait lieu le premier, maladroit et définitif envol ! Néanmoins, après cette étape, ce corps qui se sera, à proprement parler, écarté de l'enfance cessera-t-il d'être, pour les parents, le même corps de leur enfant ? Le fils, jeune adolescent, de la locutrice vient, tout naturellement, lui montrer son sexe. Elle ne s'en trouve pas le moins du monde choquée. On peut se demander, dans ces conditions, quand, comment et pourquoi lui cessera son manège et quand, comment et pourquoi elle commencera à en être choquée.

Il est certain que si des rapports nouveaux, rigoureux et parfaitement définis ne sont pas instaurés entre les parents et leurs enfants grandis, il ne pourra régner entre eux que la plus dommageable des confusions. Encore faudrait-il, pour que la chose fût possible, que les rapports des parents aussi bien à leur enfant qu'au corps de cet enfant aient été, préalablement et depuis toujours, définis sans la moindre ambiguïté, et que le statut de l'enfant ait pu être reconnu avec la plus grande précision. Car, en l'occurrence, le moindre flou ne pourra qu'entraîner une véritable cascade de catastrophes.

Or, notre époque se préoccupe assez peu de ce genre de précision. Bien au contraire, elle la noie littéralement sous un monceau d'informations qui, pour être des plus abondantes, des plus étayées, des plus audacieuses, n'en sont pas moins souvent aussi des plus contradictoires et des plus erronées. Au point qu'il n'est pas de sujet qui puisse prétendre à une plus grande fortune.

Est-ce un hasard que jamais un si grand intérêt ne se soit manifesté autour de l'enfant ? Certainement pas !

Mais, à répondre aussi vite et aussi catégoriquement, et à vouloir laisser penser, de ce fait, que cela doive bien servir à quelque chose ou à quelque instance, la question mérite d'être complétée par une autre, du même type : par qui cet intérêt (étant entendu qu'un tel intérêt ne peut pas être gratuit !) est-il manifesté ?

Par ce que je désignerai dorénavant, faute de pouvoir être plus net, plus précis ou plus rigoureux, sous l'appellation de « contexte social ».

Bien qu'il ne s'agisse pas pour moi de forger un quelconque concept ou de me lancer dans les sentiers étroits de définitions moins approximatives, il m'apparaît néanmoins nécessaire d'étoffer cette appellation de quelques commentaires, pour que ne s'y glissent pas de regrettables malentendus.

Désignant ce « contexte social » (je l'écrirai désormais sans guillemets), je ne me livre pas pour autant à l'expression irréfléchie d'un délire personnel d'essence plus ou moins persécutive. Je laisse cette désignation dans le flou le plus grand qui précisément la caractérise. Le contexte social n'a pas de responsable. Il n'a aucun responsable. Il n'y a pas, à l'intérieur de la société, d'individu ou de groupe d'individus qui soit chargé de sa promotion ou de son évolution. Le contexte social n'est fait que d'exécutants. Depuis le haut jusqu'au bas de l'échelle, et dans toutes les actions de quelque ordre qu'elles soient, il n'y a que des exécutants. De simples exécutants qui, de surcroît, n'ont pas le moindre moyen d'infléchir le décours d'événements qu'ils seraient parfois même être censés avoir sous leur contrôle, pas plus qu'ils ne peuvent intervenir sur les agencements ou sur les articulations desdits événements. Il n'y a donc, en tout et pour tout, que des exécutants parfaitement compétents, parfois zélés et souvent consciencieux, même si la définition de leur tâche demeure inconsistante, informelle, mouvante ou précaire.

On conçoit aisément, en conséquence, puisqu'il n'y a, dans ce contexte, que des exécutants et pas de responsable, qu'il ne puisse pas y avoir de directivité ou de projet nettement défini dont on pourrait dire que son dévoiement ressortirait à l'existence d'une sorte de complot. Ce serait infiniment plus simple, si c'était le cas, d'essayer de trouver une parade à ce qui se dessine et qui pourrait, en fonction de l'examen de la situation, être pensé, analysé, réfléchi, travaillé, soumis à critique.

Autrement dit, il n'y a rien qui puisse fournir un point d'appui ou le sol d'une définition précise. Il n'y a rien qui puisse se prêter à une saisie rigoureuse et permettre une mise à plat ou une classification quelconque. Il n'y a rien, non plus, qui puisse être identifié, désigné, reconnu ou dénoncé. Tout demeure de l'ordre du flou, du surprenant et de l'insaisissable. Et on se trouve constamment devant l'expression de phénomènes qui ne rejoignent ni plus ni moins que l'étonnement de la mère de Paulin : il ne lui était pas possible de percevoir spontanément que son attitude à l'égard de son fils équivalait exactement et strictement à celle-là même qu'elle stigmatisait pourtant sans hésitation chez son amie.

En fait, chacun se trouve, à tout moment, confronté à un enchaînement de faits, de circonstances et d'événements qui sécrètent, par leur contiguïté et par leurs propres combinaisons, ses axes comportementaux, sans lui permettre d'en percevoir les mélanges, les influences, les distorsions ou les dérapages.

Le plus troublant et le plus difficile à admettre, c'est que cette combinatoire se soit faite d'elle-même, progressivement, insidieusement, sans jamais avoir été soutenue ou impulsée par une quelconque intentionnalité. Le champ dans lequel les combinaisons se sont opérées est immense. Il est tellement vaste que, pour garantir chacun de la survenue possible de réactions en chaîne toujours imprévisibles, il aurait fallu que persistent au moins quelques défenses, quelques barrières, quelques garde-fous, quelques points de reconnaissance. Nous serons amenés à nous apercevoir qu'une forme de foi massive et délibérée dans la raison humaine, la force des idéologies, le parti pris d'une croyance sans réserves aux mérites de la science et de sa rigueur, l'assurance quasi insolente qui en a découlé ont contribué à balayer définitivement toute prudence et ont rendu encore plus immaîtrisable l'enchaînement que produisent chaque fait et chaque réaction. De plus, le champ dont nous parlons est si étendu qu'il ne rend possibles, pour freiner ledit enchaînement, que des interventions locales, ponctuelles et bien peu efficaces sinon vaines. Quant à sa complexité, elle rend définitivement illusoire le projet d'un examen instantané et syncrétique qui puisse en déjouer les pièges et constamment repérer les interactions entre les différents domaines concernés pour en faire tenir compte dans chaque prise de décision.

Quand je décris les contradictions, que je n'invente pas mais que je relève, dans le discours plein de bonne volonté de la maman de Paulin, je n'apprends rien à personne. Je fais état de ce que chacun, dans et par son expérience quotidienne, peut constater par lui-même. Des comportements identiques sont monnaie courante. J'en relèverai d'autres, et dans les domaines les plus disparates et les plus surprenants. Mais, au lieu d'en rester à l'exploitation des difficultés ponctuellement relevées, je prendrai le parti d'essayer d'examiner ce qu'elles peuvent avoir produit, en aval, en amont, en haut, en bas, de différents côtés et dans le plus grand nombre de directions dans lesquelles, immanquablement, elles ne se font jamais faute d'opérer de multiples et innombrables articulations. À la manière dont je l'ai fait à partir de la surnomination de Benoît-Fermton, dont la venue au monde ne constituait somme toute que le croisement de différentes destinées situées elles-mêmes dans un contexte et une époque précis et parfaitement définis.

Je prétends donc, que, non seulement tout ce qui se repère dans notre contexte finit par dessiner un réseau extraordinairement cohérent, mais que ce réseau acquiert une dynamique propre, en voie de devenir incontrôlable, si elle ne l'est déjà, et qu'il l'impose à chaque élément du système qu'il constitue.

C'est ce que je vais m'employer à démontrer au moyen des quelques cas cliniques que je rapporterai en détail, mais en hommage muet aussi à tous les autres dont je ne peux rien dire parce que leur dimension, qui m'impose le silence, rend leur publication impossible sans cesser pour autant de soutenir considérablement et de bout en bout mon projet. Même si ce projet, à la lumière de ce que j'ai dit du champ dans lequel il s'inscrit et où il cherche à se déployer, ne peut apparaître qu'ambitieux, prétentieux et peut-être, hélas, déjà inutile, je le crains.

Ambitieux, il l'est, c'est incontestable. Parce que, pour parvenir aux fins que j'esquisse, je ne peux pas rester figé dans l'examen du seul corps de l'enfant, dès lors que ce corps m'aura édifié sur la nature et l'origine du langage qu'il s'efforce d'ânonner. Mais que faire ensuite ? Que faire une fois que j'ai eu découvert que ce langage, loin de résumer l'enfant ou de se référer aux seules lois d'une physiopathologie que mon métier m'intime de connaître, porte en lui des messages qui viennent de tous les lieux possibles à la fois, qui, de la mode à la publicité en passant par les systèmes politiques ou culturels, m'obligent à un questionnement que je ne peux pas occulter même si j'en perçois la diversité et l'étendue et que je m'en sens dépassé, accablé ou écrasé ? N'est-ce pas une piètre consolation que d'être contraint de reprendre des histoires à la manière de celle de Benoît-Fermton, et d'en déplorer, même avec beaucoup de compassion et de sincérité, l'insuffisance du traitement, les impasses insurmontables ou les conséquences de la maladresse qui s'y est appliquée ?

J'ai dit de mon projet qu'il pouvait passer pour prétentieux. Il l'est, à n'en pas douter ! Car en quoi serais-je plus fondé que quiconque à démêler ce que je décris comme des écheveaux qui enserrent chacun ? Alors même que je dis d'emblée manquer et de précision et de rigueur, et ne disposer d'aucun instrument spécifique de réflexion pas plus que d'une formation particulière qui me permette d'affronter ce champ avec une quelconque sécurité ou la moindre certitude ? Alors même que je ne possède pour tout instrument de lecture, de recueil et d'analyse que ma seule expérience de médecin d'enfants et celle cahotée d'un individu inscrit, comme chacun, dans son époque ? Par quel miracle, d'ailleurs, aurais-je été préservé de ce que j'évoque comme un enserrement, alors que je n'adhère à aucun des systèmes religieux, philosophiques ou politiques qui définissent ou seraient censés définir une pareille réserve ? Comment se fait-il que je puisse me comporter comme si je n'étais pas inclus dans ce vaste mouvement à la folle dynamique ? Et quelle singulière (et suspecte) clairvoyance serait la mienne ?

Je ne revendique aucune qualité ni aucun mérite, car, comme chacun, je me trouve confronté aux mêmes difficultés que je ne résous ni mieux ni plus intelligemment que quiconque, et je suis complètement enfermé et inclus dans le système que je me propose de dénoncer. En réalité, l'incursion que je tente, pour en effectuer un survol, n'est pas le fait de ma personne. J'en suis redevable à l'enfant dont je m'occupe et qui, par sa formidable manière de poser les questions les plus saugrenues, d'exiger les réponses les plus précises et de délivrer les messages les plus vrais, me contraint sans répit à un exercice dont je suis le premier à faire les frais, ne serait-ce que parce que cet exercice me réinterroge, souvent douloureusement, sur mon propre parcours. Mais Benoît-Fermton, le jeune Paulin, les autres enfants qui reviendront au long de l'ouvrage et tous les autres sans exception me semblent mériter que leur voix porte bien au-delà du périmètre trop restreint de mon cabinet, et par-delà ce que pourraient être mon jugement, mes perceptions ou ceux de leurs parents.

J'ai enfin dit de ce projet qu'il était, hélas, peut-être déjà inutile. Je le crains, en effet. Parce que j'ai peur que toute l'argumentation que je développerai, malgré l'abondance de preuves dont ma méticulosité aura voulu la lester, ne puisse aboutir qu'à convaincre les seuls déjà convaincus. Non pas par son inconsistance, sa faiblesse ou son hermétisme, mais par le fait que, justement, elle se heurtera à la dynamique du système qui saura parfaitement, à son gré et par le concours des circonstances les plus fortuites, comment l'ignorer et la réduire au silence ; ou bien l'accueillir, la flatter, s'en réjouir, la porter au besoin un moment au pinacle, avant de s'en jouer enfin et de l'éliminer en la reléguant dans l'oubli ; quand ce ne sera pas, comme le cas s'est produit pour la psychanalyse, en dévoyer le message de toutes les manières possibles, puis, après l'avoir aussi bien déformé, le répandre largement pour le banaliser, en récupérer l'autorité et en déjouer radicalement et définitivement le potentiel subversif.

On pourrait m'objecter que ce genre de réserves pourrait n'être qu'une habile manœuvre et les accusations que je porte déjà simplement gratuites ou comme autant de mauvaises excuses invoquées devant la conscience de mon manque avoué de moyens ; que cet ensemble de précautions ne serait destiné en fait qu'à faire passer une maladresse parfaitement perçue, et ne constituerait qu'une manière subtile et inhabituelle de me prémunir contre l'échec prévisible d'un sujet aride, inintéressant et dont je percevrais que le développement sera particulièrement ardu. Car, après tout, pourquoi déplorer de risquer d'être réduit à ne pouvoir convaincre que les convaincus ? Ce pourrait ne pas être inutile de renforcer, de la sorte, les réseaux de conviction. Ils finiront, toujours, par devenir une masse plus compacte et plus assurée qui pourra entraîner, ne serait-ce que par ses bords, des adhésions nouvelles, selon le procédé connu de la boule de neige. Certes, mais, soutenir obstinément une pareille éventualité, cela ne reviendrait ni plus ni moins qu'à verser dans l'illusion. Car cela équivaudrait à vouloir obstinément tout ignorer des mécanismes de diffusion des idées, de ce qui les régit et ne fait qu'en accroître le potentiel unifiant. Ce serait également ne rien vouloir comprendre à la force de ce qui sait si parfaitement donner le change.

Si nous revenions, par exemple, au problème du statut de l'enfant et de la manière dont les informations surabondantes et souvent erronées qui s'y réfèrent viennent en dévoyer le sens, le contexte social aurait beau jeu pour administrer à mon processus de dénonciation le plus magistral démenti. Rien ne lui serait, en effet, plus facile que de faire valoir, avec les preuves les plus irréfutables à l'appui, son extraordinaire efficience, l'acuité de son analyse et sa prodigieuse générosité. Invités à y regarder de près, nous ne pourrions que convenir du fait que jamais, au cours de l'histoire, l'enfant n'a été l'objet d'autant de soins et d'attentions ; que jamais autant de moyens ne se sont trouvés réunis et n'ont été mis à son service avec autant de générosité, de diligence, d'intelligence et de souci d'efficacité ; et ce, dans tous les domaines sans la moindre exception. C'est comme si on avait fait le recensement méticuleux et impitoyable de tous ses besoins, sans en négliger un seul, pût-il paraître futile ou secondaire, pour se trouver prêt à aborder toutes les combinaisons et tous les cas de figure. Le tout se trouvant traduit par la matérialité de chiffres loquaces et qui sont autrement convaincants que de suspectes allégations ou de ronflantes déclarations d'intention.

CHAPITRE II

C'est, d'abord, dans le secteur de la santé que les résultats se sont avérés les plus impressionnants.

Si nous prenons, par exemple, les chiffres de la mortinatalité naturelle, ils sont de l'ordre de quatre cents pour mille ! Autrement dit, une famille livrée aux seules conditions naturelles de survie devrait compter perdre quatre enfants sur dix, dans la première année de vie de ces enfants. Or, la mortinatalité actuelle est à un peu moins de huit pour mille, et il y a encore quelques espoirs de faire baisser ce chiffre d'un ou deux points. De plus, la décroissance de la courbe ne s'est pas faite de façon régulière ; elle est allée en s'accentuant considérablement au décours de ces quelques dernières décennies où, précisément, la stratégie intelligente et formalisée que nous évoquions a commencé son extraordinaire travail.

Pour parvenir à ce résultat, les choses n'ont pas été simples. Il s'est avéré nécessaire et impératif de s'écarter de toute improvisation et de procéder avec un ordre rigoureux, tout en conservant la plus grande souplesse et la possibilité d'une action pluridirectionnelle. La méthode et l'état d'esprit qui ont animé la démarche se sont trouvés constamment interdépendants l'un de l'autre, se sont soutenus et confortés et ont fini par s'imposer comme références exemplaires.

Ainsi, puisque la grossesse précède la naissance, il a paru primordial, en bonne logique, de focaliser l'attention sur les problèmes obstétricaux, de les passer au crible, de les recenser, de les étudier, d'en programmer les inconnues comme autant d'objectifs de recherche prioritaire. On devine le bien qui a découlé d'une pareille détermination. La visualisation du contenu utérin pendant la grossesse par l'échographie, les extraordinaires voies de diagnostic et même de traitement ouvertes par cette perspective, les amniocentèses et autres ponctions du trophoblaste qui permettent de déceler le moindre dérapage dans les grossesses dites à risque, pour ne citer que ces faits entrés dans les mœurs et devenus monnaie courante, autorisent de mettre toutes les craintes à l'écart et de savoir qu'on pourra intervenir toujours à temps pour faire naître un enfant en excellent état.

Mais on n'a pas pu se contenter de rester au seul stade des performances techniques qui évoluent, comme l'ensemble de notre médecine, à une vitesse toujours accrue. On s'est préoccupé aussi, pour parer à toutes les éventualités, d'améliorer et de mieux organiser les systèmes de soins.

On s'est évertué, par exemple, à repérer, sans poser de préalable ou en exclure le moindre, les facteurs sur lesquels on pouvait agir à l'intérieur des zones de stagnation des résultats de ces systèmes. Cela a été le fait d'une véritable révolution des modes de pensée, puisque l'audace est allée jusqu'à refuser de rester frileusement à l'abri de ce qui pouvait passer pour des acquis définitifs ou pour des bastions inexpugnables. On ne s'est pas contenté de former plus de médecins à l'obstétrique, d'expulser quasi totalement les sages-femmes de la fonction qu'elles occupaient jusque-là et de médicaliser définitivement l'acte de procréation. On n'a pas hésité à vérifier à nouveau des résultats qui étaient censés avoir été définitivement établis.

Un exemple frappant, à ma connaissance, est celui de la recherche qui fut menée dans les années soixante-dix sur l'architecture des futures maternités. Elle avait paru nécessaire du fait que les modèles qui avaient été préconisés jusqu'alors, et qui n'avaient pu l'être eux-mêmes qu'au terme d'une recherche rigoureuse, s'étaient avérés décevants à l'usage. En effet, pour lutter contre le risque de propagation de l'infection néonatale à l'intérieur des maternités hospitalières, on avait mis au point une solution qui a conditionné toutes les constructions ultérieures : la construction de boxes pour isoler les nouveau-nés. Deux chambres de deux lits recevant les mères étaient séparées par une unité vitrée dans laquelle se trouvaient quatre berceaux. Les mères pouvaient de la sorte être soignées et recevoir de la visite sans que le tout-petit fût exposé aux risques, considérés comme majeurs, de contagion. Il pouvait rester sous surveillance, être l'objet des soins des infirmières ou des divers soignants, sans que les mères ne soient dérangées. Elles-mêmes avaient la latitude, quand elles étaient seules, d'ouvrir la vitre de séparation et de prendre leur bébé dans les bras. Il demeurait, ainsi, constamment à portée de leur regard et de leur attention, de manière à ne pas compromettre ce qui peut et doit se nouer très tôt entre eux deux — notion nouvelle dont on consentait, enfin, à convenir qu'elle ne devait pas être négligée.

Ce modèle de construction, on s'en aperçoit, présentait tous les avantages possibles et paraissait révolutionnaire par rapport à tout ce qui s'était fait auparavant. Or, malgré ces précautions, les risques de contagion demeuraient encore trop grands et on avait encore à déplorer, parfois, de véritables épidémies de méningites ou de gastro-entérites gravissimes et difficiles à traiter. C'est l'impérieuse nécessité de leur éradication qui a fini par imposer la recherche louable de nouvelles normes architecturales.

Mais, l'objectif désigné et visé étant très délicat à circonscrire ou à définir, et les sommes investies étant considérables, il n'était pas question que la recherche mise en place pût répondre autrement qu'avec la plus grande précision. Il ne fallait pas prendre le moindre risque d'erreur. Or, la solution qui a été trouvée pourrait paraître pour le moins stupéfiante : elle établissait que, à partir d'un standard minimal, les modèles de construction importaient peu ; ce qu'il fallait, en revanche, et qui était très important, c'est que, aussitôt né, le tout-petit fût immédiatement mis dans les bras de sa mère et de son père ; qu'ils le prennent contre eux, qu'ils l'embrassent, qu'ils lui parlent, qu'ils le caressent. On pourrait s'étonner de ce que l'étude d'un projet aussi grave ait pu mener à des conclusions d'apparence aussi simplistes. On imagine bien, cependant, qu'un tel avis se devait de faire la démonstration impeccable de sa pertinence. Ce fut fait et brillamment fait : l'explication a été fournie et les progrès qu'elle a fait accomplir sont irrécusables. En effet, par le contact intime entre les parents et l'enfant, la flore saprophyte — autrement dit, les microbes avec lesquels nous vivons en bonne entente et qui se trouvent dans notre bouche, nos narines et sur notre peau, qui se nourrissent de nos cellules mortes ou de nos sécrétions et qui ne créent jamais de dégâts — était transmise au tout-petit. Très vite, elle s'installait sur lui et en lui, occupant l'ensemble de ses territoires et empêchant les germes pathogènes — les méchants, ceux-là, qui sont responsables des infections et des épidémies — de pouvoir trouver la moindre subsistance qui pût assurer leur multiplication.

La démonstration était parfaite, convaincante et merveilleuse par les économies qu'elle allait faire faire. Elle ne pouvait avoir qu'un large succès puisqu'elle venait, en outre, confirmer remarquablement une intuition largement répandue. Il est évident, et chacun peut le concevoir et le comprendre, qu'un tout-petit peut affronter avec bien moins de dommages les dangers de l'existence pour avoir été immédiatement accueilli avec cette chaleur, cette expression empressée des souhaits de bienvenue, cette désignation immédiate de sa place et de son importance, et enfin la réassurance et la présence de ses parents. Mais, si quelqu'un avait proposé une telle solution sur une argumentation aussi simple, on lui aurait ri au nez. Et, bien sûr, on n'aurait pas engagé le moindre centime sur ce qui serait demeuré de l'ordre d'une opinion purement arbitraire. L'explication fournie présentait, elle, en revanche, l'extrême avantage d'être labellisée par le côté hautement scientifique de la démarche. Et peu importait que la même démarche ait pu être responsable, notons-le au passage, des décisions précédentes qui ont été abandonnées, alors qu'elles avaient été pareillement labellisées.

Ce résultat présentait, en outre, un avantage supplémentaire et non négligeable : il était né d'une collaboration interdisciplinaire. Car il n'y a pas eu que des médecins pour participer à cette recherche. Toutes les sortes de compétences, du microbiologiste au physicien des solides en passant par l'informaticien, le spécialiste de l'air, l'architecte, le mathématicien et bien d'autres spécialistes encore, ont prêté leur concours et ont composé ce que l'on appelle une équipe.

Une équipe.

Ainsi s'est trouvé lâché le mot, le maître mot ! Et on le retrouvera souvent et partout, au point d'être devenu proprement inévitable. Terme neuf et dynamisant qui entrait, avec quelle fortune, dans la langue courante. Terme qui indique la détermination et la pugnacité dévolues à la formation pour affronter tout problème comme un match ou un combat au bout duquel il ne peut y avoir que la victoire souhaitée, espérée, escomptée... ou l'horreur d'une défaite nécessairement honteuse et menaçante. Terme qui fait référence à la foule qui regarde et attend prête à applaudir ou à huer, tout comme aux exploits des sportifs modernes pour le soutien desquels on se trouve prêt à s'écharper et à s'entre-tuer. Terme qui implique et désigne aussi bien la lutte que l'accomplissement de performances. Terme qui soude, unit et propulse vers l'objectif les partenaires de ladite équipe, avec un esprit spécifique d'où l'expulsion de toute notion de hiérarchie canalise les énergies vers le seul but visé, au lieu d'en laisser perdre la moindre parcelle dans de stériles concurrences individuelles. D'autant que la confluence de plusieurs champs d'expérience sur le même point, la confrontation des méthodologies, la critique et le contrôle croisés garantissent la rigueur, accroissent la panoplie des moyens, créent l'enthousiasme et renforcent la détermination.

À ce tout-petit, donc, pour lequel rien ne peut paraître trop imposant ou trop cher, à ce tout-petit qui suscite les plus fondamentales remises en question, à ce tout-petit qui mérite d'avoir ce qu'on imagine pour lui, on ne pourra que continuer d'offrir, en les multipliant, d'autres balises de sécurité.

Voilà, un peu partout, des services de néonatologie qui se créent. Et, devant la nécessité d'une intervention spécifique, la plus urgente possible dès qu'il y a le moindre problème, les services de réanimation et les moyens de transports rapides aux sigles devenus tellement familiers, SMUR, SAMU, dont le personnel disponible, dévoué, compétent, a une efficacité indéniable et prodigieuse ! Au moindre souci, cette admirable machine — dont on peut se demander comment on avait pu faire sans elle — cette admirable machine aux mécanismes parfaitement huilés et à l'organisation remarquable est prête à intervenir sans retard et à faire le nécessaire. Mais son action n'aurait pas de raison d'être si, en aval, il n'y avait pas une organisation à la mesure de la perfection qu'elle représente. Il existe, comme il y en a eu depuis longtemps, des services de pédiatrie générale commis en principe à traiter le tout-venant. Mais ils ont su aujourd'hui, justement, composer des équipes — évidemment multidisciplinaires et multispécialisées — dans lesquelles la conjonction des compétences est prête à affronter sans préalable l'ensemble des difficultés qui pourraient se rencontrer. Dans d'autres établissements hospitaliers, mais souvent aussi dans les mêmes, ces services classiques en côtoient d'autres, plus spécialisés encore, dans lesquels on saura diagnostiquer et traiter, autant que faire se peut, l'affection rarissime, mais dont l'existence, même statistiquement hypothétique, ne devra pas rencontrer de vide ni pouvoir se jouer d'une organisation aussi intelligemment élaborée. Il n'est pas jusqu'à la chirurgie qui ne soit allée s'appliquer à ce domaine du tout petit âge, transportant avec elle ses sous-spécialités, qui, de la chirurgie néonatale précocissime aux services de brûlés en passant par la chirurgie orthopédique, plastique, cardiaque, neurologique ou autre, a su apporter le concours de ses vertus réparatrices. Ses audaces sont allées jusqu'à préconiser, programmer et effectuer des interventions prénatales ! Et la détection précocissime des anomalies s'est avérée souveraine pour permettre que puissent avoir lieu des soins à la mesure des structures destinées à les prendre en charge !

Il est évident que si cette organisation, pour parfaite qu'elle soit, s'arrêtait là, et là seulement, elle n'aurait aucun sens. Car à quoi cela servirait-il de se donner tout ce mal, de déployer cette ingéniosité, pour laisser les choses aller sans contrôle efficace à l'étape suivante ? Le contexte social ne pouvait pas ne pas continuer d'exercer son génie dans d'autres secteurs.

L'étape suivante, justement, a été élaborée sur le même modèle, avec le même souci de rigueur, de rendement et d'efficacité même si elle ne concerne plus l'enfant menacé et malade mais l'enfant sain et bien installé dans la vie.

Car, cet enfant préservé, cet enfant qu'on tient à sauvegarder par des garde-fous nombreux, solides et à toute épreuve, ne faut-il pas aussi pouvoir le faire vivre, le plus parfaitement possible, au quotidien ?

Voilà donc des crèches pour l'accueillir pendant que ses parents travaillent. Et voilà une organisation efficiente de ses autres modes de garde, quand, par hasard, son lieu d'habitation ne lui permet pas d'être intégré comme ce serait souhaitable. Des services centralisés, documentés et diligents sont prêts à se pencher sur son cas spécifique. Ils sont prêts à le prendre en charge, jusqu'au sein de leurs études démographiques qui définissent l'implantation des établissements qui peuvent l'accueillir ou, à défaut, subventionner les initiatives personnelles de crèches dites parentales. Ces mêmes services distribuent l'agrément aux candidates nourrices, promues depuis peu au rang d'« assistantes maternelles », et en fournissent la liste à qui la demanderait. Il existe d'autres services encore pour chapeauter cet ensemble, même s'il se trouve à l'écart du pathologique, et veiller à ce que rien ne vienne altérer la bonne condition de cet enfant précieux. La Protection Maternelle et Infantile ne se contente pas de mettre ses dispensaires, ses puéricultrices, ses assistantes sociales et ses pédiatres gracieusement à la disposition des familles. Elle les envoie à la queue leu leu à domicile, dans les crèches et auprès des nourrices pour s'assurer qu'aucune fausse manœuvre ne se produira dans le décours de l'élevage de ces petits. Il n'est pas jusqu'aux services de l'Assurance Maladie qui ne consentent à un remboursement intégral des consultations médicales périodiques et rendues obligatoires, pour que personne ne puisse trouver dans le prétexte pécuniaire une raison d'y échapper.

Grâce à cette judicieuse conjonction de moyens, on se sera assuré que la traversée du petit âge ne devra, en principe, rencontrer aucun problème délicat ou insoluble.

C'est seulement ensuite que commencera l'insertion dans le système scolaire. Balisé tout du long de repères identiques où peut continuer de se lire le souci de l'efficacité autant que celui du rendement. Est-il même besoin de jeter un œil sur ce à quoi un ministère tout entier se trouve consacré depuis bien longtemps ? Est-il besoin de s'attarder à la description des prodiges dont les journaux font des recensements périodiques ? Est-il besoin de s'appesantir sur les mérites d'une institution sur laquelle comptent indéfectiblement tous les parents sans exception pour assurer le bon élevage et la bonne éducation de leur descendance ? Qui ne sait pas, aujourd'hui, l'extraordinaire complexité des réseaux de connaissances qui y confluent et qui viennent peser autant sur les décisions de programmes que sur les découpages administratifs ou la carte des établissements ? Ne soyons pas naïfs au point de croire que seules des options politiques interviennent dans les décisions qui émanent d'un ministère à vocation aussi incontestablement technique. Sans rentrer dans des détails sur lesquels on peut consulter de véritables bibliothèques, notons simplement que l'interdisciplinarité intervient, là aussi, dans l'abord de toutes les questions ; et qu'il y a belle lurette que la formation des enseignants ne se cantonne plus aux seuls rudiments d'une pédagogie dont on trouve d'ailleurs qu'elle serait même en passe d'être un peu trop négligée.

C'est que, là, peut-être plus qu'ailleurs, le psy, lui aussi, est investi. Investi de toutes parts. Nanti de la réputation qu'il a acquise plus par ses parangons, ses commentateurs et ses adeptes que par les résultats qu'en auraient produits ses professionnels, éloignés par leur éthique de ce mode d'argumentation, il se trouve fermement installé et devient l'objet d'une sollicitude à la mesure de ce qu'on se croit autorisé d'en attendre. Du psychologue scolaire mis en bonne place pour détecter dans l'œuf les difficultés au centre médico-psychologique prêt à prendre en charge les cures des cas graves, en passant par le centre médico-psycho-pédagogique qui vise à la solution des problèmes plus ponctuels, c'est tout un arsenal de solutions qui se trouve à disposition. Des équipes — encore ce mot —, où le psychologue teste, l'orthophoniste fait des bilans et rééduque, l'assistante sociale s'occupe de résoudre les problèmes d'intendance et le psychanalyste explore le contenu des discours, s'activent chacune dans son secteur, certes, mais sans s'ignorer les unes les autres, puisque les séances de synthèse sont là pour permettre la confrontation des résultats des actions spécifiques sur le même sujet. C'est qu'il n'est plus question de rester les bras croisés à accuser le destin, le malheur ou d'autres impondérables ! Puisque des moyens intelligents, réputés fiables et prometteurs existent, il serait insensé de ne pas les coordonner et de ne pas les mettre à contribution pour qu'ils soient à disposition de tout un chacun ! Et, qui plus est, au lieu d'en cantonner l'action dans des secteurs qui, prenant l'allure d'une certaine singularité, risqueraient d'en figer la signification, on ira jusqu'à en généraliser, voire à en diffuser plus amplement, l'action et les applications.

Comment trouver à redire ?

Et que trouver à redire quand, encore une fois, les chiffres parlent d'eux-mêmes ? Ils sont éloquents et on peut en faire tout ce que l'on veut, puisque des services spécialement commis à leur établissement et leurs calculs les mettent généreusement à disposition de qui s'y intéresse pour mener quelque travail que ce soit. Car rien n'est fait dans le secret. Au contraire, tout est fait à ciel ouvert et au su et au vu de qui voudra. Avec, en prime, la notion implicite que les systèmes concernés ne sont pas figés, qu'ils sont perfectibles et que toute suggestion à leur sujet sera la bienvenue.

Mais, si ces mesures et ces moyens étaient les seuls mis au service de l'enfant, aussi performants fussent-ils, on pourrait imaginer et concevoir qu'ils soient insuffisants à assurer le bien-être proprement dit de cet enfant. Aussi a-t-il paru indispensable de prendre en compte également cette dimension impalpable et incernable : le bien-être. La meilleure solution qu'on ait trouvée a consisté à laisser à chacun le soin de définir librement le contenu qu'il aura voulu donner à ce mot ou à cette notion, en mettant simplement à sa disposition de quoi pouvoir lui-même se l'offrir.

Ce n'est ni plus ni moins que l'ambition des admirables programmes sociaux.

Une mise à disposition de locaux d'habitation décents, en nombre dont on est toujours prêt à convenir qu'il est nettement insuffisant et dont on ne cesse pas de promettre l'accroissement, privilégie les familles à enfants en tout premier lieu. Diverses mesures sont prises qui, des primes payées à la naissance jusqu'à celle des allocations familiales, en passant par les mesures d'égalitarisation que sont les réductions sur les chemins de fer, le versement de primes de rentrée, de départ en vacances, la défiscalisation des frais de garde d'enfant et encore bien d'autres, viendront à peine compléter l'existence de ce qu'on appelle, sur la feuille d'impôts, le quotient familial.

Et tout cela de baigner, de surcroît, dans un panorama actuel où le statut de l'enfant est déclaré, ces simples preuves ne pouvant qu'en faire foi, n'avoir jamais été aussi parfait.

L'enfant, en effet, est désigné, nettement défini et hissé au rang d'une denrée précieuse entre toutes. Il est installé dans de véritables écrins qui ont été amoureusement façonnés à sa mesure et pour son bien. Tout n'a-t-il pas été fait et n'est-il pas fait pour lui ? Tout n'a-t-il pas été fait et n'est-il pas fait en fonction de lui ? Ne venons-nous pas d'en produire la plus éclatante démonstration ? Y a-t-il quelque chose qui aurait été laissé de côté, qui fût trop bon, trop grand ou hors de prix pour lui ?

Et ne le mérite-t-il pas ?

Regardons-le. Regardons-le trôner au sommet de nos tendresses et de nos sollicitudes qu'il sait si bien émouvoir. Délicieux, bouleversant et toujours prodigue de ces sourires qui nous réconcilient avec nous-même, avec notre propre enfance enfouie, trop vite passée et qui revient vers nous pour nous délivrer ces bouffées d'une vivifiante nostalgie. Les panneaux publicitaires en sont pleins, ils en rajoutent, ils s'en donnent à cœur joie, ils se régalent sans retenue. Comme s'ils nous avaient devinés et ne se souciaient que d'accroître notre bonheur, nous enfermant un peu plus sûrement dans le piège que sa référence, sa proximité ou son spectacle ne cessent pas de constituer. N'est-ce pas ce même piège de sollicitude qui interdit à la mère de Paulin de comprendre qu'avec son fils elle n'agit pas différemment que ne le fait son amie avec ses jeunes filles ? C'est que, plus on voudra en rester proche, de cet enfant, plus on lui voudra du bien, plus on voudra le protéger et assurer aussi bien son confort que son éducation, impeccablement et sans le moindre point obscur, et moins on lui permettra de trouver par lui-même les voies de son propre devenir.

Mais, si l'on pouvait comprendre ceci, tout simplement, que deviendrions-nous en tant qu'invités à la jouissance des biens que l'enfant est chargé, à notre insu et à son insu, de promouvoir ? Enfant-roi mis au-dessus des lois de la réalité, ne le voilà-t-il pas transformé en hors-la-loi quand, contrebandier innocent et passif des mots d'ordre de notre contexte, il les transmet fidèlement avec notre bénédiction et l'expression de notre émerveillement sans borne ? Ah, ces magnifiques vitrines des magasins dans les périodes de fêtes, ces lumières et ces lampions, cette profusion de jouets ingénieux, superbes et fascinants ! Dieu, combien les friandises et autres fromages blancs savent devenir enviables dès lors qu'ils sont livrés à la manifestation du plaisir et des délices que l'enfant sait y prendre ! Combien cette marque de voiture, cette entreprise de construction, cette station balnéaire, ces villes nouvelles et jusqu'à ce papier de toilette ont compris que, pour nous atteindre, nous parler et nous convaincre, nous, adultes rétifs, rassis et demeurés, c'était par son truchement qu'ils devaient passer ! Et jusqu'à ces bonnes causes contraintes, elles aussi, d'emboîter le pas pour nous titiller précisément là où il nous reste encore un peu de sensibilité : un enfant affamé aux yeux trop grands dans un visage décharné, et nous voilà prêts à comprendre ce dont les plus généreux et les plus savants discours n'ont pas réussi à nous convaincre...

C'est émouvant. Et pourquoi nous en défendre ? Quelle serait cette prévention injustifiée et incompréhensible à l'égard de ce qui fonctionne avec une aussi parfaite cohérence ? Pourquoi ne nous laisserions-nous pas entraîner dans ce monde de joie simple et de fête perpétuelle, dans ce monde qui nous indique, avec une prodigieuse précision, le seul but louable et placé au-dessus de tout soupçon, le seul que méritent de viser nos luttes et nos énergies ?

Il suffit de regarder fonctionner les jeunes parents pour se rendre compte jusqu'à quel point ils souscrivent, eux, à la validité d'un tel objectif.

Les voilà, graves, réfléchis et appliqués à faire le tour très sérieux de la première question qui paraît être parvenue à les absorber à ce point. Ils s'informent. Ils s'informent sans relâche. Ils accumulent de l'information. Et ils se précipitent vers tout ce qui peut leur en apporter et leur donner, en même temps, un brin d'aide supplémentaire. C'est le succès assuré pour quantité de revues capables d'enrichir leur expérience et de les former à ce qu'ils mettent à percevoir comme une tâche aussi lourde que nouvelle. C'est le succès assuré pour les livres qui parlent d'enfants, qui traitent de l'enfant, qui mettent l'enfant à portée de toutes les compétences anonymes et même démunies. Ces livres qui remplissent le même office que les prospectus des médicaments. Après tout, on ne saurait absorber une drogue sans lire ces bouts de papier, alors, comment pourrait-on prendre en charge son enfant sans le secours de ces indispensables ouvrages où tout est dit, prévu, répertorié et mis en un index judicieux et commode ? Ne sont-elles pas généreuses et édifiantes, ces nouvelles bibles destinées à applaudir et aider la fonction nouvelle qui ne le deviendra qu'un peu plus grâce à leur recours, en assurant définitivement, ainsi, sa coupure avec les modes empoussiérés de faire, de penser ou de vivre des générations précédentes dont on a toutes raisons de se défier et qui sont devenues une fois pour toutes inutiles ? Promouvoir le progrès, uniformiser les vécus et les comportements, mettre à l'abri des tensions et des dissensions qui peuvent survenir au passage des générations, faire faire l'économie des alertes inutiles et toujours préjudiciables pour assurer du mieux possible la paix et la tranquillité nettement définies comme les seuls objectifs qui soient universellement recherchés. Comment ne pas encore s'émerveiller de tant d'ingéniosité ? Et quels parents sauraient s'en passer ou en fuir l'usage, quand leur propre souci se trouve être précisément et absolument conforme à cette invitation et à ces véritables mots d'ordre ?

Parfois, hélas, il arrive à ces jeunes parents de découvrir, au détour d'un minuscule symptôme qui suscite une inquiétude hors de proportion, que, ayant pris le choix délibéré d'adhérer au message ambiant, ils ne se trouvent pas tout à fait à l'abri des bouleversements auxquels ils croyaient pouvoir demeurer étrangers. Serait-ce la preuve, en eux, de l'existence d'une part rétive aux messages sécurisants ? Et pourquoi ? Les voilà aussitôt plongés, longtemps et longuement, dans des gouffres de réflexion. Faudrait-il que leur enthousiasme se tempère, que leurs décisions soient revues ou que leurs choix soient réexaminés ? Mais non ! Voilà des ouvrages et encore d'autres ouvrages pour leur dire que la « dépression » appelée du « post-partum » est quasi inévitable : ils leur en donneront les modalités, la statistique, les symptômes, les circonstances de survenue et jusqu'au catalogue des multiples significations. Voilà des chapitres pour dire que l'installation de la paternité s'accompagne souvent de problèmes ou d'une série étonnante de modifications. En voilà les raisons et les circonstances, les justifications et l'inéluctabilité, etc. Miracles étonnants de la culture des masses et de la diffusion des informations. Miracle de ce qui tient à notre civilisation du tout en kit. Chacun peut choisir et on lui suggère, déjà à ce point, que tout est possible, que tout est à sa portée et qu'il pourrait tout faire. Une bonne blague rappelle que le système américain « *do it yourself* », passé maître en ce domaine, est tellement perfectionné qu'il comporte une boîte contenant deux madriers, quatre clous et... un juif de trente-trois ans !

L'objectif généreux est atteint et mis à large disposition du public, en fonction du statut dévolu à l'enfant. Il n'y a donc pas et il ne saurait y avoir d'incompatibilité entre ce qui est offert aussi parfaitement, aussi intelligemment, aussi généreusement, et l'usage qui en est fait. Puisque tout a été étudié sans perdre de vue cette nécessaire conformité. Il suffit de se le répéter sans cesse pour parvenir à y croire et pouvoir en faire usage.

Et c'est fort de l'installation et de la mise en place, perfectionnée sans relâche, d'un dispositif extraordinairement rassurant et convaincant, d'un dispositif à l'efficacité indéniable autant qu'à l'ingéniosité remarquable, que notre contexte social pourra se permettre d'encourager la procréation. Pourquoi ne se sentirait-il pas autorisé à demander que les couples fassent plus d'enfants qu'ils ne font ou ne disent vouloir en faire ? N'a-t-il pas accompli, sans la moindre hésitation ou la moindre faute, la tâche qui lui incombait ? N'a-t-il pas fait tout ce qu'il fallait pour se permettre cette incitation ? Ne faut-il pas, en contrepartie, que les couples sortent de leur sidération et de leur paresse, qu'ils prennent une ample conscience de ce qui leur est offert et de ce à quoi ils sont raisonnablement engagés, qu'ils participent au ravaudage devenu urgent de la pyramide des âges et donnent enfin un sérieux coup de pouce aux courbes démographiques essoufflées ? Quelques enfants de plus, ne serait-ce pas tellement mieux ? Un de plus par couple, au moins ! Un troisième ! Ce fameux troisième ! Ce fameux troisième pour qui on a tant fait, qu'on attend, qui devrait déjà être là, ce fameux troisième qui n'a pas de prix !

Parce que, sans revenir à des données chiffrées ou à d'inutiles datations, on peut remarquer que voilà des années déjà que ce précieux objectif a été clairement défini.

On ne l'a pas fait arbitrairement ou en usant d'un inconvenant autoritarisme. Non ! Ce n'est jamais de cette façon brutale et rustre qu'on procède. On n'agit pas à la légère, en démocratie. On n'agit pas à la légère avec une population qu'il n'est pas question de malmener et à l'estime de laquelle on tient par-dessus tout. On s'en est longuement expliqué. On a déployé des arguments qui ont fait appel à toutes sortes de ressorts. On a comparé les différents modèles nationaux et on a mis en relation les taux de croissance avec les taux de fertilité. On a fait valoir les discours prospectifs : voilà où nous voulons aller, voilà ce qu'il nous faut pour y aller et voilà où nous risquons de ne pouvoir qu'aboutir. Le fameux esprit d'équipe a encore une fois été appelé à la rescousse et la métaphore sportive a désigné l'union et la conviction, l'objectif et la victoire, pour mieux asseoir l'incitation. Et, comme ces arguments n'ont pas semblé entraîner les adhésions escomptées, on a continué tout de même de les faire valoir, mais en renforçant les systèmes destinés à aplanir encore plus les difficultés et à lever les réticences. D'autant que ces systèmes permettaient de préserver au mieux la production d'enfants trop chichement faits, afin que pas un seul ne vienne à malencontreusement périr.

Puis on a repris le mot d'ordre sur d'autres tons et d'autres modes, on a livré à une presse friande de combats généreux ce combat-là. On y a même mêlé la publicité qui sait, de nos jours, si bien persuader.

Mais les résultats, les vrais, se font toujours attendre.

Pourquoi, dans des conditions faites à sa plus juste mesure, dans des conditions destinées à balayer toute objection, vaincre toute résistance et susciter l'enthousiasme, cet objectif s'avère-t-il encore et de plus en plus impossible à atteindre ?

On peut y réfléchir, reprendre le problème par tous les bouts, réexaminer les chiffres, commettre des commissions spécialisées (et toujours, bien entendu, multidisciplinaires), inventer de nouvelles mesures incitatives, accroître les primes et la défiscalisation attachées à ce troisième enfant, on ne parvient à aucun résultat. Alors on va plus loin, on change de stratégie, on se livre à la menace, au chantage subtil masqué sous l'exposition réitérée de l'argumentation déjà utilisée, mais livrée sous un jour plus objectif et plus bon enfant : réfléchissons ensemble, qui va donc payer demain vos retraites ? Et, encore une fois, on aligne des chiffres.

Toujours rien, et on ne saisit pas mieux la signification d'un pareil mystère.

Bien sûr, on n'ira pas jusqu'à la coercition, mais on la « met dans l'air ». Au détour d'un débat sur la loi libéralisant l'avortement, il est opportunément rappelé que la légalisation de l'avortement n'a été consentie que pour améliorer le confort des couples et jamais pour leur permettre une contraception plus radicale. Le pari qui avait été pris ne consistait-il pas à prétendre que des couples qui procréeraient seulement quand ils le voudraient, en conscience et en l'acceptant, le feraient plus aisément et peut-être plus souvent ? C'est ce que vient souligner épisodiquement la publicité faite à telle ou telle déclaration extrémiste ou bien encore la place concédée aux informations sur le comportement moins patient des autorités de tel ou tel pays. Si de telles mesures sont prises quelque part, ne soulignent-elles pas que la préoccupation dont il est fait mention n'est pas le fait d'un mouvement d'humeur passager, mais une préoccupation tangible et sérieuse ? D'ailleurs, comment imaginer, quand une conjoncture stagne dans une pareille impasse, que le pays ou la nation puisse conserver son identité ? La menace séculaire de l'envahissement par les hordes étrangères qui auront seulement échangé leurs infatigables montures pour la seule valeur accordée à leur force de travail ne se profile-t-elle pas à un horizon proche ? Le bon sens de chacun ne pourra que devoir prendre acte de ces dangers variés, ponctuels et multiorigînés pour en tirer les inévitables conséquences.

Et le message de continuer, en désespoir de cause, de se distiller sur d'autres modes, sous d'autres formes, globalement ou par bribes, mais têtu, insistant et jamais démissionnaire.

Sans succès.

Pourquoi ?

Et si tout cela tenait, en premier chef, à la nature même du message ? Lequel ressemble, à s'y méprendre, à celui qu'une grande banque nationalisée a utilisé, il y a quelques années, pendant quelques mois, comme support d'une large campagne publicitaire.

Le message de cette banque, sur fond de la première lettre de son sigle, faisait dire à un homme une seule phrase, une phrase sans la moindre ambiguïté, courte, simple, nette, concise, et à la limite du cynisme : « Votre argent m'intéresse. »

Ce qu'il y avait de frappant, dans cette composition, était un effet de mise en scène particulièrement judicieux et efficace : la brutalité lapidaire de la phrase était associée à l'expression remarquablement travaillée de l'acteur qu'on avait fait poser, et à un angle particulier de prise de vue. Ce qui formait avec le reste un ensemble autrement suggestif que les seuls mots qu'on pouvait lire. La photo n'était ni de face ni de trois quarts. Les yeux seuls, eux, étaient de face. Brillants, luisants, ouverts, très ouverts sans être écarquillés. Un regard attractif, captatif, presque hypnotiseur, rehaussé dans son expressivité par un sourire à peine ébauché. Un regard où pouvait se lire la convoitise, mais qui demeurait cependant clair et droit. Comme s'il ne pouvait faire mieux pour « viser » l'argent du message et manifester en même temps l'intérêt que de tout temps il y porte, intérêt parfaitement avoué, déclaré d'emblée, légitime après tout, et n'ayant pas à user de détours ou de fausse pudeur. Le reste du visage, lui, tourné d'un angle infime, venait comme suggérer la direction que prendrait le regard dans le temps immédiatement suivant et que le figé du cliché ne pouvait que permettre d'imaginer. C'est-à-dire là, précisément, où serait placé l'argent. Suggérant, en même temps, par cet effet, quelque chose de rassurant.

Et c'est là qu'on en vient au cœur du paradoxe.

Autant un message publicitaire peut exister tel quel pour une banque dont, quelle qu'elle soit, le cynisme fait partie intégrante de ce qui la définit, autant un message destiné à promouvoir la multiplication des naissances ne peut pas se laisser aller à la moindre fausse manœuvre, aussi minime ou négligeable puisse-t-elle paraître. Tous ces dispositifs, tous ces moyens, cette accumulation de moyens, joints et conjoints à l'incitation, semblent équivaloir à proclamer : « Faites des enfants, nous nous chargeons du reste. » Il est certain qu'on peut soutenir qu'une telle proclamation n'a rien de honteux et que, bien au contraire, elle est généreuse, méritoire et qu'elle résume parfaitement la finalité de tous les dispositifs mis en place. Mais elle se heurte à une impasse. C'est que, autant on peut accepter de se désintéresser du sort de son argent, de reconnaître qu'on n'a en ce domaine aucune compétence, d'en déléguer indéfiniment la gestion, autant on a des difficultés à se laisser démunir du moindre droit de regard sur son enfant. Le parent ne veut pas, ne veut surtout pas, qu'on « se charge du reste », même s'il peut parfois le réclamer à cor et à cri. Il ne l'acceptera que transitoirement et comme réponse ponctuelle à sa demande parce que alors il aura le sentiment de ne rien faire que déléguer momentanément un pouvoir qui demeure indéfectiblement le sien ; ce qui implique qu'il pourra à tout moment faire cesser cette délégation. Ainsi la mère de Benoît-Fermton a-t-elle concédé une hospitalisation que j'avais préconisée, mais elle ne s'est pas désintéressée de son enfant, bien au contraire, puisqu'elle a saisi la première occasion de conflit pour le reprendre, en jugeant le professeur X et moi-même, sans doute avec raison, parfaitement incompétents. De la même manière, la mère de Paulin qui lui explique par le détail comment donner un baiser à une fille n'est pas le moins du monde gagnée à mon discours, aussi démonstratif et convaincant qu'il ait voulu être. Elle veut bien en parler, me soumettre le problème, mais elle reste celle qui décidera en dernier ressort de ce qu'il faudra ou ne faudra pas faire. Et encore est-ce là une question relative à l'éducation d'un enfant, autrement dit une question délicate et pour laquelle mon avis pourrait prêter le flanc à une contestation ou à une critique, puisqu'il pourrait relever d'une idéologie personnelle. Mais dans les domaines purement techniques il n'en va pas autrement. Ainsi se trouve-t-il des parents pour déclarer d'emblée qu'ils sont contre les antibiotiques, contre la cortisone, contre les vaccinations, contre les médicaments, contre telle intervention, contre l'allaitement maternel, contre l'usage précoce d'aliments diversifiés. Certes, ils peuvent arguer de leur adhésion à telle ou telle information, mais il suffit de prendre la peine de les écouter pour se rendre compte que c'est de tout autre chose qu'il s'agit.

CHAPITRE III

La relation d'un parent à son enfant n'est pas superposable à la relation de ce même parent à sa fortune. Même si on a pu dire, ici ou là, que l'enfant comme l'argent pouvaient être autant de causes du désir. La complexité de l'attitude parentale permet de repérer le malentendu certain qu'il y a entre le contexte social et le contenu de son message, d'une part, et la masse de procréateurs potentiels qui y demeure obstinément rétive, d'autre part.

Cela m'évoque l'effet d'une attitude qui se rencontre fréquemment dans les relations mère-enfant et qui est censée avoir une certaine utilité sans avoir la moindre réputation de créer des dégâts considérables, alors qu'elle peut en produire, et des pires !

« *Sapiner...* »

« Maman a peueu... maman feu pas... feu pas le doteueu y me sapine... feu pas sapiner. » Ça a commencé dans le couloir et ça ne s'est pas arrêté. Des phrases brèves, monocordes, dites sur un ton à peine geignard, sans révolte et sans frayeur excessive. Puis redites à intervalles réguliers, dans le même ordre ou dans un ordre différent. Comme un refrain. Accompagnées de temps à autre d'un geste touchant : la main droite de l'enfant saisit le côté gauche du menton de la maman assise et y exerce une pression ferme qui finit par contraindre la tête à un mouvement de rotation, mouvement qui s'effectue lentement et comme à regret pour cesser aussitôt. Il faut juste le temps pour que les regards se croisent enfin et que l'enfant puisse déclarer : « Maman feu pas sapiner ! » Et, cette fois, le ton a changé : il est devenu grave et sérieux, presque déterminé. Comme s'il avait ajouté : « Tu m'as regardé, tu m'as vu, je ne fais pas un caprice, je te fais cette déclaration comme une volonté. » La tête de la maman est revenue mécaniquement et très vite dans la direction initiale. C'est moi qu'elle continue de regarder puisque nous sommes engagés dans ce bout de conversation qui débute toute consultation. L'enfant trépigne, s'agite un peu, puis il s'arrête, se penche en avant et pose la tête dans le giron maternel en se mettant à chantonner : « Feu - pas - sa - pi - ner... feu - pas - sa - pi - ner... » Il reste ainsi un tout petit moment puis s'éloigne, va explorer la pièce, déclare, sur différents tons, à la balance, à la cheminée et à un ou deux autres objets qu'il ne « feu pas sapiner ». Puis, comme encouragé, il revient brutalement à sa mère, la bouscule très fort et dit en criant au bord des larmes : « Feu pas sapiner. » La maman se tourne alors vers lui, sort de son silence et lui répond : « D'accord, mon chéri ! » Et lui de poursuivre : « On s'en vaa, paati. » « Pas encore », lui répond-elle, un peu agacée. Il hausse le ton et se met à pleurer et à crier : « Pourquoi ? pourquoi an é là ? feu paati, feu pas sapiner. »

Émouvant.

Alors, d'elle-même, sa mère se tourne vers lui, le prend par les épaules, le regarde bien dans les yeux et lui dit en toute hâte : « N'aie pas peur, mon chéri, ce n'est pas pour toi qu'on est venu mais pour maman, et c'est maman qu'on va examiner. »

On imagine la suite. Malgré mon intervention adressée autant à l'enfant qu'à la maman, malgré toutes les réassurances et la démystification de la situation, l'examen de cet enfant a été une véritable séance de torture. Et il a fallu que se déroulent plusieurs autres consultations avant que la paix ne revienne entre nous. Quand j'ai fait, à cette maman, des remontrances sur la manière dont, ayant menti à son enfant, elle lui avait interdit l'accès à une vérité toute simple, elle m'a déclaré qu'elle avait simplement cherché à lui éviter d'avoir peur, et surtout d'avoir peur trop longtemps à l'avance, puisque nous avions à régler verbalement un certain nombre de points avant l'examen proprement dit. Elle a ajouté qu'elle procédait toujours ainsi, que ce n'était sûrement pas grave, qu'il grandirait et n'en garderait probablement aucun souvenir.

On ne peut pas ne pas reconnaître que, dans cette conduite, toute maladroite qu'elle soit, quelque chose continue de se réclamer incontestablement de la responsabilité et de la clairvoyance autant que de la générosité : il vaut mieux économiser l'angoisse plutôt que d'en faire trop longtemps durer la torture ; la vérité et l'épreuve arriveront, l'une et l'autre, toujours assez tôt.

Mais on peut s'interroger sur ce qui peut motiver une mère, non seulement à tenir ce genre de discours, mais aussi à s'étonner d'en obtenir un résultat contraire à celui qu'elle escomptait. La raison immédiatement perceptible, c'est qu'il lui importait de faire taire cet enfant pour pouvoir poursuivre la conversation qu'elle était en train de mener. Et c'est une raison qu'on peut comprendre. Or le choix du moyen utilisé ne peut s'expliquer que par la méconnaissance de l'existence chez l'enfant de mécanismes psychiques qui ne se malmènent pas et dont il est impossible d'user à sa guise. À moins que, malgré la conscience de ce genre de mécanismes et de leurs exigences, cette mère n'ait délibérément décidé d'infliger à son enfant ce qu'elle devinait pouvoir être une épreuve, mais une épreuve qu'elle a jugée bénigne et transitoire, et dont la nature ne paraissait pas mériter de la priver du confort qu'elle allait en obtenir.

Après tout, nous pourrions nous offrir le luxe d'une extrapolation intéressante et productive, si nous voulions bien « sapiner » ce que nous enseigne, sur un modèle et dans un champ restreints, cette histoire.

L'extraordinaire sécurité qu'elle représente pour son enfant fait de la mère la référence essentielle de cet enfant qui lui adresse sa demande sur tous les tons qu'il juge nécessaires pour la convaincre. Elle ne peut pas avoir été perçue par cet enfant comme une référence sans avoir montré quelques côtés positifs. Le contexte social, de manière similaire, peut arguer d'extraordinaires progrès dont il a fait bénéficier chacun. Après tout, dans l'étalage et le recensement hâtifs que nous avons effectués, les preuves de l'efficacité et d'une gestion avisée ne manquent pas. À telle enseigne qu'on peut concevoir un étonnement légitime à constater la réticence de nos semblables à se reproduire. D'autant que, non seulement tout est fait pour veiller à la sécurité des enfants qu'ils mettront au monde, mais que, de surcroît, on leur laisse toute liberté, puisque la contraception existe et que les couples peuvent l'utiliser comme bon leur semble.

Autrement dit, il n'y a rien dans le message de ce contexte qui puisse s'apparenter à un autoritarisme brutal ou à des exigences démesurées. Tout est dans l'incitation, le respect, la générosité et le raisonnable.

Mieux, le contexte va encore au-delà, bien au-delà. Il n'hésite pas à aller jusqu'à la libéralisation la plus extrême pour établir une paix durable qui puisse promouvoir l'ensemble de ses objectifs et instaurer définitivement le respect dans lequel doit venir tout être nouveau. Or, cela se construit. Progressivement et sans relâche, par petites touches et par des interventions ponctuelles et répétées qui ne négligent aucun secteur. Il en est ainsi, par exemple, à propos des questions que peut soulever l'existence à deux ? Les contraintes que les modes, traditions et stratégies matrimoniales diverses exerçaient sur le couple ont été largement et depuis longtemps dénoncées et stigmatisées au point qu'on en a même oublié qu'elles ont existé un jour. Que cela n'ait pas changé radicalement le sort des couples, c'est une autre affaire qu'on examinera ultérieurement. Contentons-nous de remarquer que la conjugalité a évolué de façon considérable ces dernières décennies et a nécessité des aménagements législatifs pour officialiser l'existence des nouveaux modèles qui se multipliaient. Or, cela ne visait qu'à satisfaire immédiatement aux besoins qui semblaient s'exprimer par ce biais. Comme si l'on était en droit d'espérer, de ce genre d'initiative, des résultats intéressants et qu'on escompte même obtenir rapidement. Mais on ne peut qu'être étonné de voir des gens, en principe pleinement satisfaits dans leurs revendications, continuer de manifester des signes d'un incontestable mécontentement, lequel s'avère avoir persisté, n'avoir en fait jamais cessé ou n'avoir fait que déplacer ses points d'ancrage. Au point qu'il peut paraître légitime de se demander à quoi pouvait servir de satisfaire, sans retard, toutes les revendications.

Cet enfant l'a dit sur tous les tons, il ne voulait pas se faire examiner. On a fait taire son inquiétude pour obtenir la paix, même au prix d'un mensonge, mais on n'a rien résolu du fond du problème qui a resurgi en force dès qu'il a fallu l'examiner. Il est certain qu'il n'était pas possible de lui éviter l'examen. Aborder son refus aurait pu se faire, par exemple, en repérant ce qui pouvait se manifester sous la forme de cette angoisse et en y appliquant quelque réassurance ou une certaine démystification. Ou bien alors en lui faisant comprendre que, confronté à une pression qui demeure plus forte que lui-même, il devra en prendre son parti et s'y soumettre. J'entends d'ici, alors même que je relis ma phrase, les tollés que la simple évocation de ce genre d'éventualité peut soulever. Car cela affleure, pour certains, une insupportable agression. Certes, mais l'agression, en l'occurrence, n'est pas cachée ; elle est franchement désignée comme telle et laisse au moins à l'agressé la possibilité d'explorer et d'ériger ses propres systèmes de défense. Et il faut être d'une désarmante naïveté ou d'une suprême mauvaise foi pour ne pas reconnaître sous le masque de la tromperie, prônée comme système conciliateur et ostensiblement respectueux de l'intégrité de l'autre, une agression autrement plus grande et aux desseins autrement annihilateurs. D'un côté, une lutte ouverte et qui peut même être structurante, ne serait-ce qu'en renseignant l'agressé sur la dimension de ses moyens, et, de l'autre, une bonne volonté affichée et doucereuse qui s'adonne, avec délices, à l'exercice du plus écrasant des pouvoirs.

On peut constater, en s'appuyant sur cet exemple, combien il y a d'identité entre des fonctionnements interindividuels et ceux qui peuvent se repérer dans des groupes bien plus vastes. Car la tromperie de la mère de cet enfant ignore délibérément cet enfant comme autre, capable et d'émettre une parole et d'essayer par cette parole de faire entendre autre chose, sans s'exposer à l'ultime sanction qui réside dans le fait d'être pris à la lettre de ses propos. Ainsi en est-il des réponses du contexte social aux expressions individuelles, prises à la lettre et étouffées dans ce qu'elles pourraient avoir comme questions à soulever ou à tenter de remettre au grand jour.

Or, rien autant que cette éventualité n'est dénié avec une telle force. Au point que les familles, par exemple, ne sont plus investies du moindre mérite ou de la moindre fonction, sauf, peut-être, dans cette période éphémère qui coïncide exactement avec le maximum de leur potentiel de fertilité. Leur mise en place est alors encouragée, mais sans recevoir pour autant la moindre définition. Comme si ce choix d'investissement précaire annonçait déjà leur devenir et traduisait la défiance de principe que l'on observe face aux résultats lointains de ce que tente leur instauration. Fonder une famille et la pressentir comme pouvant être stable devient, de nos jours, une forme de prise de pari, le signe d'une grande naïveté ou celui d'une certaine provocation.

Car, complètement à distance des modèles qui ont prévalu tout au long des siècles d'histoire, la cellule familiale moderne n'a pratiquement plus de structure et ne possède plus qu'un statut fantoche. C'est que voilà déjà longtemps qu'elle a été déclarée, à grands cris et avec beaucoup de talent, « haïssable ».

Elle a duré, et elle a été longue et productive, la période où, dans la foulée de cette véritable déclaration de guerre, chacun essayait de se tailler une tranche de succès et une part de gloire en racontant de quelle horrible conjonction de malheurs il avait dû se tirer pour se hisser jusqu'à sa place de narrateur. Combien de narcissismes froissés ont recouvré leur brillant et leur densité en se torchant aux oripeaux d'une famille qu'ils taillaient en pièces. Et le dépit autant que le sentiment de relégation ne laissaient pas la moindre place à une expression de nostalgie. Il ne peut qu'en être ainsi quand ces entreprises se placent, délibérément, sous le dais du seul narcissisme : comme on se trouve, par essence et par définition, parfait, exemplaire et aimable, ce qui arrive ne peut pas être le fait d'une aventure individuelle, mais la conséquence de structures coercitives qui se sont imposées à des proches et leur ont fait commettre des méfaits. On ne dit pas : *ma* famille a été ceci ou cela ; on dit : *la* famille, c'est dégueulasse. Autrement dit, en passant à une généralisation ainsi énoncée, on se préserve de toute remise en question, on se conforte à bon marché et... on fait œuvre facile de théoricien. Quand tout cela reçoit le succès que peut produire une belle écriture, une certaine habileté et un bout de consécration, on peut tirer d'autres bénéfices succincts en devenant fondateur de chapelle. Les ouailles placées à la même enseigne se bousculent alors, apportant la garantie de leur masse. La chapelle devient école, puis mouvement, d'avant-garde d'abord, mouvement précurseur et éclairé ensuite, avant de devenir enfin le vrai détenteur de la vraie et seule vérité.

C'est ainsi, et par les mécanismes modernes inhérents à la diffusion des informations, que quelques aventures individuelles bien exploitées ont tordu le cou à la cellule familiale. Elles n'ont pas craint de s'aider d'une vulgarisation rapide et dénaturante de la psychanalyse, offerte en écho, pour ramener la source de tous les maux possibles du sujet à son ancrage dans une famille qui l'aura étouffé. Nul, jamais, bien sûr, n'a pensé ou ne pensera devoir aller le vérifier. Et l'idée ne sera pas démentie que la psychanalyse ait pu affirmer qu'un sujet pourrait exister sans histoire et sans référence à une aventure familiale. Or, loin de là et bien au contraire, la psychanalyse pose cette histoire et cette référence comme nécessaires et constitutives. Elle dit que tout frottement d'un sujet aux difficultés auxquelles il se heurte dans ses réseaux familiaux constitue la fabrication de ce sujet lui-même et sa véritable définition. Autrement dit, la psychanalyse n'est jamais partie en guerre contre la cellule familiale dont elle fait le creuset de la structuration de tout individu. Or, ce malentendu, cette méprise, qui ne sont ni l'un ni l'autre innocents ou gratuits, n'ont pas seulement atteint les courants littéraires. Les mouvements plus récents de l'antipsychiatrie, venus d'Angleterre et d'Italie, et qui ont connu un grand retentissement, en ont été amplement contaminés et seraient parvenus à désigner la famille comme le lieu, le seul lieu où pouvait naître et d'où pouvait naître la folie. Pour peu qu'une bonne place fût donnée à ce genre de déclaration qui théorise de façon suspecte et hâtive, en passant de cas particuliers à des généralisations, et le tour est joué.

Les familles traditionnelles ne sont plus qu'à évacuer, à jeter, à mettre au rancart des périodes plus obscurantistes. Elles n'ont plus cours ni de raison d'en avoir. Haro sur elles !

Et notre contexte de se précipiter à la curée et de trouver, à point nommé, dans la démolition du modèle familial un bénéfice confortable et triple. Gagner la popularité en légalisant la suppression de toutes les formes de hiérarchie dénoncées avec autant de vigueur et d'intelligence, en récupérant dans le même temps la reconnaissance des opprimés, toujours plus nombreux que les supposés oppresseurs. Promouvoir et afficher un ostensible souci de paix en satisfaisant absolument et à la lettre les revendications, sinon de chacun, du moins du plus grand nombre. Retrouver, enfin, sa mainmise sur l'enfant pour pouvoir, l'extrayant de ce milieu réputé pathogène de toutes parts, le hisser à son statut d'enfant merveilleux et de denrée inestimable puis l'offrir à l'exploitation potentielle de tous les moyens qui sont censés avoir été forgés pour lui.

Ainsi disparaît, en même temps que la moindre notion de hiérarchie, celle de la succession temporelle des générations. Il n'y a plus des parents à un niveau générationnel, et des enfants à un autre niveau, inférieur. Il n'y a plus de père ou de mère, d'oncle, de tante ou de grands-parents. Il n'y a plus de distribution différenciée des rôles et des prérogatives. Il y a des parents et des enfants sur le même niveau et sur le même pied d'égalité. Il n'y a que des individus confondus, sous prétexte qu'ils seraient citoyens uniformément égaux en droits et en devoirs. On n'a pas encore généralisé la permission donnée à l'enfant giflé d'intenter un procès à son parent, mais on n'en est pas très loin. Dans le même ordre d'idées, il n'y a plus de distribution des pouvoirs décisionnels, car chacun sera libre de choisir et devra être éminemment libre de choisir. Les parents, disqualifiés, n'auront même plus l'idée de faire faire à leurs enfants l'économie de l'angoisse que peut susciter toute prise de décision. Et, dans la pratique, ça pourra aller jusqu'au stupide, banal et tellement courant : « Mon minou, tu préfères des pâtes ou des petits pois, de riz ou de la semoule, un tour de manège ou aller au parc, ce pantalon ou cette salopette ? » Ou bien encore à ces demandes répétées de calmants et de somnifères parce que « Docteur, il ne veut pas s'endormir avant nous... et, quand nous éteignons la télévision, il va la rallumer... et le matin il ne veut pas que je l'habille... » Exercice dont, dès le berceau, le petit enfant, nimbé de sa survaleur, devra bénéficier comme d'une gymnastique irremplaçable pour le maintenir dans l'illusion de son libre choix et dans la conscience erronée qu'il serait évidemment une « personne » à part entière n'ayant que des droits et pas le moindre devoir. Et, bien sûr, l'ensemble, livré aux commentaires multiformes de tout ce qui voudra bien le soutenir, se trouvera rehaussé par le moderne, définitif et très « branché » discours égalitaire : anti-autoritaire, anti-exploiteur, anti-sexiste, anti-tout-ce-qu'on-voudra-bien-trouver-contre-quoi-on-puisse-se-déclarer-et-être. Nul ne pouvant concevoir, dans des conditions aussi trompeuses mais qui sont généralisées, diffusées, glorifiées et présentées sous le jour des acquisitions les plus modernes, qu'un enfant traité de la sorte ne rencontre en fait que le désert et le non-amour.

Or, cette manière de procéder n'est qu'une manière comme une autre d'éviter de désigner ce pour quoi on serait « pour », ce pour quoi on serait prêt à prendre ses responsabilités, à lutter, à s'investir, à exercer une action issue de soi et non pas diluée dans une mode ou une responsabilité collective. En prenant ou ne prenant pas acte, selon que c'est plus ou moins commode, que c'est ce qui permet au contexte social de demeurer décideur et maître-d'œuvre, et de s'affubler facilement de l'étiquette d'organisateur génial à l'inventivité inépuisable et généreuse. Un enfant serait-il en situation d'échec scolaire qu'on trouverait toutes sortes de raisons qui l'expliqueraient et qui ressortiraient à un défaut toujours inhérent à la situation sociale, à la mauvaise adaptation de l'école à son cas, à la surcharge des programmes, ou à tout ce qu'on pourra trouver de similaire. Un enfant est-il en mauvaise santé que tout de suite des arguments identiques viendront naturellement structurer le système de causalité. Mais, que tout cela puisse faire intervenir d'autres facteurs, voilà qui demeure toujours extrêmement difficile à envisager. Or, quand le recours à ces facteurs devient indispensable, le contexte social ne peut que s'en réjouir, car le recours aux systèmes de soins qu'il a mis en place trouvera sa raison d'être. Et ces systèmes, fortement structurés et fonctionnant sur le mode institutionnalisé, ne se comporteront pas autrement que comme des émanations du contexte social dont ils sont toujours plus ou moins les servants, cherchant plutôt à adapter l'individu au contexte qu'à le laisser aller jusqu'au bout de ses interrogations.

Cela permet de repérer que la famille actuelle se fonde sur la base même de sa non-existence. Une non-existence que vient opportunément masquer, comme un hochet admirable qu'on agite, le leurre de l'enfant-roi dont, précisément, jamais dans l'histoire le statut n'aura été, en réalité, à ce point pitoyable !

Car son assimilation, ouvertement proclamée, à une denrée ultra-précieuse fait plus que le chosifier. Il n'est ni plus ni moins qu'un être anonyme, destiné à n'avoir aucune référence historique et auquel s'appliquent, sans nuances ni distinction, des consignes toutes faites et passe-partout qu'on a hâtivement redorées et rendues convaincantes pour leur avoir prétendument donné le label de l'instance scientifique qui s'y applique : la pédiatrie !

L'amoncellement indéniable des progrès, la formidable quantité de mesures de sauvegarde — il se trouve toujours quelqu'un pour les juger encore insuffisantes et en demander l'accroissement — ne peuvent qu'un peu plus et encore mieux s'interposer de façon hautement dommageable entre la famille et cet enfant qu'elle a cru faire pour elle-même. Cet enfant que, souvent, elle a commis dans l'hésitation et comme à regret et dont on essaie, sans relâche et jusqu'à presque y parvenir, de la convaincre qu'elle ne peut pas, elle, savoir qu'en faire. Et c'est tellement facile de lui signifier qu'elle a tout intérêt à se ranger à ce genre d'opinion. Car, si elle se montrait rétive, on pourrait toujours lui administrer ce savant cocktail de propos culpabilisants qu'on distillera de toutes parts et qui trouveront bien comment l'atteindre. Conseils de classe, journaux, radio, télévision..., les moyens ne manquent pas pour inciter à la démission, tant, sans équivoque, le malheur des enfants vient sans cesse être mis au compte des méfaits de leur regrettable et fameuse cellule familiale !

Il ne s'en trouvera pas beaucoup pour résister longtemps !

On pourra toujours rétorquer à des critiques aussi amères que l'enfant moderne, l'enfant nouveau, l'enfant si judicieusement investi ne souffre pas, lui, comme ces malheureux autres qui travaillent dès le plus jeune âge, dans les conditions horribles que leur font certains pays asiatiques ou africains, ou bien comme ceux qui traînent misérablement dans les *favelas* des mégapoles brésiliennes, ou bien encore comme ceux qui cherchent au sommet de ces montagnes d'ordures, dans diverses capitales, simplement de quoi ne pas mourir de faim. N'est-il pas à l'abri de ces malheurs et de cette horreur autant que des coups, des sévices et de la lutte pour sa survie ?

Certes ! Et on semble avoir atteint le plus profond du débat ! Mais en quoi y a-t-il la moindre différence entre un enfant et un adulte placés dans les mêmes conditions ? Pourquoi ce qui serait intolérable dès qu'il s'agit d'un enfant le serait-il pour un adulte ? Et en quoi l'image du mendiant décharné, adulte jeune ou vieillard, des trottoirs de Calcutta est-elle plus tolérable que celle d'un enfant dans la même situation ? Ne serait-elle pas plutôt pire ? Car cet enfant, même misérable, a toujours plus ou moins un lieu de repli dans la relation affective qu'il entretient (heureusement encore, dans ces contextes) réellement ou imaginairement à ses parents, aussi déficients, absents et démunis fussent-ils. Il a l'avenir, aussi problématique puisse-t-il être, sous la forme du temps qui lui reste à vivre. Le vieillard ou l'adulte n'ont plus, eux, que le désert, le regret et la désaffection. Il n'est pas nécessaire d'aller vérifier sur place, qu'on se reporte, tout près de nous, aux propos des enfants battus ! On est toujours stupéfait de constater le souci de protection qu'ont ces enfants, pour des parents dont on s'attend à ce qu'ils ne puissent que les détester et qu'on s'empresse de destituer de leur fonction. Et il faut avoir écouté ces enfants, placés pour de tels motifs dans les centres de la DASS, pour prendre la mesure de la régression formidable que leur placement aura opérée.

Si le progrès escompté par ces conduites d'apparence logique ne vient pas, c'est pour avoir méconnu une autre forme de logique bien plus impérieuse et plus profonde, elle, qui est la relation de l'enfant, de tout enfant, même dans le contexte volontariste, et soi-disant progressiste, qui est le nôtre, à sa cellule familiale.

Laquelle, n'ayant pas d'autre référence que les coups de boutoir répétés et efficaces du discours ambiant et de ses formidables moyens, risque de finir, malheureusement, tôt ou tard, par rentrer dans le rang.

Et, quand elle finira par rentrer dans ce rang et rejoindre le troupeau uniforme qui a déjà concédé qu'effectivement, quelque part, « on se charge du reste », elle n'aura plus qu'à poursuivre indéfiniment le même chemin. Chemin rectiligne, large, ouvert et tracé sans grands frais par ceux qui s'y sont déjà engouffrés. Il lui restera la piètre consolation de savoir que tout ce à quoi son enfant pourra se trouver exposé est déjà prévu et possède, en principe, sa solution.

Ensuite, que restera-t-il ? La référence à ces hasards de loterie que se trouve revêtir la survenue des bonnes ou mauvaises circonstances. Si la vie prend telle tournure ou telle autre, on ne sait jamais pourquoi. On ne peut pas savoir pourquoi. Puisque, à cette longue distance, on se trouve littéralement démuni de cette mémoire qu'on a abandonnée tant on s'est entendu dire qu'elle était inutile et encombrante. Et puis, on ne tient plus tout à fait bien sur ses jambes quand on passe beaucoup de temps à travailler, à courir après la promotion, à organiser des vacances les plus fréquentes possibles et à conquérir tout le confort accessible et merveilleusement abrutissant. Pourquoi s'en faire ? N'y a-t-il pas tout ce qu'il faut pour tous les cas de figure ?

CHAPITRE IV

Revenons à d'autres effets du stupéfiant paradoxe que nous avons rencontré.

Le contexte social, on peut le répéter, vise, prône et recherche, louablement et sous les applaudissements unanimes, la paix pour chacun. Il y met les formes, en prend les moyens et devient une référence extraordinairement accessible, efficace et disponible. Il affiche nettement ses options et milite pour que jamais les libertés individuelles ne puissent être l'objet d'un quelconque bridage. Ceci est posé, de surcroît, comme une règle intangible à laquelle nul ne peut prétendre faire obstacle et encore moins se soustraire.

La conséquence immédiate, et parfaitement prévisible d'ailleurs, devient que toute existence à plus de un ne doit se prolonger que dans le souci méritoire d'un respect méticuleux de cette règle préalable. Si des difficultés surgissent dans la vie à deux, la séparation est une mesure facile, encouragée et simple à obtenir. Si des difficultés surgissent entre des enfants et leurs parents qui n'auraient pas tout à fait compris qu'ils n'avaient pas à s'arroger ou à s'octroyer le moindre droit, l'âge de la majorité est fixé pour permettre à ces enfants de pouvoir interposer entre eux et leurs parents une légalité qui se porte garante de la validité de leurs vouloirs. Cet âge depuis longtemps avait été arbitrairement fixé à vingt et un ans. Pour des problèmes électoraux parfaitement déguisés sous le masque séducteur de la reconnaissance d'une grande maturité de la nouvelle jeunesse, cet âge a été, récemment, ramené à dix-huit ans. Et il n'a pas paru importer de savoir ce que cela pouvait produire sur ces jeunes gens et ces jeunes filles, cette cohorte d'adolescents dont on n'évalue même pas à quoi nos modèles sociaux les exposent et dont on vient s'étonner ensuite qu'ils puissent, à leur âge réputé merveilleux, manifester déjà un tel désenchantement. Quand ce n'est pas s'évertuer à foncer la tête la première dans ces formes de suicide que sont marginalité, drogue et autres délinquances.

À une époque encore récente, l'âge de la puberté, autrement dit de la maturité sexuelle, n'était pas éloigné de celui de la maturité sociale auquel se faisait l'insertion dans une activité professionnelle qui conduisait à une certaine forme d'autonomie, ni de l'âge auquel était fixée la majorité légale. Sans compter que toute une série d'instances et un rapport à des références de valeurs qui n'ont plus cours permettaient aux jeunes adultes de franchir sans grande difficulté une étape qui ressemblait tout bêtement à un gué. Aujourd'hui, la puberté survient à un âge bien plus précoce et la maturité sociale à un âge considérablement plus tardif. La majorité légale est censée s'inscrire au milieu de ce parcours, mais elle s'accompagne de la mise en place d'un statut mal défini qui crée dans les familles des problèmes souvent très graves. Quels peuvent être l'avenir et le sentiment d'autonomie d'un individu, sa vision d'un tissu social ou de possibles valeurs auxquelles il pourrait souscrire, alors qu'il se trouve, pendant de nombreuses années, assisté par sa famille, et que ses aspirations, ses buts, ses prérogatives et sa conscience de l'ensemble des phénomènes qui l'entourent ne peuvent qu'équivaloir légalement à ceux de ses parents ? Quel peut être le modèle relationnel qu'il devra inventer pour vivre avec ces mêmes parents et son entourage ce statut biaisé de dépendance inévitable contrebalancée par des poussées répétées de revendication haineuse ? On a eu beau l'avoir élevé dans l'idée que, enfant, il était la denrée la plus précieuse et que, roi, il ne pouvait avoir qu'à régner, quand à cet âge il se trouve confronté au carton-pâte de son sceptre et de sa couronne, il ne peut que se retirer seul pour remâcher ses désillusions et mettra des années à essayer de sortir d'une étape qui ressemble étrangement à un gouffre aux parois escarpées !

On peut toujours dire que cette vision des choses est fausse, exagérée et outrageusement partiale. Par quel artifice a-t-elle pu se forger et de combien de mauvaise foi et de ressentiment n'est-elle pas l'expression ?

Qu'est-ce donc que ce fameux « contexte » ? Qu'est-il ? Que recouvre-t-il ? N'est-ce pas une excuse facile, une construction arbitraire, un fantasme ou un corps donné à une vague rumeur ? N'est-ce pas une attaque masquée contre un système social ou politique, contre une ligne de gouvernement ? Une manière inusitée d'originalité qui chercherait à cracher dans la soupe sociologique dont elle se nourrit ? N'est-ce pas facile avec des mots et des mots seulement de tout déconstruire et de prétendre tout reconstruire ?

Voilà des objections utiles. Autant que bienvenues ! Car cette vision ne ménage personne et ne vise personne. Ce « contexte », c'est simplement le nôtre, celui de tout un chacun, celui de nous tous, sans exception et sans exclusive. C'est le résultat tangible de notre paresse, de nos malaises individuels, de nos compromissions, de nos options hâtives, de notre rapport négateur à l'autre, des délices que nous pouvons prendre autant à le berner qu'à en être bernés. Mais c'est aussi la sommation de nos chuchotis pudiques et trop rares et celle, parfois, de nos flashs de clairvoyance. Amplifiés, repris, mis en acte, ils nous reviennent ensuite, parfois douloureusement, comme la part soigneusement cachée, la part savamment occultée, la part honnie et regrettable du message que sans cesse nous nous envoyons.

On ne joue pas impunément avec le mensonge, et pas même ponctuellement. Pas même pour faire taire un enfant qui ne « feu pas sapiner ». Alors, quand le mensonge vise autant de points et se pose comme la seule solution à nos contradictions au point d'affleurer le statut d'une institution, il ne faut pas s'étonner de rencontrer des résistances salvatrices.

On peut revenir à la publicité de cette grande banque nationalisée. Elle a de grands mérites, je l'ai dit, et en particulier celui d'« annoncer la couleur » et d'afficher, cyniquement, qu'elle ne cherchera à tromper personne. Celui qui s'y laisse prendre sait, au moment même où il s'engage, à quoi il s'engage. Il sait aussi que de toute façon il n'a pas grand choix. Dans le paysage ingrat des problèmes monétaires, le particulier n'ignore pas qu'il ne récoltera que des broutilles. Mais le message du contexte social joue, lui, sur tous les tableaux. Il est éminemment alléchant par la production de ses chiffres, ses abaques et la quantité impressionnante de ses moyens. Et, ce faisant, il cible parfaitement dans chaque individu la part seulement prête à se laisser convaincre. Il se rengorge continuellement de la réputation que lui confèrent ses exploits et ce qu'il affiche comme ses performances. Et, ce faisant, il s'achète à bon prix une réputation facile et solide de désintéressement et de probité. Il balaie les possibles et ultimes réticences, ne serait-ce qu'en les déniant savamment ou en mettant à la place qu'elles pourraient occuper des masses d'éléments distractifs — la référence évidente au fameux *panem et circenses* ne date pas d'aujourd'hui !

Alors quand, doucereusement, il demande de l'enfant, encore, il ne sait même pas qu'il a tout fait pour rester sur sa faim.

Étrange conjonction. Étrange parcours.

Quel rapport peut-il y avoir entre ces montages et ces démontages et le sigle d'une grande banque nationalisée ?

Rien moins que de l'étroit, malgré une apparente confusion et l'allure chaotique d'un inventaire qu'on pourrait avoir perçu comme n'ayant ni queue ni tête.

Troisième partie

LES SORTILÈGES DU CONTEXTE SOCIAL

Allez donc savoir pourquoi celui dont la fortune s'accroît se met soudainement à trouver son épouse laide et sa maison étroite.

(Aphorisme
du folklore judéo-libyen.)

CHAPITRE PREMIER

La catastrophe

Difficile à ramener à ma mémoire, l'histoire de Frédéric est, pour moi, un remords lointain, des plus pénibles.

Dès la toute première consultation et d'emblée, sa mère s'était confondue d'abondance en remerciements insistants et en inépuisables protestations de reconnaissance. Elle avait cru devoir mettre en avant la chance « énorme, incroyable, fantastique, insolente... » d'avoir avec moi autant de relations communes qui lui avaient facilité notre rencontre, et avait ajouté qu'elle espérait « tellement que vous ne pourriez pas l'imaginer » de mon aide et de la compétence dont j'étais crédité par chacun. Et, parce que je m'étais récrié, tout à la fois poli, gêné et intrigué, elle avait cherché à me convaincre de sa totale incapacité à intégrer cet enfant dans sa vie, à s'en occuper correctement ou à pouvoir simplement se sentir, être, ou croire pouvoir devenir une bonne mère. Elle était si vieille, « n'est-ce pas ? », pour une première maternité (« pensez, trente ans, quelle folie ! ») qu'elle ne pouvait que se sentir « démunie, torturée, déchirée » et qu'elle était « prête à suivre tous les conseils », aussi contradictoires fussent-ils. Voilà pourquoi, moi qui avais fait l'« unanimité des avis » et dont les mérites lui avaient été vantés de toutes parts, je lui devenais si précieux.

Elle n'était pas seulement dans cette banale attente de réassurance que manifestent fréquemment les mères nouvelles ou dans celle plus grande encore des mères par trop scrupuleuses, elle se présentait sur un mode tel et avec un bloc tellement dense de demande que, immédiatement et instinctivement, je m'en étais méfié, en me préparant à devoir affronter, avec elle, de très sérieux ennuis. Comme, de surcroît, elle venait de ses « beaux » (et très lointains) « quartiers », j'imaginais volontiers les bêtes difficultés techniques que nous ne pourrions pas manquer de rencontrer de ce simple fait.

Autrement dit, dès ce tout premier contact, j'ai déploré sa venue et, le sachant mais ne pouvant rien y changer, je me suis évertué à m'y adapter.

Fanny — c'est toujours ainsi qu'elle se présentait comme si nous avions été des intimes — est parvenue, très vite comme je le craignais, à bouleverser l'organisation sereine et bien rodée de mon travail. Sans même prendre la peine de se décommander, elle ne venait pas à un rendez-vous ; ou bien elle y arrivait, sans la moindre gêne, avec deux ou trois heures de retard : « le mal que j'ai eu, mon pauvre, à trouver un taxi... » ; ou bien encore elle appelait, au tout dernier moment, pour dire que je devais impérativement et le soir même passer chez elle, parce que l'état de Frédéric ne pouvait plus attendre, et qu'elle n'avait pas pu, au dernier moment, décommander, elle-même, un rendez-vous que « son imbécile de secrétaire » lui avait pris à la même heure que celui qu'elle avait chez moi et auquel elle n'était pas venue. Parce que Fanny travaillait et travaillait — à ses dires, et c'était pour elle une sorte de titre de gloire — beaucoup. Elle avait en gérance une « très grosse » agence de voyages. Ce qui était censé lui valoir, « n'est-ce pas ? », toutes les excuses. A chaque fois, bien sûr, elle ne manquait pas de remarquer, jouant de la plus sincère des confusions, combien sa manière de faire mettait à mal mes conditions de travail. Elle disait en être « sincèrement navrée », me remerciait longuement de ma gentillesse et de ma patience qui étaient « à la hauteur de ce qu'on (lui) en avait dit », et jurait ses grands dieux qu'elle ne recommencerait plus... pour recommencer juste la fois d'après ! Or, plus elle s'obstinait dans cette attitude, plus j'avais de problèmes avec elle et plus je m'efforçais de rester calme, en me disant que l'épaisseur de ce mystère finirait, tôt ou tard, par livrer son contenu.

J'en fus, hélas, pour mes frais, tout comme Frédéric d'ailleurs.

Il était gardé à domicile par une « nurse diplômée », et il poussait à peu près sans histoires.

À la fin de sa première année, dans cette atmosphère de tourbillon sur laquelle je ne me suis que trop appesanti, il s'était mis à avoir de graves troubles du sommeil.

Fanny était prête spontanément, et avec la théâtralité à laquelle je commençais à m'habituer, à « tout prendre » à son « compte ». C'était sûrement de sa « faute ». Ça ne pouvait être que de sa « faute ». Elle le savait bien et elle le comprenait parfaitement. Elle ne pouvait pas ne pas le comprendre, « n'est-ce pas ? ». « Ce pauvre chéri » ne la voyait pratiquement jamais, puisqu'elle partait souvent avant même qu'il ne fût réveillé et qu'elle ne le retrouvait que tard le soir, quand il dormait parfois déjà. N'était-il pas « normal » qu'il la « réclame » ainsi, « à sa manière et avec ses moyens, n'est-ce pas ? ». Alors elle le prenait dans son lit, « histoire de compenser... » Mais c'était peine perdue. Car le sommeil demeurait léger et Frédéric se réveillait sans cesse. Et, « sans vouloir (m')offenser », elle était sûre qu'il n'avait aucune maladie, car elle l'avait fait examiner par un pédiatre et un ORL proches de son domicile « et que vous connaissez d'ailleurs, puisqu'ils vous connaissent et m'ont dit de vous donner leur bonjour ». Elle était là, en fait, pour que je lui prescrive un somnifère, un que je saurais, moi, à n'en point douter, « bon, efficace et inoffensif ». « Ce n'est pas tellement pour moi que je le demande, mais pour ce pauvre Gilles qui n'arrive pas le matin à avoir les yeux en face des trous et qui doit partir à son travail dans ce piteux état. » Gilles, le père de Frédéric, avait déjà été nommé. C'était un brillant avocat. Mais je ne l'avais jamais vu. Car, quand il m'est arrivé de suggérer, une fois, qu'il pouvait peut-être accompagner son enfant à la consultation en cas d'empêchement de sa femme en dernière minute, elle s'était récriée vivement. Fallait-il vraiment que je sois « naïf ou innocent » pour ne pas comprendre la vie de ce « pauvre homme » infiniment plus occupé encore que je ne pouvais l'être. « Le cabinet, les tribunaux, le palais, les visites dans les prisons... ! Non, vous ne vous rendez pas compte ! » Puis, pour atténuer les effets de son attitude et voulant sans doute faire oublier sa véhémence, elle avait ajouté sur un ton plus amène et avec un brin de coquetterie dans la voix : « Si vous tenez absolument à le voir, peut-être pourriez-vous venir dîner un soir à la maison ? »

Au milieu de ce fatras de conventions creuses, j'étais tout de même parvenu à glaner quelques informations plus consistantes. Ainsi avais-je appris que Fanny n'avait plus ses parents. Elle avait perdu son père alors qu'elle avait neuf ans et sa mère alors qu'elle « n'avai(t) que quinze ans ». J'avais appris également qu'elle avait dû aussitôt prendre en charge « seule et complètement » l'éducation de ses deux sœurs et de son « tout petit frère » ; qu'elle « avait bien été aidée, de temps à autre, par des oncles et des tantes », mais qu'elle avait fait « le plus gros » par elle-même, « croyez-moi », et, enfin, qu'elle « en (avait) bavé, je vous le dis pas ».

Les troubles du sommeil de Frédéric, avec ou sans somnifère, dureront, puis iront en s'aggravant, gênant certainement et à n'en point douter ses parents, mais n'inquiétant sérieusement, apparemment, que moi. Un neurologue hospitalier avait été consulté sur les conseils de certains amis, mais il n'avait pas pu faire grand-chose. Il avait conseillé une consultation psychologique, mais « mon mari et moi, on est contre ». J'ai cru habile et judicieux de reprendre la balle au bond :

« Que pensez-vous que ce neurologue ait décelé qui ait pu lui faire émettre cet avis ?

— Je n'en sais rien. Mais vous n'allez pas, vous aussi, dire la même chose ! Je vous vois venir. J'ai remarqué d'ailleurs que vous aviez une sacrée technique pour essayer de faire parler. Et j'ai même l'impression que c'est presque toujours ce que vous cherchez. Mais avec moi, vous savez, ça ne marche pas. Ça ne peut pas marcher parce que je connais trop bien la musique et que, dans mon travail, je fais comme vous. Alors, vous voyez que ça ne sert à rien. Enfin, il est tout de même impensable que de nos jours on ne parvienne pas à faire dormir un petit enfant ! »

Et, probablement parce que l'échange était déjà passablement engagé et qu'elle espérait peut-être faire l'économie du recours au psychologue, ou bien alors parce que, le voulant ou pas, elle m'y assimilait quelque peu, Fanny, après une hésitation ostensible et en calculant visiblement ses effets, a soudain déclaré vouloir me confier un secret. Un « grand secret ». Un secret particulièrement « bien gardé » et dont il me faudrait promettre d'« être digne ». Un secret quasi « inviolé » puisque je ne serais que la cinquième personne à le partager : Gilles, « eh bien, Gilles, vous savez... » (sa voix devenait presque un murmure) n'était pas « l'enfant de ses parents » ! Ses parents n'étaient pas ses géniteurs. Lui, ses parents et elle-même étaient, jusque-là, les seuls à le savoir. Il avait été « adopté très petit », et ses parents adoptifs qui étaient des industriels fortunés s'en étaient remarquablement bien occupés, « exactement comme s'il avait été leur propre enfant ».

J'avoue que, même à distance, je me souviens encore, sans pouvoir m'en faire le reproche, ne pas m'être senti écrasé par le poids de cette révélation, comme Fanny semblait penser par son insistance que, probablement, je le serais. Au contraire, j'avais été surpris par ce luxe de précautions qu'elle avait prises et je ne comprenais ni le statut de cette confidence ni sa finalité. Mais, quand j'avais essayé de savoir comment, elle, elle en avait été affectée et en quoi ce secret pouvait avoir pour elle et dans le contexte de son couple quelque importance, elle s'était refermée brutalement, comme une huître. Puis, comme mon attente et mes tentatives de relance ne parvenaient à rien, au moment de mettre fin à la consultation, je lui avais déclaré qu'il me fallait absolument rencontrer le père de Frédéric. Alors elle a recommencé à minauder immédiatement et de plus belle : « Vous n'y pensez pas, avec tout son travail... ! » Je ne l'avais pas laissée poursuivre et je l'avais interrompue :

« Je sais, je sais. Je vais lui écrire, pour lui dire que je l'attends samedi matin. Il ne travaille pas le samedi, n'est-ce pas ?

— Il ne travaille pas, mais il joue toute la matinée au tennis.

— Il pourrait peut-être s'en passer pour une fois.

— Il n'en est pas question ! Vous plaisantez ! Vous ne vous représentez pas ce que c'est que ce tennis pour Gilles. Il organise et j'organise toute notre semaine en fonction de ce tennis.

— D'accord, il n'aura qu'à le déplacer au samedi après-midi.

— C'est impossible, le samedi après-midi, c'est le moment de la semaine où nous recevons.

— Eh bien, pour une fois, vous recevrez le dimanche !

— Non, il n'en est pas question, parce que c'est le jour que nous gardons pour nous et que nous passons à nous reposer et à être avec Frédéric. Nous en avons tous, vraiment, un tel besoin... »

J'ai dû me faire la réflexion que nos échanges s'étaient mis à ressembler, curieusement et précisément, à une étrange partie de tennis. Je m'essoufflais et j'avais le plus grand mal à conclure le point. Où que ce fût que je cherchais à placer la balle, elle la retournait, avec un sens consommé de l'occupation du terrain et de la fermeture des angles. Moi, même si je pouvais, sur le moment, me créditer de bonnes qualités d'anticipation et de déplacement, je devais certainement manquer de pugnacité. Il est vrai que je n'avais, en fait, aucune envie de me battre. J'étais seulement convaincu que pour Frédéric il était important que je n'abandonne pas la partie. Alors, sans rien dire de plus, j'ai fini d'écrire ma lettre, je l'ai mise dans une enveloppe et je la lui ai tendue, ouverte, en la chargeant de la remettre à son mari.

Ils ne sont venus ni l'un ni l'autre au rendez-vous que j'avais retenu pour eux, le samedi suivant, et je n'en ai plus eu de nouvelles.

Pendant des années.

Quelle maladresse avais-je commise ? M'eût-il été possible d'agir autrement ? Elle avait essayé de me mettre dans un secret. Mais celui-ci ne m'avait pas écrasé de son poids. Il ne m'était apparu, au contraire, que comme une sorte d'appât ou comme une manœuvre supplémentaire un peu trop en trompe l'œil, dont j'aurais dû avoir à me contenter et qui n'était destiné qu'à faire passer en contrebande je n'ai jamais su trop quoi. L'ai-je signifié un peu trop maladroitement quand devant ses craintes et ses regrets j'étais allé, pour la rassurer, jusqu'à lui promettre qu'il ne serait jamais question que je livre à qui que ce soit, y compris à Gilles, la révélation qu'elle m'avait faite ? J'avais même fait l'effort de ne pas me sentir offensé par son insistance, ses réticences et son ignorance délibérée des règles élémentaires du secret professionnel. J'avais pris la peine de lui expliquer longuement que ce n'était pas de cela qu'il s'agissait dans une rencontre que je tenais à programmer, mais d'entendre seulement ce que Gilles pouvait avoir à dire de son fils, autant que de faire entendre à Frédéric la parole de son père. Mais ça n'était pas passé et ça n'avait manifestement servi à rien.

Puis un jour, à ma grande surprise, elle est revenue.

Avec Frédéric, qui avait une huitaine d'années et qui était dans un état déplorable. Il était bourré de tics, il avait un regard étrange et j'ai vite appris qu'il était énurétique et encoprétique par périodes. Le tableau, je pouvais le constater d'un simple coup d'œil, était des plus inquiétants. Elle m'en exposait, sans grande émotion, les détails, devant lui. Avec son ton minaudant absolument inchangé et sans faire la moindre allusion à ce qui s'était passé au long de ces années. Elle venait, en quelque sorte, me demander simplement si j'avais un quelconque traitement à proposer ou si je pouvais y faire quelque chose.

La situation m'a paru regrettable, effrayante, pitoyable et grave. Beaucoup trop grave, même, pour que j'entreprenne de combler les trous de l'histoire ou que je tente de comprendre ce qui avait provoqué sa fuite. Je lui ai expliqué que la symptomatologie de Frédéric ne relevait pas d'une thérapeutique médicamenteuse et j'ai posé, le plus fermement que j'ai pu, une indication de prise en charge psychanalytique. Puis j'ai passé avec elle près d'une heure entière à tenter de lui faire comprendre l'importance qu'il y avait à ne pas différer ce genre de travail. Pendant que je lui parlais, elle paraissait fréquemment absente, lointaine, un peu déçue peut-être. Elle faisait, cependant, un effort poli pour essayer de me faire croire qu'elle m'écoutait ou qu'elle apprenait quelque chose de ce que je lui racontais. Je me suis demandé, à un moment, si elle ne retrouvait pas dans mes propos l'écho d'autres opinions qui pouvaient lui avoir été déjà communiquées ailleurs. Mais je me suis dit que, même si c'était le cas et qu'elle ne voulait rien m'en dire, c'était tant mieux, puisque mon avis était censé être autonome tout en recoupant ceux qui avaient dû lui être donnés. Sur une ordonnance, j'ai écrit une liste d'adresses de psychanalystes, que j'ai choisis, volontairement, proches de son domicile pour éviter que nous n'ayons à retomber dans l'excuse facile de la difficulté d'organisation matérielle. Je la lui ai remise en lui demandant de me tenir au courant et de ne pas hésiter à m'appeler ou à revenir.

Le lendemain, pour la première fois depuis que je voyais Fanny et son fils, Gilles m'appelait au téléphone. Il s'inquiétait de l'état dans lequel sa femme était revenue de chez moi. Je lui ai dit exactement ce que je pensais des symptômes de leur enfant et ce qui m'avait poussé à opter pour les mesures que j'avais conseillées en insistant sur l'importance de leur mise en œuvre immédiate. Il m'a dit comprendre parfaitement. Puis, sans transition, il a ajouté : « Bon, au fond, tout ça n'est pas trop grave, n'est-ce pas ? » Et, avant même que je ne sois revenu de ma surprise ou que j'aie pu le détromper ou simplement lui répondre, il me saluait et raccrochait.

Je n'ai plus jamais entendu parler de Frédéric.

L'histoire de Frédéric n'est pas sans évoquer celle de Benoît-Fermton. Car l'un comme l'autre seront des naufragés d'un lourd destin familial. Mais le cas de Benoît-Fermton, bien que je ne puisse rien en dire avec assurance pour l'avoir lui aussi perdu de vue, est sûrement infiniment moins grave que celui de Frédéric, car sa mère a su et a pu lui apporter indéniablement et très tôt quelque chose de simple et de banal, mais de profond et d'irremplaçable aussi, et qu'elle a su condenser dans sa surnomination. Or, derrière l'apparente décontraction de Fanny, derrière sa véhémence, derrière ses protestations, derrière sa façon de s'accuser par avance et derrière l'étalage ostensible de sa culpabilisation, on perçoit, de la façon la plus nette, l'expression du plus profond rejet.

On pourrait s'étonner de cette sentence et objecter que, si la dimension du rejet avait été seule en cause et seule responsable de l'état de Frédéric, Benoît-Fermton aurait dû en pâtir bien plus encore, puisque sa mère ne s'est pas contentée de la mêler à ses comportements quotidiens, mais l'avait augurée précocement en se posant sérieusement la question du maintien ou de l'interruption de la grossesse. Et, à imaginer l'impact possible de la véritable pulsion mortifère qu'elle avait ainsi exprimée, on peut se demander comment les troubles de Benoît-Fermton ont pu ne pas être plus violents et ne pas être survenus plus tôt.

En réalité, le parallèle des situations ne peut pas longtemps se soutenir. Benoît-Fermton, même agressé avec la violence que l'on a pu sentir dans les propos de sa mère, n'a jamais cessé d'être, pour elle, un autre, une personne. Une personne existant suffisamment pour qu'elle l'accuse de risquer de perturber sa vie et de lui poser de considérables problèmes. Alors que Frédéric, en revanche, n'a jamais eu d'autre statut que celui d'une sorte d'appendice, de fanfreluche ou de ridicule colifichet de sa mère. Qu'on se remette en mémoire l'histoire de cet enfant qui ne voulait pas être « sapiné », on sera peut-être surpris de retrouver en jeu les mêmes mécanismes. Affronter ouvertement et en mots une situation pour aller jusqu'à la dire, aussi violents que soient les mots employés, est toujours, peu ou prou, structurant. Jouer la comédie de l'oblativité, en jouissant au besoin de la mascarade qu'on exécute à destination d'un tiers spectateur, voilà proprement la plus formidable et la plus efficace entreprise d'annihilation.

Frédéric n'était assimilé par sa mère qu'à un objet. À un objet, et à rien d'autre. Tout le confort matériel, jusqu'à la nurse diplômée à domicile, lui aura été, certes, largement offert et dispensé, mais, en contrepartie, il devra se débrouiller pour s'en contenter. Car il n'obtiendra rien d'autre. Rien de moins contingent et rien de plus consistant, en tout cas. Et, quand il commencera à manifester l'inconfort de sa situation, sa mère viendra réclamer pour lui, comme un dû, les bâillons efficaces de la pharmacopée moderne, désarmant toute tentative d'incursion dans un autre domaine, en ânonnant les désespérants chromos que diffusent ces trop fameux livres qu'elle aura pu consulter au préalable. Elle est prête à s'accuser, elle est prête à se couvrir elle-même de reproches, à se déconsidérer, voire à se disqualifier. Mais elle le fait sur un ton et sur un mode qui ne laissent pas le moindre doute sur le fait que cela n'a rien à voir avec le seul niveau qui l'intéresse vraiment, celui du confort de sa vie sociale. Car, et la suite du dialogue le montrera amplement, tout cela est réclamé au nom de tout ce qu'il faut impérativement respecter d'une vie inscrite au plus près de la plus stricte conformité. Une vie et un mode de vie qui sont mis ouvertement en avant, toutes les fois que la nécessité s'en fera ressentir. Bien sûr, et il serait naïf et malhonnête de le passer sous silence ou de ne pas en convenir, ça ne peut être que l'effet d'un choix et la manifestation d'une violente résistance à toute interrogation. Mais, que ce mode de vie soit utilisé comme support de résistance, de cette façon et sans vergogne, implique qu'on espère bien de l'interlocuteur qu'il en reconnaîtra le caractère comme primordial et les impératifs comme incontournables.

Or, si notre contexte social n'avait pas posé, comme une norme véritable, exemplaire et enviable, les éléments ouvertement affichés du mode de vie de Fanny et Gilles, jamais ces éléments n'auraient pu être mis en avant et invoqués de cette manière et avec autant d'insistance. C'est donc en conformité, et seulement en conformité, avec ce que promet et promeut le contexte social que Frédéric peut et doit exister dans l'économie affective de ses parents. Il se voit inscrit dans un destin à l'intérieur duquel deux contraintes, déniées comme telles mais qui existent cependant, se trouvent en opposition profonde et demandent à être satisfaites toutes les deux et en même temps. Il doit, tout d'abord, ne pas déranger la vie sociale de ses parents qui ne lui fait pas de place et il doit, ensuite, être un enfant qui, sans rien avoir à demander, doit impérativement être merveilleux. Si cette double contrainte, dont on sait le potentiel pathogène, existe pour Frédéric, elle n'existe simplement pas pour ses parents. Car le second impératif ne peut pas même en paraître un pour des individus qui ne sont ni frustes ni démunis. Puisqu'il n'est que la prise au mot et la traduction intégrale du message du contexte social qui aligne les immenses possibilités promues, dans ce secteur, pour valider son fameux message incitatif. Voyons, ne suis-je pas un pédiatre diplômé, qualifié, hautement recommandable, compétent et accessible ? Cette mère ne me l'a-t-elle pas tout de suite signifié ? Ne me l'a-t-elle pas assez répété et encore répété ? Et n'ai-je pas vocation, par mon statut, à résoudre tous les problèmes qui pourraient surgir, et ce au seul moyen de ma seule science ? Sinon, à quoi d'autre pourrais-je servir ? Alors, ne dois-je pas exécuter les promesses attachées à mes prérogatives au lieu de me lancer dans l'incongruité d'une demande à voir le père de Frédéric ? En quoi une entrevue avec ce père, brillant et fort occupé, pourrait-elle conduire à la moindre solution d'un problème qui n'a pas, logiquement et apparemment, à le concerner puisqu'il ne concerne que le sommeil de Frédéric ? En quoi et de quelle manière les pères seraient-ils concernés par les enfants autrement que pour en pourvoir les mères et assurer le brio d'une vie sociale ? N'était-ce pas déjà inscrit chez Fanny dans la narration de la mort de ses parents ? Son père est mort alors qu'elle avait neuf ans et sa mère est morte alors qu'elle « *n*'avait *que* quinze ans ».

Au point que, quand j'ai voulu prendre appui sur l'avis du confrère hospitalier, parce que cet avis pouvait paraître plus neutre, plus distancié et quasi directement issu du contexte social, pour tenter une incursion dans le « psychologique » qui avait été nommé, je me suis retrouvé sur un terrain de... tennis !

La confidence de la mère, avec tout ce que comportait la levée d'un secret, du « secret », ne prenait ni plus ni moins que l'allure d'un *ace*. Elle le voulait percutant, sec, massif et nécessairement gagnant, puisque par définition je devais en être débordé. Elle m'expédiait quelque chose qui eût dû m'écraser et me faire passer l'envie de continuer mon questionnement sur un autre registre que celui qui concernait principalement le corps de Frédéric. Mais ma réaction mesurée a dû me muer, pour elle, en joueur habile. Elle a dû croire que je lui avais retourné la balle avec une virtuosité consommée. Ai-je eu tort ? Probablement. Car cela nous a engagés dans un échange que, manifestement, ni l'un ni l'autre ne semblions être prêts à perdre. Elle, parce que c'est ce qu'elle faisait depuis le début et qu'elle voulait conclure rapidement, pour gagner je ne sais toujours pas quel repos. Moi, je l'ai dit, je m'en fichais, en réalité, de perdre ou de gagner, je pensais surtout ne plus pouvoir différer un travail autour de Frédéric. Or, dans ce contexte, ma lettre à son père avait en quelque sorte pris littéralement force de *passing shot*. J'avais peut-être eu l'illusion d'avoir gagné le point, mais je n'en espérais et n'en souhaitais pas moins pour autant retrouver Fanny. Or, elle a définitivement quitté le terrain. Et le grand perdant a été Frédéric, que je reverrai, des années après, dans cet état pitoyable. J'aurais cru, même à ce moment-là, que cet état aurait été suffisamment flagrant pour faire adhérer ses parents aux mesures que je préconisais. Mais l'ultime « tout ça n'est pas trop grave » du père était venu, hélas, me signifier le contraire !

On peut épiloguer encore longtemps sur la signification de cette histoire. Je peux, évidemment, mettre en cause aussi bien ma technique que mon rapport inadapté et peut-être agressif à cette manière de décider de traiter un enfant. Je peux reconsidérer tout mon vécu, nos entrevues, la dynamique de la relation ou l'ensemble du matériel, pour n'y trouver que matière à m'accuser de toutes les maladresses. Je n'en disconviens pas. Il me semble simplement regrettable que la lecture que je viens d'essayer de faire de cet échec puisse simplement être possible.

Car, si le statut de l'enfant ne demeurait pas ambigu, si l'enfant pouvait n'être considéré que dans sa dimension spécifique et ne rencontrer aucun point de dénégation de cette dimension, une aventure comme celle-là n'aurait pas trouvé la voie facile de son accomplissement. Je suis le dernier à professer que le hasard puisse y être pour quelque chose. Je sais bien que ce qui cherche à fuir trouve toujours une voie, quitte à devoir la forger ou l'inventer. Mais, si je m'aventure avec beaucoup de prudence, et beaucoup de difficultés, dans l'exploration de ces embûches, c'est pour montrer combien souvent des discours amplifiés et retentissants peuvent servir de points d'ancrage ou de justifications à des choix qui s'y agrippent, toujours opportunément. Or notre contexte social, de ces discours, est un auteur fécond et prodigue, entièrement mû par la seule perspective du but qu'il poursuit et pour lequel il est prêt à mobiliser tous ses moyens, à accéder à toutes les formes de demande sans distinction et à payer tous les prix. Jusqu'à permettre que s'exercent, sur des êtres en voie de devenir, des contraintes aussi contradictoires et aussi annihilantes.

On aurait beau jeu de me faire remarquer que je suis assez sélectif dans le choix des cas où je repère de graves problèmes. Je me livrerais — et c'est la seconde fois — avec une certaine délectation à des critiques acerbes de modes de vie caractérisés par l'inscription dans un contexte pécuniairement très pourvu, auquel je profiterais de faire un procès déguisé. Cette objection n'est pas recevable. Et, pour prouver, au contraire, que l'argent peut ne pas nuire au destin d'un enfant, je prendrai un autre exemple, avant de poursuivre le débat.

Il s'agit d'une famille très fortunée dans laquelle, une fois encore, mais sous une autre forme, le discours ambiant du contexte social a pu produire quelques remous et conduire à des formulations qui eussent été impensables, et dont pour ma part, je le confesse, je ne suis toujours pas revenu.

Le jaune attend

Léo et Sarah forment — la formule paraîtra un peu creuse, galvaudée et conventionnelle, mais j'en use dans son sens le plus fort — un couple merveilleux. Ils sont jeunes, intelligents, dynamiques, beaux, sportifs et, ce qui ne gâche rien, très riches. Léo a la trentaine et Sarah quelques années de moins. Nos relations sont excellentes et comportent bien plus que de la cordialité.

Ils sont ouverts et sympathiques, ils vont tellement bien ensemble, complices et tendres, que voilà déjà longtemps que j'en suis venu à les appeler par leurs prénoms respectifs. Ils me rendent ces manifestations et ces témoignages d'amitié tout en conservant à mon endroit une certaine déférence, commandée plus par notre différence d'âge et par la confiance dont ils m'investissent que par la référence à mon titre ou ma fonction. Ils me sont restés fidèles malgré plusieurs déménagements qui les ont progressivement éloignés de mon quartier. Ils ont deux enfants de sept et cinq ans que je connais depuis leur naissance, Guillaume et Jonathan, qui me sont amenés indifféremment par l'un ou par l'autre, quand ce n'est pas, le plus souvent, par les deux à la fois. D'ailleurs, celui des deux à qui il peut arriver d'être absent de la consultation ne l'est jamais tout à fait : il y est parce que nous en parlons, naturellement et sans effort.

Les voilà avec leurs deux garçons. Ils ne viennent que pour le second, Jonathan. Mais Guillaume, supportant mal depuis la naissance de son frère d'être mis, même momentanément, à l'écart, est là aussi, se manifestant comme il le peut et dès qu'il le peut.

Guillaume est un battant. Et son père en parle en disant leurs affrontements et les soucis que la conduite ouvertement exclusive de cet aîné lui procure. Les manifestations de jalousie ont fait l'objet de toutes sortes de tentatives de correction du côté parental, mais sans le moindre succès. Or, comme la pugnacité de Guillaume lui rapporte des bénéfices indéniables, on n'est pas allé beaucoup plus loin. Car Guillaume est toujours en tête de classe, et détaché de surcroît. Il est, de plus, un extraordinaire affairiste en herbe qui fait, avec ses camarades de récréation, des échanges qui lui sont toujours largement profitables, malgré la réprobation marquée de son père qui continue d'essayer obstinément de lui inculquer de solides notions de morale.

Jonathan, lui, est un doux. Il a un regard bleu souriant et un abord calme, discret et tranquille. Aux dires de ses parents, c'est le souffre-douleur de son frère. Et eux l'encouragent sans cesse à réagir. Mais, quand il est incité à se défendre ou à ne pas se laisser faire, il rétorque sans s'émouvoir que ce n'est pas grave. Si Guillaume cherche à le gruger en lui prenant un objet, il ne se révolte pas. Il fait mieux : il comprend, il anticipe et donne de lui-même l'objet comme un cadeau. En réalité, il n'évite pas l'affrontement, il le démonte, il le déjoue et le rend inefficace et inutile. Il paraît que ça finit par poser de sérieuses questions à Guillaume qui arrive à en être proprement désarçonné et par ne plus savoir comment procéder. Jonathan est urbain. Jonathan est facile. Jonathan est agréable.

Jonathan est secret.

Il m'est arrivé souvent de me demander quelle pouvait être la responsabilité ou la part prise par l'un ou l'autre des parents dans l'édification de personnalités aussi contrastées. Jonathan a quelque chose de la douceur de son père, mais il a aussi le charme certain de sa mère. Guillaume a emprunté à Sarah son côté volontaire, mais à Léo sa clairvoyance. Léo est un père présent, ferme et tranquille qui parle le même langage à chacun de ses fils. Quant à Sarah, elle est fière de ses garçons et ravie d'en avoir deux ; mais ce qui compte pour elle, avant tout, c'est Léo et le couple qu'ils forment ensemble, la vie qu'ils mènent ensemble et qui la comble. Les voyages intercontinentaux leur sont monnaie courante, les sports d'hiver et les stations balnéaires une véritable passion, mais sans que cela emprunte à ce côté excessif et agaçant caractéristique de ce qu'on nomme la *jet society*.

La préoccupation majeure qui motive leur consultation de ce jour vient d'une convocation de la maîtresse de maternelle de Jonathan. Et il ressort, de la rencontre qu'ils ont eue avec elle, que leur fils n'acquérait pas les mécanismes mentaux de sa tranche d'âge. Ce qui semble être préoccupant pour sa future insertion en grande section, et qui leur vaut la recommandation insistante d'une consultation en urgence au centre médico-psycho-pédagogique local.

Léo intervient d'emblée pour me dire son désaccord avec ce genre de verdict. Et, pour m'en convaincre, il me produit un dessin de Jonathan en m'engageant à donner mon avis personnel sur les acquisitions de cet enfant.

Le dessin, en effet, est très élaboré, magnifique et riche en couleurs. Il est ouvert, déployé et éclatant. Il représente une famille. Les personnages y sont admirablement rendus et parfaitement identifiables. En haut et à gauche, le personnage maternel, en longues nattes et en robe aux couleurs vives, est à peine moins grand que le personnage paternel, en blouson cintré et solidement campé sur des jambes et des pieds bien dessinés. Au-dessous du père, et donc à droite de la feuille, la figure aux cheveux frisés du frère en culottes courtes brandit un revolver en direction de la gauche, là où se trouve le dernier enfant, plus petit que le précédent, mais aussi nettement représenté, et juste à la verticale de la mère.

Je ne peux que souscrire à l'avis de Léo, car, effectivement, un dessin aussi riche et aussi équilibré à un peu moins de cinq ans, c'est quelque chose de rare. D'assez rare pour que je le reprenne et me mette à m'extasier sur le graphisme et le respect des proportions qu'on y décèle. C'est au moment où je me mets à m'intéresser au choix des couleurs que je découvre avec une certaine stupéfaction que la robe du personnage maternel, traitée dans les couleurs brun et ocre, comporte au niveau du ventre un véritable lacis, soigneusement travaillé, d'un cordon jaune à deux bords parallèles qui déborde les limites de la robe par le bas et s'en va, courant entre les jambes, s'arrêter sans raison évidente au-dessus de la tête du dernier enfant.

Cela me frappe d'autant plus qu'il n'y a pas trace de couleur jaune dans le reste du dessin. Je ne peux rien en dire de plus. Un dessin d'enfant est un véritable mystère dont l'enfant, seul, peut ou ne peut pas donner la clef. Et, comme je ne pratique pas ce genre d'investigations, je ne peux rien avancer. J'en suis ainsi à continuer d'écouter, un peu plus distraitement, les propos des parents qui comparent les comportements respectifs de leurs enfants, quand je me surprends à penser que ce puîné se comporte, en toutes circonstances, exactement comme s'il se sentait hors d'atteinte. Hors de l'atteinte des agressions manifestes de son frère autant que des consignes ou des objurgations de son institutrice. Il est hors d'atteinte et tranquille. Je ne sais pas pour quelle raison je commence à me demander pourquoi il ne réagit pas. Et je me mets, soudain, à le percevoir comme attendant, attendant patiemment je ne sais quoi. Il serait dans l'attente, me dis-je tout d'abord, pour finir par me formuler qu'il « attend ». Alors, la couleur jaune me frappe de nouveau, en force, et se met à prendre sens, comme si elle était destinée à représenter et à situer cet enfant qui serait encore, en quelque sorte, dans le ventre maternel. Cet entrelacs que j'avais remarqué et qui me semblait pouvoir évoquer une quelconque tripe pourrait n'être qu'une sorte de rébus, une forme d'écriture du prénom : jaune attend !

Cela me paraîtrait vraiment un peu, sinon beaucoup, tiré par les cheveux, si ne me revenaient soudain en mémoire tous les remous et la violence qui ont entouré la naissance de cet enfant.

Naissance inattendue, soudaine et comme accidentelle, survenue à un peu plus de six mois de grossesse. Jonathan ne pesait que douze cents grammes, ce qui a entraîné son hospitalisation immédiate dans un service de grands prématurés.

J'avais vu Sarah, à peine une semaine auparavant, et rien ne permettait de présager, alors, cet accouchement, dont la cause d'ailleurs est toujours restée inexpliquée. Je l'ai revue, avec Léo, dès sa sortie de la maternité. Pâle, fatiguée, préoccupée mais surtout bougonne et dure, me déclarant immédiatement, dès la porte du cabinet refermée et sur le ton le plus péremptoire, qu'il me fallait téléphoner dans le service dont elle me jetait les coordonnées écrites sur mon bureau. Je l'assurais immédiatement que c'était bien dans mes intentions, quand elle ajouta : « Et n'allez pas dire n'importe quoi ! » J'étais prêt à me récrier, tout en réfléchissant à l'ambiguïté de la formulation et à la défiance inhabituelle qu'elle semblait exprimer, quand elle poursuivit sur un ton encore plus ferme, déterminé et en détachant les mots : « Je n'en veux pas ! Je ne veux pas de cet enfant. Alors, vous allez prendre votre téléphone, vous allez appeler et vous allez demander qu'on arrête les frais. » Puis, devant mon expression préoccupée et mon silence réprobateur, elle reprit :

« Comprenez que, si c'est moi qui le dis, on ne m'écoutera pas. Si c'est vous, on vous écoutera et on fera ce que vous direz. Et puis, vous, vous pourrez vous tirer des arguments qu'ils vous donneront, moi je ne saurai pas quoi dire.

— Vous plaisantez ! ai-je dû lui répondre, juste pour sortir de mon silence et ne pas la laisser poursuivre dans une voie qui me mettait, je le reconnais, parfaitement mal à l'aise.

— Pas du tout ! Vous savez que, quand ils ont un enfant comme le mien, eux, ils font tout ce qu'il faut, avec la meilleure des bonnes consciences, mais ils ne peuvent rien vous garantir. Rien. Ils le nourrissent, ils le soignent, ils lui mettent des tuyaux partout, mais ils le disent franchement : ils ne peuvent rien prévoir !

— Est-ce ce qu'ils vous ont dit ? » demandai-je.

Ce genre de situation est en effet toujours délicat, puisqu'on ne peut jamais avoir qu'un témoignage ou une version des faits, et que, démuni de renseignements solides et fiables, on risque de se trouver manipulé par l'auteur du récit. Je ne pouvais pas savoir si la réticence qui m'était rapportée était une position de principe ou une position de prudence devant le bilan de dégâts qui seraient déjà passablement étendus.

« Non, me répondit-elle, moi, je n'y ai pas mis les pieds !

— Vous ne trouvez pas, alors, que vous allez peut-être un peu vite ? »

Puis, me tournant vers Léo, qui était resté silencieux et un peu en retrait, je lui demandai ce qu'il en pensait et ce qu'il pouvait me fournir comme renseignements.

« Elle, elle est comme ça depuis le début ! Moi, je suis allé dans le service tous les jours, et plusieurs fois par jour. Quelquefois, même, avec mon père. Les gens sont charmants, ils ont l'air parfaitement compétents. Et pas du tout alarmistes. J'ai rapporté ces nouvelles à Sarah. Mais je peux lui dire n'importe quoi, ça ne change rien, elle ne veut rien entendre. Alors, quand elle m'a dit vouloir venir vous voir, j'ai été d'accord. Et vous, vous êtes assez grand pour savoir quoi faire. »

Au total, donc, me disais-je, il s'agit d'un accouchement très prématuré d'un bébé d'un poids cependant correct pour le terme de la gestation. Et si je me fie aux propos du père qui s'est rendu sur place, rien ne semble transpirer qui puisse témoigner d'une préoccupation majeure. Mon appréciation de la situation était devenue plus nette et j'entrepris de la dire à Sarah, en en renforçant les éléments par l'expression de l'estime réelle que j'avais pour le service hautement compétent et de grande valeur dans lequel cet enfant était hospitalisé. Rien en moi ne pouvait receler le moindre doute, puisque j'étais fondé à savoir, et je savais, combien les progrès accomplis dans les soins aux prématurés ont été considérables et se sont traduits par une extraordinaire efficacité. Sarah ne pouvait et ne devait qu'être touchée par mon argumentation. Elle avait bien fait de venir me voir et j'étais sûr que nous nous en féliciterions. Mais, quand elle m'a répondu, j'ai compris que nous étions encore loin, bien loin, du compte.

« Vous vous défilez ! Vous ne voulez pas comprendre. Je ne vous demande pas de me rassurer. Gardez vos boniments pour vous et pour d'autres. Je vous le répète, je vous demande de prendre votre téléphone et d'appeler pour dire qu'on arrête les frais ! »

Le débat allait se poursuivre sur ce ton. Je me faisais volontairement sourd à ce qu'elle me demandait clairement. J'en appelais à son mari, j'essayais patiemment de lui montrer que ses craintes étaient infondées et qu'elle n'avait pas à aller à ces extrémités, rien n'y faisait. J'ai pris prétexte de la nécessité qu'il y avait pour nous tous, moi y compris, de recueillir de plus amples renseignements, et j'ai mis fin à la consultation. Mais non sans avoir repris date pour deux jours après. Évidemment, les renseignements que m'avait donnés le père étaient parfaitement exacts et le petit Jonathan n'était censé devoir poser aucun problème. Mais, quand j'ai reçu de nouveau ses parents, j'ai eu le sentiment qu'ils n'avaient pas quitté mon cabinet et que le temps écoulé depuis notre dernière rencontre n'avait été qu'un blanc. Balayant tout ce que je disais de rassurant, Sarah reprit la conversation au point même où elle l'avait laissée, mais avec un peu plus de hargne :

« Écoutez, s'il vous manque des arguments, c'est simple : vous n'avez qu'à leur dire que je m'engage par écrit à faire deux autres enfants à la place de celui-là. Mais celui-là, je n'en veux pas ! Ils raconteront tout ce qu'ils voudront, jusqu'au moment où il y aura une catastrophe. A ce moment-là, ce sera trop tard, et je me trouverai avec une plante dans les bras pour le restant de mes jours. Je n'ai que vingt-deux ans et je ne veux pas prendre le risque de gâcher ma vie tout entière pour respecter le fait que j'ai fait un enfant à la société. C'est moi qui l'ai fait, et, après tout, s'il était mort dans mon ventre on ne m'en aurait pas tenu rigueur et on ne m'aurait pas déclarée coupable. Alors, quelle différence ? C'est mon enfant et j'ai le droit de dire si j'en veux ou si je n'en veux pas. »

On perçoit les perspectives qu'ouvre une telle déclaration.

Parfaitement inscrite, et très jeune, dans les sortilèges d'une existence de rêve, cette mère prend prétexte du respect, qu'elle pose comme intouchable, de cette existence même, pour appuyer et étayer son argumentation. Qu'elle puisse décider de s'en ouvrir aussi clairement à l'instance intermédiaire que je constitue ne peut s'imaginer que parce qu'elle estime, précisément, son argumentation recevable et ayant quelque validité. Autrement dit, si le contexte social, dans lequel je suis inscrit et dont ma fonction ne fait de moi ni plus ni moins qu'un représentant, n'avait pas laissé sourdre la possibilité qu'une existence matérielle pouvait constituer, en soi, une valeur première à prendre en considération, jamais de tels propos n'auraient pu se proférer. Répétition, notons-le, même si elle comporte des nuances considérables, de l'argumentation que nous avons rencontrée dans la bouche de Fanny. Mais, dans un cas comme dans l'autre, l'érection des valeurs comme celles-là, mises en avant et à cette place, ne peut pas laisser persister les valeurs qui se trouvent déplacées et n'avoir plus cours, comme le respect d'un enfant : respect de son statut et de ses exigences pour ce qui concerne Fanny, respect de l'intangibilité de sa vie pour ce qui concerne Sarah.

La logique du système finit par laisser croire que l'auteur de l'enfant est libre, seul, d'apprécier la venue et le statut de son enfant en le subordonnant, sans gêne et en conscience, aux impératifs de ses choix d'existence. Cette mise en balance se rencontre infiniment plus couramment qu'on ne pourrait le supposer. Nous verrons un peu plus loin de quoi elle procède. Remarquons, pour l'instant, seulement la constance de sa rencontre dans la succession des histoires qui ont été exposées. Car, pour la mère de Benoît-Fermton, la question s'était également posée et souvenons-nous qu'elle a très vite déclaré, pour dire sa détermination à ne pas laisser sa vie de luxe être chamboulée par la venue de son enfant, avoir fait « mille bornes » à moto la semaine d'avant l'accouchement et n'avoir pas diminué « sa consommation de tabac d'une seule cigarette ». Remarquons que, dans le cas présent, l'expression de ce droit de vie et de mort sur un enfant vient comme être renforcée par des propos qui évoquent le plus sordide des marchandages. Sarah se dit prête à prendre l'engagement de faire deux autres enfants à la place de celui dont elle réclame la suppression. Même l'épreuve de deux maternités ne la fait pas reculer, dès lors qu'elle peut en escompter le résultat sans problème et en harmonie avec son projet de vie. Et, en filigrane, elle offre cette alternative au besoin d'enfant que le contexte social pourrait avancer. Elle est partante pour le prendre au mot. Manière comme une autre de lui dire qu'elle est d'accord pour assimiler cet enfant, venu trop prématurément, à une denrée. Qu'elle est consciente du prix de cette denrée, surinvestie assurément, et qu'elle n'a pas l'intention de la brader ou de vouloir en discuter la valeur. Bien au contraire, elle est prête à en payer le prix. Mais son prix à elle. Le prix qu'elle réglerait avec sa monnaie, deux grossesses au lieu d'une, deux enfants au lieu d'un. Autrement dit, elle entamerait volontiers une négociation sur des modalités de règlement de ce qui lui paraît pouvoir se définir, entre elle et le contexte social, de l'ordre d'un marché parfaitement négociable.

On peut, d'ailleurs, en profiter pour comprendre, dans la foulée, l'enracinement du talent affairiste de Guillaume dans ces mêmes propos. Il n'a pas pu ne pas les entendre, ne serait-ce que dans les bribes de conversation des parents entre eux. Et il n'a pas pu ne pas les ressentir comme la solution que souhaitait sa mère pour soulager son tourment. Il n'a pu que souhaiter la satisfaction de ce marchandage, y adhérer et en adopter le principe comme pertinent et exemplaire. Si on associe cela au ressentiment physiologique que perçoit tout aîné à la venue au monde du second, on peut comprendre toute la conduite ultérieure de cet aîné. Le talent affairiste apparaît alors comme la mise en acte répétée de l'échange qui avait été envisagé et qui l'aurait, lui Guillaume, soulagé de la présence, réelle autant que refusée, de Jonathan. De ce Jonathan qu'il ne cessera pas d'agresser, mais sans pouvoir, curieusement, l'atteindre.

Léo, manifestement, n'est pas d'accord avec Sarah. Mais Léo ne veut pas entrer en conflit avec Sarah parce qu'il perçoit que la souffrance de Sarah se trouve bien au-delà de la portée des mots. Il le dit. Clairement. A Sarah et à moi-même. Alors, comme il n'a aucune inquiétude, il continuera à aller voir son enfant, parfaitement convaincu qu'une fois cette étape franchie les choses s'arrangeront pour tout le monde.

C'est au décours de cette consultation, où, d'emblée, il récuse l'avis de l'institutrice comme pour renouveler sa confiance à Jonathan, qu'il reprendra tout cela, à cinq ans de distance, pour me dire que ce qui l'aura beaucoup soutenu aura été la présence constante de son propre père à ses côtés. Présence dont, jusqu'à ce jour, il n'aura réussi qu'à garder le souvenir ému sans en comprendre la motivation. Or, moi, je découvre en même temps que j'avais été partiellement responsable des difficultés devant lesquelles nous nous trouvons.

En effet, dans ces premiers échanges, alors même que je me félicitais que Sarah eût pu dire tout ce qu'elle avait dit, y compris ses souhaits de mort pour Jonathan, souhaits qu'elle évacuait en quelque sorte de cette manière, je ne m'étais pas rangé à l'avis éclairé de Léo et j'avais poursuivi ma tentative aveugle et obstinée de la faire changer d'avis, au point de l'agresser stupidement :

« Vous rendez-vous compte que, soutenant ce que vous soutenez, vous n'êtes ni plus ni moins qu'une nazie ? »

Sa réponse fut cinglante et mit fin à cette consultation :

« Je n'en ai rien à foutre ! Traitez-moi de nazie ou de tout ce que vous voudrez. Moi, je vous répète que je n'ai que vingt-deux ans et que je ne veux pas d'une vie gâchée à jamais. »

Jonathan, comme nous le prévoyions, le service, son père et moi-même, a pu être rendu à ses parents au bout des quelques semaines de surveillance que sa prématuration avait nécessitées. Sarah l'a alors accueilli, investi et s'en est occupé comme elle s'était occupée de Guillaume. Nous n'avons plus jamais reparlé de ses craintes. Sans doute cela avait-il été commodément remisé dans un passé regrettable, mais que nous avions décidé l'un et l'autre de refouler, parce que nous le voulions révolu et lointain. Et cet enfant, conforme en tout point à ce que pouvait en attendre sa mère pour continuer de mener la vie qu'elle souhaitait, a poussé sans problème.

Voilà que, devant ce superbe dessin, frais, vivant et coloré, je me surprenais à me dire que cet enfant était simplement en train d'exhumer précisément ce lointain passé.

J'étais moi-même en train d'entendre Jonathan dire. Dire qu'il était comme en attente d'une naissance. J'ai décidé de confier mon sentiment à ses parents. De longues années de chaleur, d'amitié et d'incontestable tendresse nous avaient assez soudés pour que je n'aie pas à garder la moindre pudeur ou la moindre pensée par-devers moi, y compris ma stupidité et ma fausse manœuvre. J'ai appris que, en passant devant l'hôpital où Jonathan avait vécu ses toutes premières semaines, on lui avait à plusieurs reprises rappelé son séjour. Mais que, effectivement, on ne l'avait jamais mis au fait des débats que son état à la naissance avait soulevés. La violence de l'étiquetage « nazi » ne devait pas y être pour rien. Nous en avons convenu. Et c'était nécessaire pour que Sarah et Léo puissent trouver le moyen de reprendre tout cela avec leurs enfants.

Ce qu'ils ont fait.

Et ce qui fut bien fait.

Quant à la question de savoir pourquoi ce symptôme a été apporté à ce moment-là et pas à un autre, la réponse est venue presque naturellement. Léo et Sarah parlaient, depuis déjà quelque temps, d'un troisième enfant.

Si on peut repérer un facteur commun entre les histoires de Benoît-Fermton, de Frédéric et de Jonathan, c'est précisément que chacun d'eux a posé à sa mère la question du prix, au sens métaphorique de ce mot, de son existence. Notons à nouveau, même en risquant une désagréable répétition, que seul Frédéric sera, lui, affublé d'une mère qui continuera de le nier en niant férocement la nature de ses appels, alors que les deux autres auront la chance de voir la problématique contemporaine de leur conception suffisamment mise en mots pour permettre aux existences de suivre leur cours ordinaire.

Il va sans dire que chacune de ces histoires possède ses déterminants propres impossibles à apparier ou à mettre en parallèle. Mais, dans chacune, la question qui a été posée a rencontré, entre autres interlocuteurs, le contexte social et les dispositions qui sont les siennes dans ce registre, explicitement pour les mamans de Benoît et Jonathan, implicitement pour la maman de Frédéric.

Or, le tout premier terme du discours du contexte social sur lequel n'a pas pu ne pas s'articuler un dialogue comme celui qui s'est instauré à chaque fois, c'est l'existence de la contraception maîtrisée et le succès immense de ses différentes méthodes. Si l'on considère l'évolution récente de la fertilité, on ne peut que devoir prendre acte des changements intervenus et dont certains ont été, jusque-là, soigneusement laissés dans l'ombre, alors qu'ils n'ont pas manqué d'interférer dans le rapport des femmes, en général, à leurs enfants et, en conséquence, dans la définition même que le contexte social aura élaboré du statut de l'enfant.

Les psychanalystes, surtout les femmes d'ailleurs, qui écoutent les patientes parler de stérilité sont régulièrement frappées des difficultés qu'elles entendent et qui tournent autour du fait de « concevoir » l'enfant. À l'ère précontraceptionnelle, il semblait n'y avoir aucun clivage entre l'acte sexuel et le potentiel procréatif qu'il portait. En revanche, il semble aujourd'hui que la « conception » connaisse, de plus en plus fréquemment, des dérapages sinon des difficultés, comme si le clivage devenu possible affaiblissait du même coup le potentiel qu'on avait cru pouvoir mettre en réserve. À cet irrécusable constat, la médecine répond que la libéralisation des mœurs, entraînée par la sécurité qu'apporte la contraception, a simplement rendu plus fréquentes les contaminations par les agents des maladies sexuellement transmissibles et a multiplié, dès lors, la survenue des obstructions tubaires. Cela, ajouté à l'effet chimique des pilules qui peuvent sidérer, plus ou moins et de façon imprévisible, la ponte ovulaire pour un temps indéfini après l'arrêt de leur prise, rendrait compte des difficultés rencontrées. Ces explications, qui s'appuient sur une évaluation statistique et qui sont au demeurant parfaitement soutenables et on en peut plus pertinentes, ne permettent cependant pas d'expliquer l'existence, à l'inverse, de la survenue de grossesses sous pilule ou sur un utérus porteur de stérilet. Autrement dit, ces explications qui sont fiables comme explications de phénomènes intermédiaires n'en continuent pas moins de laisser planer le mystère sur la causalité la plus profonde et la plus précise de l'événement.

J'en veux pour témoignage un cas de figure qui devient de plus en plus fréquent, ou qu'en tout cas, dans ma clientèle, je rencontre de plus en plus souvent. C'est celui de ces enfants qui sont amenés par des mères qui vivent seules. Leur histoire est quasi stéréotypée. Une liaison qui durait depuis plus ou moins longtemps — plutôt plus que moins, en règle générale — et qui commençait à s'effilocher et à devenir ennuyeuse. C'est presque toujours à ce moment-là que la contraception dérape. La grossesse se déclare sous stérilet, ou bien du fait que la mère avait oublié un soir seulement sa pilule, ou bien qu'elle avait décidé de l'arrêter pour un mois. Là où la statistique donnerait bien peu de chance à une grossesse, là, curieusement et précisément, elle survient.

Pourquoi ?

On pourrait imaginer que la conception de cet enfant serait survenue comme un mécanisme utile, judicieux et réparateur de l'atmosphère du couple. Or, régulièrement, c'est du contraire qu'il s'agit. La mère qui se sent ainsi nouvellement et solidement lestée rejette immédiatement et avec encore plus d'énergie et de détermination son partenaire, en accélérant les processus de rupture. Parfois même, de surcroît, avec une violence qui ignore totalement des pères décidés à tout essayer pour se faire reconnaître un droit sur cet enfant. Le mystère de cette efficience soudaine du désir, quand on tente de le percer, ramène le plus souvent des rationalisations, elles aussi, guère moins stéréotypées. « Je commençais à prendre de l'âge... », « je me suis dit que c'était une chance et que je ne voulais pas la rater... », « il y avait longtemps que je désirais un enfant... », « il n'en voulait pas, alors, quand j'ai compris qu'il partait, j'en ai profité... ». Mais toutes ces explications, même quand elles s'énoncent avec autant de netteté, n'en demeurent pas moins parcellaires. Et on peut s'en rendre compte par la suite, quand ces mères, confrontées aux difficultés de leur enfant, parviennent à remonter leur propre histoire. On y perçoit alors l'équivalent de véritables passages à l'acte dont la nature incestueuse est proprement occultée, ce qui m'a été admirablement résumé par la déclaration enthousiaste d'une grand-mère espagnole affichant autant d'amour que de joie et de bonheur devant le fils de sa fille : « *Hijo de tu hija, tu nieto será ; hijo de tu hijo, quien te lo dirá ?* » Ce qu'on peut traduire sans trahir par : « Le fils de ta fille sera ton petit-fils ; le fils de ton fils, qui donc pourrait bien t'en assurer ? »

On peut, dans un message aussi condensé, trouver une quantité d'explications à une foule de comportements, y compris à l'éjection de plus en plus fréquente des pères de leur fonction, à la grande promiscuité des mères et des filles, à la difficulté d'abord de l'œdipe féminin autant qu'à la tension qui existe le plus souvent entre gendres et belles-mères. On peut aussi, sur ce seul proverbe, construire tout un chapitre et même tout un ouvrage. Il suffira, ici, d'en user pour montrer que, en ce qui concerne l'occurrence ou la non-occurrence d'une grossesse, les phénomènes chimiques ou microbiologiques allégués ne constituent que des maillons dans un processus infiniment plus complexe, mais dont l'existence est soigneusement passée sous silence par les analyses prospectives.

On pourrait aussi être tenté d'assimiler le sort de Jonathan ou celui de Frédéric, encore plus celui de Benoît-Fermton, à celui de l'enfant déclaré non voulu et accidentel de l'ère précontraceptionnelle. Ce serait reprendre, au point même où elle a été reconnue comme telle, une considérable erreur.

Du temps où ce cas de figure était monnaie courante, des abus de langage et une certaine hâte à bricoler des bouts de concept avaient été responsables de l'assimilation pure et simple de l'enfant « non voulu » à un enfant « non désiré ». Comme s'il pouvait y avoir un enfant qui ne fût pas désiré ! Il n'en reste pas moins que ce genre d'erreur a nui considérablement au devenir de ces malheureux enfants auxquels cette étiquette demeurait indéfiniment accolée. Du pédiatre au psychologue en passant par les enseignants de tout poil, chacun criait au destin injuste et réclamait, pour éviter à d'autres ce sort et ces écueils, toutes sortes de mesures qui, de l'avènement de modes plus fiables de contraception à la libéralisation de l'avortement, prenaient appui sur les lignes de force d'un contexte social en mouvance, mais qui ne l'était guère moins que le nôtre.

Savait-on alors que, dans la foulée, on allait aboutir, sans l'avoir nécessairement voulu, à la réification la plus radicale de l'enfant ?

On comprend, à la lumière de cet éclairage, quelles pouvaient être les craintes des opposants à la libéralisation de l'avortement. Puisque, ce qui se joue à cette étape, c'est déjà la confrontation d'options opposées qui font de l'enfant soit une chose dont on dispose et sur laquelle on a tous les droits, soit un être à l'intégrité duquel il serait strictement interdit d'attenter. Il est certain que, à pousser le raisonnement à son terme ultime, des positions aussi tranchées ne peuvent qu'être renvoyées dos à dos. Car le respect de la vie de l'enfant dès sa conception n'a pas empêché le naufrage de Frédéric. Par contre, il a permis à Jonathan de devenir le petit garçon délicieux qui déconcerte et désarçonne son frère, ce qu'il ne serait jamais devenu si on avait pris en compte la volonté exprimée et le seul confort de sa mère. Mais, si Frédéric a abouti à cette impasse horrible et que Jonathan s'en est tiré remarquablement, ce n'est pas par l'effet d'une position dogmatique qui les aurait préservés l'un plus que l'autre puisque, en l'occurrence, le désir de mort maternel sur un enfant vivant et déjà né ne concernait que le seul Jonathan. Si Jonathan s'en est sorti, c'est seulement grâce au travail qui s'est fait avec Sarah, toute argentée et inscrite au plus près d'une condition désignée par le contexte social comme enviable ; alors que ce travail n'a jamais pu être fait avec Fanny.

Autrement dit, un enfant n'est pas plus *une chose* qu'un être désinséré de tout lien avec ses géniteurs. Il est, essentiellement — je l'ai déjà dit, mais je ne cesserai pas plus de le redire que de ressentir la nécessité de ces redites —, une confluence de forces qui s'exercent au point matériel et charnel qu'il constitue. Les législateurs qui ont eu à devoir de prendre en considération cet ensemble de faits ont cru pouvoir se tirer de la difficulté soulevée en préconisant que l'interruption volontaire de grossesse ne pouvait avoir lieu qu'après un entretien ou une série d'entretiens avec un psy. Ils ont cru pouvoir ainsi ménager la chèvre et le chou, en confiant au psy le soin d'une folle acrobatie, puisque, en un ou deux entretiens, il devrait parvenir à faire apprécier cet ensemble à la femme enceinte et lui permettre une métabolisation non moins acrobatique de l'acte qu'elle avait prévu. Quand on sait dans quelles conditions se déroulent ces entretiens, coincés en fin de parcours entre la prise de décision souvent tardive et la date fatidique qui permet matériellement encore l'avortement, quand on sait ce que produit, chez toute femme, une grossesse et *a fortiori* un avortement, on aura compris qu'il s'agit toujours d'une gageure folle et quasi impossible à tenir.

On aura compris également, mieux que par toute autre référence, que les messages du type « Faites des enfants, je me charge du reste », que finissent par produire les mesures du contexte social, désinsèrent l'enfant de ses déterminants parentaux qui deviennent négligeables et ne font qu'accuser un peu plus sa réification. Laquelle est encore plus flagrante ou le devient quand elle s'exerce dans un univers où l'on a, aux choses et aux besoins, le rapport le plus maîtrisé. Le parcours social de Fanny au moment où elle est devenue mère était certainement encore en pleine mouvance. Son lourd passé d'orpheline qui s'est hissée, apparemment par ses seuls moyens, au sommet de la hiérarchie pécuniaire ne lui avait pas encore permis de s'y accoutumer. Frédéric serait en quelque sorte venu trop tôt, bien trop tôt. Comme si Fanny n'avait pas encore fini de faire le tour de son succès, de ses possessions, de son rang social et de ses mondanités ; de s'y installer avec suffisamment d'aisance pour en percevoir autant l'inanité que la vanité. Elle était encore beaucoup trop envoûtée par les sortilèges du contexte social, au moment de la naissance de son enfant, pour prendre à l'endroit de ses choix le moindre recul ou la moindre distance. En revanche, pour

Sarah et Léo nés tous deux dans l'aisance, la fortune est une seconde peau dans laquelle ils ne se sentent pas à l'étroit au point de se sentir asservis à son entretien. Et ce qui se joue sur ce terrain se joue également et de façon strictement identique dans bien d'autres domaines. Les cassures et les ruptures au passage des générations, que ce soit au niveau de la fortune, des modes de vie ou de la culture, se paient, toujours et immanquablement, d'un prix considérable.

CHAPITRE II

Si l'effraction produite par une situation sociale modifiée brutalement entraîne un tel asservissement aux valeurs prônées comme exemplaires et nouvellement acquises, on peut légitimement se demander comment se passent les choses dans un contexte qui se situe à l'opposé. Dans un contexte où le rapport aux choses et aux besoins, loin d'être maîtrisé ou en voie de l'être, demeure de l'ordre de l'objectif primordial à atteindre, les situations ne peuvent être perçues qu'avec encore plus de violence.

J'en veux pour témoignage ce que nous apprendra l'histoire de...

Binou

Binou qui est « chouette ». Qui est « très chouette », comme nous ne pouvons qu'en convenir, ses parents et moi-même.

Il est debout au milieu de la pièce. Torse nu et en couches, avec ses sandales un peu grandes mais toutes neuves. Il s'étire, il se masse le ventre, la poitrine et les flancs en se tournant avec application, tour à tour, vers chacun de nous. Il se balance d'une jambe sur l'autre et nous dispense force sourires, comme pour nous prendre à témoin du plaisir qu'il prend à se produire. Il a deux magnifiques chandelles verdâtres qui lui pendent aux narines et qui donnent à sa bouille, quand ses yeux se plissent dans le rire, une expression moqueuse et rusée. Binou, autrement dit Bernard, se donne, cabotin sans vergogne, ouvertement en spectacle, mais nous rend indéniablement heureux. Il a vingt mois. Et je l'ai vu beaucoup. Il m'a donné bien du mal, collectant consciencieusement les rhumes et les otites de ces enfants à qui la fréquentation de la crèche ne réussit pas. À force de chercher même sans trop y croire, j'ai fini par trouver une carence en fer et diverses petites broutilles sur lesquelles agir pour essayer d'accroître sa résistance. Mais, comme, à un moment, en plein hiver, les rechutes avaient été particulièrement fréquentes, j'avais évoqué la possibilité de son retrait définitif de la crèche. Cela était apparu comme impensable. Sa mère et son père travaillaient tous les deux, mais ne pouvaient envisager la solution du recours à une nourrice, car elle était bien trop onéreuse pour leur budget. Nous avions fini par transiger pour une formule intermédiaire, et Binou a été gardé par sa jeune tante maternelle, qui était alors au chômage, pendant quelques semaines, juste le temps que le traitement que je lui avais prescrit améliore ses défenses.

J'ai vu quelquefois cette jeune fille, qui ressemblait tant à la mère que je les ai souvent confondues. Elle était ravissante et elle m'a, rapidement, confié son projet d'aller sur la Côte d'Azur — « dès que Binou reprendra la crèche... », m'avait-elle précisé —, pour tenter sa chance dans le... cinéma ! Je n'ai fait aucun commentaire. Avais-je, d'ailleurs, seulement à en faire ? Je me suis simplement surpris à déplorer les ravages des multiples miroirs aux alouettes dans un contexte de crise économique ! Le loto, sportif ou non, le tiercé et autres courses, ces foules aux guichets des PMU ! L'espoir tenace d'une fortune vite faite et facilement gagnée ! Et ces métiers du spectacle réputés pour les gains immenses que d'aucuns parviennent à y glaner. Des métiers qui deviennent captivants et attractifs, mais dont on ne dit jamais autant les risques que la précarité ou la misère du plus grand nombre qui y échouent...

Binou est là, donc, superbe, gazouillant et s'étirant, en cette fin de printemps. Mon traitement paraît avoir été efficace, sauf contre cet écoulement nasal dont nous avons fini par prendre notre parti et qui lui sied, après tout et aussi curieux que cela puisse paraître, à ravir ! Et, parce qu'il y avait dans l'air une certaine joie de vivre et un certain bonheur dont cet enfant et ses mines étaient probablement responsables, j'ai demandé : « Alors, à quand le second ? »

C'est une question que je pose volontiers et pour bien des raisons. C'est, pour moi, le type même de la question prétexte et une façon comme une autre de nouer ou d'entrouvrir un dialogue. Elle me paraît constituer un moyen commode de faire parler un peu plus les parents de leur enfant et de la manière dont ils vivent ou ont vécu, jusque-là, leur parentalité. Elle me paraît être aussi un bon moyen de tester leurs capacités de dialogue entre eux et avec moi-même. Et elle permet, enfin, de lever parfois des zones d'ombre qui m'auraient empêché de mieux saisir la qualité du rapport des parents à leur enfant actuel.

« Alors, à quand le second ?

— Jamais, m'a répondu sans la moindre hésitation le père.

— Ah ? dis-je, surpris par tant de détermination, en regardant la mère qui reprit en écho et avec un sourire délicieux et entendu :

— Jamais ! »

Je ne savais pas et ne pouvais pas savoir, sur-le-champ, ce que pouvait recouvrir une réticence aussi massivement exprimée. Je pouvais imaginer que les maladies de Binou avaient été, en réalité, plus mal vécues que je ne le croyais et que l'expression de cette décision leur était redevable. Alors, j'ai cru habile de reprendre tout cela, dans un long discours, pour le relativiser et expliquer que cet enfant pouvait être considéré, à bien des égards, comme tout à fait et définitivement tiré d'affaire. Le père m'arrêta :

« Non, ce n'est pas de ça qu'il s'agit. Tout ce que vous nous dites, vous nous l'avez déjà dit et on vous croit. On n'a pas de raison de ne pas vous croire. C'est pas ça. On a un enfant, il est chouette, il nous satisfait, mais on n'en veut pas d'autre. On préfère simplement faire ce qu'il faut pour bien l'élever et lui donner tout ce dont il aura besoin. »

Une pareille déclaration ne peut être que méritoire et se trouve, de nos jours, extrêmement fréquemment mise en avant. Mais je désirais en comprendre un peu mieux les tenants, et j'ai voulu en savoir plus sur les situations respectives des parents. Le père était chef tôlier et la mère aide-comptable. Ils avaient, à eux deux, un revenu mensuel d'environ seize mille francs net. Or, ils habitaient une HLM et n'étaient pas vêtus de façon recherchée. Ce qui permettait de les classer comme pouvant assumer certainement plus de frais qu'ils n'en avaient. Je leur ai, alors, demandé s'ils avaient été eux-mêmes des enfants uniques, tant il est vrai que, fréquemment, on retrouve des situations familiales qui excluent la moindre possibilité de rupture avec la répétition de modèles antérieurs. Mais ce n'était pas le cas. C'était même tout le contraire. J'ai appris que le père était le neuvième de onze enfants et la mère la quatrième de huit. Je n'ai pas pu, alors, ne pas leur exprimer mon étonnement, car il me semblait pouvoir supposer, leur ai-je dit, que leurs parents respectifs avaient dû avoir des revenus nettement inférieurs à ceux dont eux-mêmes disposaient. Et je leur ai demandé s'ils savaient, eux, comment cette génération s'y était prise et avait pu s'en sortir. C'est le père qui m'a répondu :

« Ils avaient moins de besoins. »

C'est clair, net et incontestablement plein de bon sens. Mais c'est aussi tout un programme.

Ainsi, tout comme la tante maternelle, qui, armée de sa seule beauté, compte aller s'essayer à la conquête d'une place et d'une fortune dans le septième art, le père de Binou a pour projet clair et parfaitement formulé de satisfaire l'intégralité des besoins de son couple et de permettre à son fils de pouvoir satisfaire, à son tour, ceux qu'il percevra. Il est en droit de supposer que les besoins de son fils risquent d'être encore plus importants que les siens propres et que la nécessité de leur satisfaction pourrait être de plus en plus pressante et de plus en plus difficile à obtenir. En l'occurrence, il sait de quoi il parle puisqu'il se dit être lui-même inscrit, dans son rapport au besoin, d'une manière bien plus étroite que ne l'avaient été ses propres parents. On comprend qu'œuvrer pour un objectif de satisfaction aussi précisément défini puisse donc lui apparaître comme un but prioritaire, possible en soi et capable, à lui seul, de remplir toute une vie.

Il serait, bien évidemment, maladroit ou hâtif de conclure que ce genre d'option soit l'unique raison ou la raison majeure ou principale de la crise actuelle de dénatalité, même si elle est considérablement répandue, même s'il est fréquent d'entendre, répétés, des propos dans la note de ceux du père de Binou : « vaut mieux en avoir un seulement et bien l'élever... », « un seulement mais qui ne manquera de rien... », « c'est pas la peine d'en faire plus pour qu'ils viennent à manquer... » Il n'est, pour s'en rendre compte, que de prendre acte de l'échec patent des mesures incitatives correctrices évoquées plus haut et qui étaient destinées, dans la perspective ouverte par une analyse probablement bâclée des motivations, à empêcher les enfants d'être, pour leurs parents, une gêne à l'accès ou à la satisfaction de leurs besoins. Par ailleurs, s'il existait, vraiment, une relation consistante entre les faits dont il est débattu, on serait en droit d'imaginer, et ce en toute logique, que les couples nantis au-delà du nécessaire n'auraient aucune raison de restreindre le nombre de leurs enfants. Or, on sait que ça n'est pas le cas.

On pourrait être porté à croire, devant le constat de ce paradoxe, que cela tiendrait à une sorte de toxicologie spécifique, stérilisante en quelque sorte, du besoin lui-même et de la relation que chacun y entretiendrait. Tel qui possède, par exemple, sa maison rêverait d'une résidence secondaire ; tel autre qui, lui, a déjà une maison de campagne ne rêverait que de son chalet à la montagne, et ce troisième qui possède les deux voudrait un voilier. On peut continuer à dévider les exemples et on se surprendra à vouloir prétendre, devant leur irritante répétition, qu'il ne peut qu'en être ainsi, qu'il en a toujours été ainsi et qu'il ne pourra jamais qu'en être ainsi, qu'il existe une véritable fièvre de la possession et qu'elle est telle qu'on ne parvient jamais à la faire tomber tout à fait. Mais ce genre d'argumentation est, lui-même, difficilement convaincant, car force est de constater qu'il ne peut y avoir de rapport entre le coût de ce genre de besoins et leur potentielle satisfaction, d'une part, et celui de l'élevage et l'éducation d'un enfant, d'autre part, dût-il, cet enfant, être pourvu de gouvernantes, d'enseignants privés et de tous les avantages rétribuables qu'on pourrait rêver pour lui. Il ne manque d'ailleurs pas, là aussi, d'exemples de couples qui ont pleinement satisfait à l'intégralité des besoins imaginables et qui n'ont pas ou n'ont pas eu plus d'enfants pour autant.

Ce serait comme si la prise en compte primordiale de l'existence du besoin et la nécessité impérieuse de sa satisfaction venaient, quand elles s'évoquent autour de l'enfant, littéralement surdéfinir l'enfant, l'expulser de son statut et se mettre en lieu et place de ce que l'enfant pourrait réclamer ou réclamerait réellement. Cela reviendrait à croire que, si on peut offrir à son enfant la campagne, le ski, les vacances ou le bon air, on lui aura largement fourni de quoi être encore mieux, en meilleure santé et, pourquoi pas, infiniment heureux ! Comme on aura eu le sentiment d'avoir été dans la profusion, la générosité et l'oblativité, on n'aura même pas à se demander si cet enfant ne voulait pas autre chose. Comment pourrait, d'ailleurs, lui venir l'idée de résister à cette accumulation séduisante des arguments les plus tangibles ? C'est proprement impensable et même impossible. Alors, on veillera à ne pas se mettre, soi-même, imprudemment hors de la course généralisée à l'acquisition. On prendra le temps et l'énergie nécessaires à l'obtention des moyens qui commandent l'accès aux sphères réservées à ce petit nombre enviable que les spots publicitaires savent si bien parer de toutes les qualités et de tous les avantages au point de susciter aussi bien l'envie qu'une forme étrange de nostalgie.

Mais l'entreprise ne sera pas toujours aisée. Alors, face aux dures réalités et aux limites qu'on ne manque pas de rencontrer, on finit par se mettre à espérer que, si l'on n'a pas pu accéder, soi-même, à ces paradis, du moins l'enfant qu'on fera ou qu'on aura fait, lui, le pourra-t-il. Mais, en attendant, on ne cesse pas d'accumuler et encore plus accumuler, de se priver au besoin, voire de se sacrifier comme iront jusqu'à dire ceux qui ont choisi de vivre en quelque sorte par procuration. Autre moyen — et il y en a tellement ! — de faire durer un infini malentendu et une dette encore plus infinie. Combien de parents ne disent-ils pas s'être « saignés aux quatre veines » pour offrir à leurs enfants des situations réputées enviables ?

C'est que la concurrence est féroce. N'est-il pas notoire, par exemple, que les universités qui sont censées ouvrir la voie aux plus belles carrières n'accueillent qu'au compte-gouttes les enfants des démunis ? Et n'est-ce pas un rêve légitime et courant de tout parent que de vouloir, pour son enfant, les situations les plus enviables ? Ces situations dont chacun est fondé à savoir combien elles sont synonymes de sécurité, bien-être, richesse et bonheur. Ce raisonnement ne fait-il pas, d'ailleurs, le lit et le moteur de bien des divisions autant que de revendications sociales ? L'exploitation des chiffres fournis par les statisticiens comme la preuve de l'existence d'insupportables inégalités ne fournit-elle pas aux programmes de maints partis politiques, sinon de tous, l'occasion de protestations aussi véhémentes et généreuses dans la forme que trompeuses et démagogiques dans le fond ? Mais a-t-on jamais essayé d'admettre ou de faire admettre, de comprendre ou de faire comprendre qu'un enfant d'agriculteur puisse, sans qu'il y ait de honte à cela, rêver de devenir agriculteur, un enfant de serrurier, serrurier lui-même ? Bien sûr, ce n'est pas le genre d'argument qui peut donner lieu à une grande publicité. Mais, quand ce plombier dit que son fils adore l'aider et trouve dans ce travail autant d'enthousiasme que de plaisir au point qu'il veut l'embaucher, de quel droit irait-on l'inciter à lui faire poursuivre des études d'avocat ou d'architecte ? Quand ce carreleur ou ce mécanicien disent pour leurs enfants des ambitions identiques et qui cadrent avec les orientations spontanées de l'enfant, qu'importe à cet enfant de continuer à essayer d'intégrer la physique ou les mathématiques modernes ? Pourquoi cela serait-il monstrueux ou procéderait-il des effets d'une intolérable inégalité ? Dans toutes sortes de métiers, fort heureusement, il y a des individus suffisamment satisfaits de leur sort pour projeter le bonheur tiré de leur travail sur leur descendance.

Les voies et les mécanismes de l'identification ne prennent pas en compte les hiérarchies temporelles des secteurs professionnels.

A-t-on cherché à savoir, à l'inverse, quel était, dans les milieux favorisés, le pourcentage, la distribution ou la raison des échecs ? Pourquoi l'enfant de ce richissime commerçant refuse-t-il de passer son bac et réclame-t-il de rentrer dans la même boutique que son père ? Pourquoi celui de cet ingénieur ne rêve-t-il que d'être cuisinier ? Celui de ce chirurgien, matelot, ou cet autre encore, berger ? Ne peut-on concevoir que ces phénomènes méritent d'être pris en compte, au lieu d'être soigneusement occultés dans l'analyse des données brutes ou de faire le sol opportun d'une critique fausse et déplacée : combien souvent a-t-on entendu que le phénomène blouson doré n'était que la réaction saine d'une jeunesse révoltée et souverainement rétive aux miroitements fallacieux du pouvoir de l'argent ? On ne peut recevoir ce genre de conclusions que pour ce qu'elles sont : trompeuses, foncièrement malhonnêtes et démagogiques.

Après tout, est-il difficile de convenir que le malheureux Frédéric, même encore plus riche et plus amplement pourvu, ne pourra jamais avoir un sort ou un avenir meilleur que Binou, même si Binou se trouvait, incidemment, affublé d'une demi-douzaine de frères et sœurs ? Et les Frédéric ou les Binou sont légion. Mais personne, parce que c'est bien trop commode de le cacher, ne viendra dire que les enfants, à cet égard, se trouvent, tous, sans exception, logés à la même enseigne. Et que, quel que soit le degré de fortune ou de misère des familles dans lesquelles ils naissent, leur propulsion dans l'existence n'a strictement rien à voir avec un prétendu facteur de fortune. Ou si peu en tout cas, dans le bilan de leur devenir ultérieur, que c'en est absolument négligeable. Ce n'est pas la situation de fortune de Sarah et Léo qui permet de prévoir pour Guillaume et Jonathan un avenir convenable, mais la qualité de ce qui se noue entre ces parents-là et leurs enfants. Denrée inestimable et distribuée sans rapport aucun avec la richesse. Je connais un homme touchant, parce que, bien que riche, il vit perpétuellement dans l'angoisse du lendemain. Il a passé une partie de sa vie à accumuler fébrilement et répétitivement des fortunes, puis à les perdre sans grand regret, aussitôt qu'elles étaient gagnées. Comptable méticuleux de chaque centime, au point de friser parfois l'avarice, il reste cependant d'une étonnante et imprévisible générosité. Un jour que je l'interrogeais sur ce paradoxe, il accepta d'en parler et crut pouvoir en faire remonter l'origine à la fin de son enfance. Il avait demandé une pièce à son père, malheureux ouvrier désargenté... Et ce père lui fit la réponse suivante : « Mon fils, tout humain n'est appelé à mourir qu'une fois. Mais l'homme pauvre, lui, hélas, meurt sans cesse. Il meurt toutes les fois que son enfant lui adresse une demande et qu'il ne peut pas la satisfaire. » On conçoit qu'un message comme celui-là puisse n'avoir pas de prix ! Car qu'eût pu être comme viatique la satisfaction momentanée du besoin d'une pièce, comparée à cet extraordinaire message d'amour ? Mais on comprend aussi comment a pu se nouer le rapport de cet homme à l'argent. On comprend comment ces fortunes amassées et dilapidées ne l'ont été que dans le rapport le plus étroit avec la parole de ce père qui mourut, dans la réalité, peu de temps après avoir délivré ce message. On comprend enfin comment, dans ce rapport étrange à l'argent, passe un autre rapport, fondamental, qui est celui instauré à un processus d'identification inachevé que cette aventure ne cesse pas, compulsivement, d'interroger.

On peut, dans le fil des questions, se demander pourquoi, après tout, cette subordination à la dimension du besoin se trouve être aussi importante et aussi répandue. Pourquoi tous les parents ne sont-ils pas aptes, comme ce malheureux ouvrier, à transmettre par des mots, autrement plus précieux que tous les biens matériels, la preuve de leur amour ?

Il est bien entendu qu'on ne peut généraliser à partir d'un cas précis, et que ce qui s'exprime dépend, souvent sinon toujours, de la manière dont un individu peut plus ou moins avoir accès à ses déterminants. Même si je n'ai pas pu le comprendre, le sort du pauvre Frédéric ne pouvait être lié qu'à un blocage de l'expression de l'amour dans l'histoire de chacun de ses parents, ou tout au moins à un accident indépassable dans cette histoire. Était-ce la mort des grands-parents maternels qui en était cause, ou bien le statut d'enfant adopté du père ? Rien ne nous permet d'en décider. Il n'en reste pas moins que c'est sûrement autour de ces obstacles qu'il aurait fallu fouiller et essayer de saisir les enchaînements des situations. Mais on peut noter que c'est précisément pour n'avoir pas plus à les résoudre qu'à les affronter que la vie sociale, le travail et la satisfaction effrénée des besoins auront été investis par Fanny et Gilles.

Tout se passe comme si le besoin et sa satisfaction impérieuse fonctionnaient comme un leurre ou un mirage hautement élaborés et généreusement offerts à chacun pour le détourner de la résolution radicale, vraie et efficiente des problèmes qui l'assaillent. C'est probablement la raison pour laquelle ils sont utilisés pour mobiliser les masses ou les individus qui s'en laissent convaincre autant qu'y être aisément asservis. Comme, de surcroît, on peut relativiser suffisamment le besoin pour finir par le rendre insatiable, il devient un moteur idéal, infatigable, inusable, ne requérant aucun entretien et capable de trouver en lui-même sa propre alimentation. Qui viendrait, dans ces conditions, se plaindre de son usage si commode et si sûr ?

Certainement pas notre contexte social, qui y trouve un instrument prodigieusement utile à ses visées. Car le matraquage bien conduit peut fabriquer toutes les modes et soutenir sans faiblir toutes les idéologies. Les preuves n'en manquent pas, et chacun le sait bien.

Nos civilisations placées sous le signe de la consommation outrancière ne cessent pas de produire des dégâts. Et elles le font avec une telle bonne conscience qu'on pourrait les dénoncer et les taxer de cynisme, si elles n'avaient pris la précaution, hypocrite, de laisser opportunément fleurir des discours de dénonciation et de mise en garde qui font un utile office de contrepoids. En effet, grâce à ces discours, elles peuvent arguer, si la nécessité s'en faisait sentir, de l'extrême liberté qu'elles laissent à chacun d'apprécier, de juger leurs options, de s'en défier, voire de ne pas y adhérer. Ce faisant, elles en obtiennent, du même coup, une forme de label, qui ne fait que rehausser le mérite, devenu irrécusable, de leurs incitations et rendre ces mêmes incitations infiniment plus efficaces.

Elles savent bien que ce qu'elles fournissent est tellement séduisant qu'il trouvera toujours et encore plus de preneurs. Qui donc résisterait à ce qui, manipulé avec cet art consommé, implique et concerne avant tout la dimension coextensive du plaisir ?

Or cette dimension est inscrite au fin fond de tout être, si bien que nul ne peut prétendre pouvoir s'en tenir à l'écart et que chacun est prêt, sans rechigner, à en monnayer l'obtention. Il a été démontré que le tout-petit d'à peine quelques jours est capable de fournir, dès lors qu'il l'a compris, un véritable travail pour obtenir d'entendre la voix de sa mère dans les écouteurs qu'on a mis à ses oreilles. Le protocole expérimental rigoureux fournit la preuve émouvante de l'existence, à cet âge déjà, de cette dualité effort/plaisir.

C'est de ce mécanisme que dérive la fameuse thématique, usée jusqu'à la corde, de la carotte et du bâton. Mais là, aujourd'hui et sous nos latitudes, il ne s'agit plus de cette politique, réputée avoir été honteusement utilisée par des contextes obscurantistes et qu'on n'hésite pas à stigmatiser. La brutalité n'est plus de mise. Les décors ont changé et les modes de discours aussi. Un nouvel environnement, profondément modifié, s'est trouvé redéfini. Un environnement peuplé principalement d'énormes et juteuses carottes qui sont tellement hors de portée qu'elles finissent par faire comprendre que l'effort pour les obtenir est insoutenable, rédhibitoire et donc inutile. Tout individu livré au spectacle de ce mirage se trouve réduit, à défaut de pouvoir s'approprier ces magnifiques carottes, à vouloir se nourrir, à bon prix, sur-le-champ et gratuitement, de la seule odeur alléchante et envahissante qu'elles diffusent. Il hésite. Il s'interroge. Il marque le pas. Et son sourire béat d'un bonheur inattendu lui fait oublier la cohorte de bâtons noueux et solides qui sont prêts à le rouer de coups dès lors qu'il n'aura pas acquis préalablement de quoi monnayer l'obtention de ce minuscule bout de satisfaction. L'impératif auquel il se trouve soumis le remet aussitôt dans la course à la production, dans la course à la satisfaction de besoins qui deviennent de plus en plus grands. Et à un rythme tellement effréné qu'il ne peut pas même prendre le temps de regarder en arrière ce que sont devenues ces carottes, si elles existent encore, et s'il a toujours raison de chercher à les obtenir.

Néanmoins, dans son for intérieur, il a fini par se convaincre que le bât auquel il est astreint et qui le blesse ne le soumet pas pour rien à cette insidieuse souffrance. Un jour, il le sait, il en est sûr, on le lui a dit, il devra bien y parvenir, à cette terre rêvée des carottes sans nombre. Un jour. Un jour ? Mais quand ? En voilà bien une question quand l'inflation galope et que chaque carotte coûte un peu plus, chaque jour, que le travail tout entier déjà effectué ! Sisyphe réactualisé qui fondera longtemps son effort sur la seule anticipation du plaisir qu'on lui a fait miroiter, si bien qu'il ne pourra plus jamais ne plus y croire ; d'autant que l'obtention fugace de petits bouts de satisfaction rares, chiches et épisodiques viendra régulièrement entretenir son illusion.

Quand ? Quel jour ? Jamais ? Aura-t-il été possible que toute une existence ne se soit passée que dans cette vanité ? Et voilà un questionnement qui surgit. Tardif. Tardif et désormais inutile. Que suis-je ? Quel sens a eu ma vie ? Il s'interroge encore. Il se parle. Dans un ultime luxe, gratuit celui-là, il soliloque. « Je ne me laisserai pas anéantir sans laisser le fruit de mon effort et de mon travail à cet enfant que j'ai. Et je dois prendre vivement conscience de mon incurie. Comment ai-je pu le maintenir à l'écart de mon entreprise ? Il faut que tôt, très tôt, il s'y mette lui aussi, à son tour. Qu'il apprenne, vite, combien le plaisir est enivrant et combien il mérite cette recherche exclusive et obstinée. Que je lui en apporte moi-même un échantillon. Qu'il puisse savoir, comprendre, goûter, apprécier, avoir ce que je n'ai pas eu et que je me suis efforcé d'obtenir. Qu'il puisse avoir les sourires si beaux de ces adorables bambins flottants et quasi irréels au milieu du confort qu'ils vantent si bien. Si, moi, je ne suis pas parvenu à tout cela, lui, oui, lui assurément il faudra qu'il y parvienne et il y parviendra. »

CHAPITRE III

Or, cet enfant, on ne l'a pas oublié !

Car, là aussi, notre contexte est véritablement passé maître dans l'art de parfaire et d'enrichir une panoplie. Les émissions pour enfants que diffuse la télévision ne viennent-elles pas à point nommé ? N'est-ce pas une trouvaille généreuse, intelligente et judicieuse ? Surtout quand on pense que ces pauvres petits sont perpétuellement coincés dans leurs minuscules chambres d'appartement parce qu'ils ne peuvent aller ni dans les rues devenues trop dangereuses, ni dans les squares si rares et si lointains, et qu'ils ont épuisé, de surcroît, le plus souvent assez rapidement, le plaisir de jouets qui ne cessent pourtant pas de s'amonceler. Cela leur permettra de laisser leurs parents tranquilles et ils ne risqueront pas, occupés comme ils seront, de percevoir le moindre soupir ou le moindre grincement de dents, la moindre hésitation, la moindre manifestation de la plus petite ou de la plus fugace interrogation autour de l'impératif et lourd travail quotidien. S'il leur arrivait de sentir la moindre hésitation du côté de leurs parents, cela ne viendrait-il pas inconsidérément relancer le dialogue et gâcher ce qui se prépare pour leur génération ? Il ne faut pas qu'ils soient troublés dans la jouissance abrutissante de leur existence surprotégée et à l'abri de la simple réalité. N'est-ce pas la plus intelligente des stratégies, surtout quand elle se trouve fondée sur les mécanismes les plus naturels ? N'est-ce pas notoire que, lorsque des enfants naissent dans un contexte précis et qu'ils n'en ont jamais connu d'autre, ils ne peuvent pas même imaginer qu'il puisse y en avoir ou qu'il y en ait eu ? L'environnement ne résume-t-il pas, ne constitue-t-il pas, la plus immédiate des vérités ? Comment pourrait se mettre en place le moindre effet de critique ? Les perceptions de cet âge n'ont-elles pas indéfiniment valeur de loi ?

Mais que pourrait bien vouloir dire une remise en cause de cet ordre des choses qui irait jusqu'à englober les impressionnants acquis du progrès technique ? Qui pourrait, donc, ne serait-ce que la soutenir ? Aurait-elle quelque crédibilité ? Peu importe ! Mieux vaut ne pas en attendre la manifestation pour entreprendre l'aseptisation plus poussée encore de la relation des enfants à leurs parents ! Les programmes n'en deviendront que plus nombreux, plus affriolants, plus gais, plus sécréteurs encore de cette atmosphère qui se réfère sans cesse aux délices de la satisfaction des besoins et de l'idée devenue inattaquable de la survaleur de l'enfant.

Pour peu qu'on y rajoute une pincée d'encouragement de quelques autres instances médiatiques prêtes à enfourcher le moindre cheval qui porte un sigle conforme au mot d'ordre du moment, et une mode se lance, trouve son nouveau créneau, ameute les masses et n'en acquiert que plus de force et de crédit. Elle dure le temps nécessaire pour qu'une autre se mette en place, qui procédera du même esprit mais qui aura introduit une nuance, emprunté une autre manière, juste, pour que ne s'installent pas plus l'ennui que la défiance qui risquerait d'en naître.

Ce qui aura été réussi, ce qui a été réussi et que j'ai essayé d'imager sous la forme de cette parabole, c'est d'avoir vidé de son sens la dialectique effort/plaisir. Et de l'avoir si bien vidée que ce fameux principe de plaisir, soigneusement, méticuleusement et irréversiblement désarticulé de sa relation à l'effort, soumettra chacun à cette folle course sans fin et contribuera à dénaturer efficacement la relation parents/enfants en toutes sortes de points.

Enfants qui seront devenus comme autant de blasons rares et qui seront choyés, hyperprotégés au point de s'en trouver gâtés. Enfants, du même coup, anxieux, qui chercheront éperdument et vainement des limites que leurs parents ne leur donnent plus, ne savent plus et ne peuvent plus leur donner. Enfants à qui on ment tout au long de leur enfance, en leur disant que, plus tard, ils feront ce qu'ils voudront, qu'on ne veut pas avoir pour eux de projets définis et coercitifs, qu'ils seront libres de choisir leur métier — est-ce parce que plus personne ne s'enorgueillit du sien ? —, qu'ils sont incompris par de stupides et rétrogrades éducateurs, qu'ils sont et demeureront autant de génies méconnus que l'humanité aura à regretter si elle ne sait pas en faire usage...

Adolescents qui leur succèdent, qui dessillent leurs regards et qui s'enfoncent soudain la tête sous le sable pour s'absenter d'un décor qui leur apparaît faux et tellement différent de celui qu'on leur avait si longuement décrit. Désillusion brutale. Ultime révolte. Chant du cygne de l'enfant merveilleux. Ils le poussent comme ils le peuvent, avec leur silhouette précaire et ces boutons qui les agacent. Ils s'y essaient, tout proches de la plus amère des déconvenues et déjà prêts à accepter leur futur et inéluctable effondrement. Jusqu'au moment où ils découvrent qu'ils ont à disposition ce corps qui les encombre mais qui aussi se manifeste, et qu'ils prennent acte de ce que leurs congénères du même âge se trouvent logés à la même enseigne qu'eux. Alors, la conclusion s'impose à eux et leur vient d'elle-même. « Ce plaisir, ce plaisir vanté partout, en tous lieux et en toute occasion, ce plaisir qui s'étale sur les affiches, dans les journaux, sur les ondes et partout, ce plaisir apparemment anodin sinon prodigieusement délicieux, ce plaisir qui hante les rêves et qui fleurit sur toutes les lèvres dans des refrains lancinants, ce plaisir qui envahit le quotidien de chacun et que chacun poursuit dans une quête têtue et insatiable, ce plaisir qui n'a jamais autant mérité d'être qualifié de souverain, ce plaisir, pourquoi attendre de faire le moindre effort pour l'obtenir ? »

Ne disposent-ils pas pour cela de leur corps, au moins ?

Corps ? Corps qui se meut. Corps qui bouge. Corps qui épouse les rythmes neufs et syncopés ? Corps qui s'exprime comme il le peut. Corps gênant. Corps encore inconnu et maladroit. Le voilà qui s'offre sans calcul, sans borne et sans arrière-pensée au corps semblable de l'autre, dans une tentative gauche, émue et généreuse de consolation mutuelle. Et ça permettra toujours à quelque journaliste voyeuriste et en mal de feuille d'aller faire des enquêtes innommables, sacrilèges et impudiques, sur l'âge des premiers rapports sexuels, du comment, du quand et du où ça se passe ! Et, la pilule aidant, les parents complices, soulagés ou complaisants quand ils n'en tirent pas une énorme fierté, on continue et on explore. On explore sous les hourras d'un contexte qui gagnera en popularité de laisser croire qu'il se laisse toujours, délicieusement, émouvoir par l'amourette. Qu'ils y aillent, qu'ils aillent donc jusqu'au bout de leurs explorations ! Qu'ils y puisent ce qu'ils voudront, et qu'ils l'épuisent pour nous permettre de les recueillir, naufragés, encore plus désillusionnés et définitivement débarrassés des forces qu'aurait pu accumuler en eux une mécanique de sublimation, une mécanique qui aurait contribué à la restitution, dans son exacte mesure, de la dialectique effort/plaisir ! Une mécanique dont on ne veut plus entendre parler depuis que la notion de « sexualité » a envahi le discours commun et a pris une place prépondérante dans ce que chacun croit devoir assumer ou comprendre, mais dont il n'a jamais fait l'effort — et pour cause ! — de concevoir qu'elle ne se restreint pas au seul secteur d'une génitalité à laquelle le plus souvent il la résume.

La chance qu'introduit cette monumentale confusion sera amplement exploitée par le contexte social. La pilule sera mise à la portée des adolescentes, et l'incitation à son usage empruntera, au besoin, la voie d'une publicité opportunément conçue sous le généreux prétexte d'éviter l'écueil des grossesses précoces. Des films en tous genres seront tournés pour banaliser leur aventure, l'inscrire dans l'air du temps et lui donner un droit définitif de cité. Et, comme ces films ne manqueront pas d'avoir un énorme succès, ils finiront bien par mobiliser les derniers récalcitrants ou, à défaut, par en avoir raison en leur donnant de sourdes envies mêlées de remords ; de tellement de remords qu'ils ne prendront plus leurs atermoiements et leurs hésitations que comme une coupable impossibilité qu'il conviendra de rapidement dépasser et surtout de ne pas divulguer.

Et en voilà une fournée de mise sur les rails de la vie convenue ! À la suivante ! Elle donnera bien moins de fil à retordre, car la précédente aura efficacement préparé le chemin. D'autant plus que, livrée, elle-même, à une activité qui ne pourra que passablement l'occuper, elle rencontrera sur sa route suffisamment de gens qui, pour l'édifier, dénigreront le couple, son aventure ou sa durée, au point qu'elle ne s'y engagera que méfiante et prête à opérer un repli prudent et immédiat. Pour peu qu'un ou deux enfants aient été conçus, le contexte social pourra se retrouver à peu de frais comme la seule instance garante et secourable.

Avec quelle bonne conscience et quel succès le septième art, dans les salles et sur les écrans de télévision, saura dépeindre ces échecs et ces tourments ! Car on ne va tout de même pas, dans une époque en pleine mutation, dans une époque en si fougueux mouvement, dans une époque où le maître mot ne saurait être que le qualificatif de révolutionnaire, s'attarder à reprendre les chromos usés de valeurs bourgeoises éculées et dépassées qui n'avaient aucune matérialité et qui n'étaient toutes qu'au service d'une inqualifiable répression. La voie qui s'explore aujourd'hui n'est-elle pas et ne doit-elle pas être essentiellement celle de l'individu en quête de la satisfaction légitime des plaisirs que sa seule existence lui donne mérite et droit inaliénable d'obtenir ? Et l'art ne doit-il pas, par essence, ne connaître aucune limite ? On représente bien des scènes de guerre, pourquoi ne pas s'adonner au plaisir indicible de la monstration de l'acte d'amour dans son accomplissement ? S'il y a encore de ces censures chagrines et stupides pour qualifier cela de pornographique, on pourra les contourner et du même coup les faire taire en tournant des scènes toutes proches de ce qu'on vise ; on pourra les enrichir de halètements bienvenus et hautement suggestifs ; on saura toujours les parer de cette qualité d'esthétique qui les fera passer, et qui permettra opportunément, sous prétexte de ne pas faire la moindre obstruction à l'expression de la vérité, de faire avaler à un public au goût de plus en plus déformé des sujets d'une indigence à la mesure du pitoyable débat dont il convient de taire la nature. Car il suffit de montrer ces scénarios, d'un déplorable mais de plus en plus fréquent quotidien, pour les faire entrer dans les mœurs.

Et on ne peut plus, même à la télévision, même aux heures de grande écoute, éviter la conventionnelle scène érotico-esthétique devenue quasi obligatoire jusque dans les films où on ne s'attend pas à la voir mais où elle est là, présente et prétentieuse, pour concéder au voyeurisme de chacun ce bout de satisfaction coupable, troublante et pernicieuse.

Or, la vision par laquelle tout cela transite n'est pas un sens comme les autres. Ce qui la sollicite et s'y inscrit acquiert un impact formidable et insoupçonné.

Pourquoi utilise-t-on, pour désigner « ce qui s'impose à l'esprit avec une telle force qu'il n'est besoin d'aucune autre preuve pour en reconnaître la vérité, la réalité » (Paul Robert, *Dictionnaire alphabétique et analogique de la langue française*, tome second, page 1793), un mot tel qu'*évidence*, qui dérive du mot latin qui signifie « voir » ? Pourquoi existe-t-il une expression comme *n'en pas croire ses yeux*, pour signifier l'intensité d'un étonnement ? Comme *se frotter les yeux*, pour dire sa surprise ? *Ouvrir les yeux*, pour dire son acceptation de la réalité ? *Ça crève les yeux*, pour désigner ce qui ne peut pas ne pas être admis ? Pourquoi parle-t-on de *témoin oculaire* ? Pourquoi arrive-t-il dans le langage courant de dire : *je l'ai vu, de mes yeux vu*, pour donner force plus grande encore à ce dont on témoigne ? Pourquoi, dans certaines langues, le verbe être au présent n'existe pas et se trouve remplacé, parce qu'il est indispensable, par : *il m'a vu* pour *je suis, il t'a vu* pour *tu es, il nous a vus* pour *nous sommes*, etc. ? Comme si, pour être, on devait faire appel au témoignage, toujours oculaire, d'un semblable ou d'une instance tierce. Pourquoi, pour désigner ce qui est l'essence de la tromperie, parle-t-on de *mirage*, d'*illusion d'optique*, d'*hallucination visuelle* ?

Ce n'est pas pour rien qu'aucun autre sens, pour un sujet, n'ait de rapport plus étroit à l'expression de la vérité, au point que le langage en porte la trace et le témoignage. C'est parce que les autres sens ont tous, sans exception, été étalonnés préalablement à la naissance, pendant la vie intra-utérine, et que la vision, elle, n'a commencé à fonctionner qu'avec la lumière qui a inondé les yeux au moment même où l'air s'est engouffré dans les poumons et que le premier cri a déplissé les alvéoles. Or, cette concomitance n'est ni neutre ni négligeable. Autrement dit, et pour reprendre ce qu'affirme une publicité célèbre et qui a longtemps fleuri sur les pare-brise arrière des véhicules, « la vue, c'est la vie ».

On sait maintenant, avec une grande précision, comment s'organise la perception visuelle pour que puisse s'opérer quelque chose de l'ordre de la re-connaissance. On sait que des mécanismes extrêmement délicats inscrivent la sensation perçue en un point extrêmement précis du cortex visuel. La présence de cette inscription sera indispensable à une reconnaissance ultérieure. Si, par un protocole expérimental rigoureux et particulièrement démonstratif, on élève pendant un certain temps un chaton nouveau-né dans un environnement fait de stries horizontales, et qu'on le mette, ensuite, dans un environnement fait de stries verticales, il sera aveugle. Il ne percevra aucune sensation venue de la verticalité. La verticalité n'existera pas pour lui. Ce phénomène de base est au principe de toutes les accumulations de sensations et représente le module élémentaire de toute mémoire visuelle.

Il n'est pas abusif d'en inférer que, pour tout individu, ce qui passe par les perceptions visuelles se trouvera immédiatement paré de la vertu du déjà ou non-connu, du déjà ou non-rencontré, du déjà ou non-familier, du su ou du non-su, et, pourquoi pas, en poursuivant le catalogue, de ce qui a le rapport le plus étroit et le plus irrécusable avec une vérité qui le situe et le constitue en tant que sujet dans un rapport serein, fiable et consistant avec son environnement. Une séquence célèbre de l'émission télévisée *la Caméra invisible* avait imaginé le scénario suivant dont je crois pouvoir me souvenir. On envoie l'employé d'un pressing faire une course, et, dans un temps record, on transforme, de façon appliquée et soigneuse, le pressing en agence de voyages. La simple évocation du scénario permet d'imaginer aisément le désarroi du malheureux employé à son retour. Mais, ce qu'il y avait de plus touchant dans la séquence, c'était la façon qu'avait l'employé d'entrer et de sortir à plusieurs reprises de la boutique, de regarder les alentours, de s'en éloigner pour vérifier la validité de ses perceptions visuelles, et de tenter de protester au nom même de cette validité qu'il ne pouvait que difficilement remettre en question.

Néanmoins, comme pour toute afférence sensorielle, la perception visuelle, pour précise et extraordinairement investie qu'elle soit, demeure de l'ordre de ce qui ne peut pas fonder, de façon irrécusable, la certitude. Et nous retrouvons, là, présent et inévacuable, le registre des erreurs potentielles qui a nom *illusion* ou *mirage*. Autrement dit, le talon d'Achille et le défaut de la cuirasse de ce qui semble avoir pourtant la force la plus considérable qui puisse être mise en rapport avec le statut de l'*évidence*. La séquence de *la Caméra invisible* n'en acquiert que plus de force, puisqu'elle montre la victime de la farce, à qui on a jeté *de la poudre aux yeux*, se débattant avec le statut ambigu et angoissant de ce qui fonde son constat et, partant, sa certitude potentielle.

C'est parce que le *spectacle* se trouve être un phénomène coextensif à notre quotidien et à notre vie, c'est parce qu'il est inévitable et qu'il nous est nécessaire, que nous le goûtons tant, que nous en sommes friands et que nous sommes toujours prêts à nous y précipiter. À certains égards, nous ne sommes que de perpétuels badauds ! C'est que le *spectacle* participe, sans relâche, à une sorte d'inventaire de notre stock perceptuel. Nous ne cessons pas d'effectuer la gymnastique que son recours met en place et dont nous espérons qu'elle nous permettra autant de nous faire une idée de ce dont nous disposons que d'en apprécier l'étendue ou de l'enrichir encore plus. Il ne paraîtra plus étonnant que ce soit au moyen de ce même *spectacle* que, par des touches infimes et répétées, on puisse aller jusqu'à remodeler ou pervertir notre vision des choses et réussir, sans que nous nous en rendions tout à fait compte, à nous *faire passer des vessies pour des lanternes*.

Si on ajoute à l'exposé rapide de ces mécanismes le fait que c'est un regard humain qui sexue l'enfant dès sa venue au monde en le déclarant fille ou garçon, on saisit encore mieux l'ampleur et l'importance du crédit accordé à la fonction visuelle.

Le démontage que j'ai tenté d'effectuer du malaise actuel, en en attribuant la responsabilité au contexte social, peut être désormais mieux compris à la lumière des mécanismes que met en jeu ce mode singulier de perception.

Et il n'est pas nécessaire d'aller très loin pour trouver le véhicule parfait et imparable de la pénétration d'un mode de vivre qui se veut prééminent, devient quasi exclusif et acquiert un véritable statut d'exemplarité.

En l'espace d'une vingtaine d'années, la télévision est devenue un extraordinaire moyen d'unification et d'uniformisation des mœurs. Je n'en parlerai pas en spécialiste, je n'en suis pas un. Il y en a suffisamment, et qui disent, bien mieux que je ne pourrais jamais le faire, des choses tout à fait pertinentes mais que nul n'écoute évidemment, ce qui permet aux dégâts de se poursuivre. Or il nous suffit de voir de quoi il est question pour nous rendre compte que nous n'avons pas affaire à un instrument sélectif ou anodin. Il n'est pas nécessaire de s'attarder aux séquences publicitaires, sur lesquelles nous aurons à revenir au moment où il sera question d'examiner l'impact de cette formidable machine dans son ensemble. Regardons seulement de quoi sont faits les programmes. Et nous serons stupéfaits de voir, à côté du matraquage que nous avons déjà identifié, la multitude de feuilletons qui, sous prétexte de devoir affronter la concurrence à l'exportation, ne concerneront que des héros nantis et parfaitement insérés dans une société qui pourvoit sans compter à leur indispensable bien-être. Et les films des grandes heures d'écoute, dont les chaînes qui se multiplient font leur cheval de bataille, ne sont que rarement d'une autre eau.

Quant au journal télévisé, c'est probablement l'entreprise la plus abrutissante qui puisse exister. Formidablement doué de moyens qui lui permettent d'emmener instantanément le téléspectateur à n'importe quel point du globe et de lui faire vivre l'événement sur l'instant, ce journal aux potentialités formidables est au moins aussi formidablement nuisible que le reste des programmes, ne serait-ce que par les simples effets de sa mise en page. Alors que la presse écrite peut jouer sur les caractères, les titres et la place consacrée dans ses colonnes à tel ou tel fait, alors que la presse écrite dispose de la non-passivité du lecteur qui peut lire son journal en conférant aux nouvelles l'ordre qu'il voudra, le journal télévisé distille et assène, lui, toutes les nouvelles uniformément, sur le même ton, et sans le moindre souci d'une quelconque hiérarchie. Le désir louable de la plus grande objectivité autant que le souci non moins louable de n'imprimer aucune sorte de coloration idéologique, la volonté de ne rien laisser dans l'ombre qui pût concerner telle ou telle frange de téléspectateurs, autant que les impératifs de l'actualité réputés incontournables, finissent par produire un amalgame à tout le moins curieux, sinon préoccupant par ses effets. On pourra avoir, ainsi, indifféremment, l'association d'un attentat épouvantable à celui d'une élection de Miss-quelque-chose, les pourparlers sur le désarmement juste avant la dernière rencontre de football, l'annonce d'une effroyable catastrophe qui précédera de peu un reportage sur les excédents de beurre ou les problèmes des viticulteurs quand ce ne sera pas l'exposé des formalités d'obtention du permis de chasse ! Et on ne devra rien trouver à redire à ces mélanges incroyables, à ces véritables patchworks d'éléments qui ne peuvent pas ne pas créer, par le simple biais de leur contiguïté, le plus déplorable effet et la forme la plus achevée de remodelage des perceptions de chacun !

On pourra tenter de m'apporter un vigoureux démenti en arguant qu'un ordre certain existe, quasi immuable et parfaitement clair, dans l'énoncé des nouvelles. Et je ferais preuve de mauvaise foi en méconnaissant la lancée des titres d'abord, le traitement des événements ensuite et dans un ordre certain d'importance, la partie spectacles ou sports en toute fin. Mais qu'importe ! Il n'y a pas de grande différence avec mon schéma qui peut passer pour être outrageusement simplificateur.

En effet, pourquoi l'actualité télévisée s'obstine-t-elle dans ce mode de faire comme si ses responsables ignoraient les lois élémentaires de l'impact du visuel sur la rétention des messages ? Or ces lois existent et elles sont parfaitement connues depuis bien longtemps. Quand la publicité est apparue sur les petits écrans, le problème s'est posé de savoir comment facturer les séquences qui se situaient entre la première et la dernière. Il y a déjà bien des années, les psychologues expérimentaux ont établi que, lorsque des séquences se succèdent, celle dont le souvenir reste le plus marquant, c'est, en principe, la dernière puis vient ensuite la première. Les vendeurs de publicité, confrontés à ce problème qui pouvait nuire à la bonne santé de leur entreprise, ont tourné la difficulté en inventant ces petites séquences-sketches de fin de programme. On en rit et tout le monde croit que c'est destiné à fidéliser la clientèle enfantine (tiens ! tiens !), alors que c'est simplement destiné à douer tous les messages du même impact quel que soit l'ordre de leur diffusion. Qu'on y réfléchisse et qu'on se demande ce que devient, quand on sait cela, l'information du journal télévisé. Qu'on mesure le ridicule qu'il peut y avoir à parler d'une rencontre de rugby ou à s'extasier sur un événement mondain quand on a montré quelques minutes auparavant les images d'horreur d'un attentat ou d'une guerre quelque part. Cela revient à uniformiser les séquences et à réduire les morts à des cadavres regrettables et à rien de plus ! Comment une population traitée de la sorte peut-elle prendre conscience de la gravité d'une situation ? Comment peut-elle entendre le moindre appel à sa capacité d'émotion, quand les images de ballon rond ou de tennis viendraient comme s'offrir aussitôt à l'en distraire ? On peut se demander comment il a pu ne pas venir à l'esprit des rédacteurs de journaux télévisés l'idée de découper ce journal en deux parties : une partie proprement informative qui traiterait des sujets graves et sérieux, puis, à un tout autre moment, une partie magazine qui apporterait le côté léger et plus futile qui serait jugé indispensable.

Mais, je l'ai déjà dit, je ne suis pas là pour critiquer ou proposer des solutions, je me contente d'enregistrer simplement qu'un mode de diffusion des messages qui pénètre, à ce point et sur ce mode, dans tous les foyers n'est pas fait pour permettre l'acuité de la réflexion, l'entretien du sens critique et le maintien d'une conscience de la gravité relative des situations. Il devient et se trouve réduit à n'être que ce qu'il a toujours dit ne pas vouloir être : un instrument de propagande efficace et complémentaire du reste d'un montage mis au service de ce qui était déjà, mais le devient un peu plus, un véritable culte de la satisfaction du besoin.

Si cette notion de besoin n'était soutenue que par les seuls messages publicitaires devenus inévitables, chacun trouverait peu ou prou le moyen de s'en défendre, ne serait-ce que parce que ces messages, au demeurant intelligents et souvent plaisants, désignent ouvertement leur objectif. Ce n'est pas cela seulement ! La quantité considérable d'informations traitées sous la forme que je viens de décrire et apportées à domicile finit par sécréter, subrepticement mais incontestablement, une sorte de norme. Norme complexe, incernable, impossible à identifier clairement ou à dénoncer par des mots, elle serait proche d'un message immanquablement lié aux besoins collectifs : « Voyez comme nous sommes bien entre nous, tout proches les uns des autres, même si nous nous trouvons embarqués dans la même galère ! Nous sommes condamnés à affronter un univers qui s'est rétréci, un univers qui est à portée de nos moyens de déplacement, un univers qui est aussi sans morale et où la seule politique qui prévale est celle du pire cynisme et de la plus flagrante des mauvaises fois. » C'est ainsi que, la « crise » aidant, chacun serait invité à comprendre ce que ne peut que se devoir une nation : défendre ses propres valeurs, être dans la course, participer à la bataille de la productivité, la gagner si possible, et ne pas la perdre en tout cas. Si bien que l'exposé de la politique économique ou des stratégies d'échange, celui des conflits armés avec leurs tenants et leurs aboutissants ne paraissent que devoir souder les informés en une masse frileusement concentrée autour de l'impératif salvateur, en une masse qui ne devient, de ce fait, que plus aisément mobilisable. Voilà ce qui ne sera jamais perdu de vue, quelles que soient les circonstances. Et ce sur quoi on devra, de façon ou d'une autre, toujours insister. N'est-ce pas pour cette même raison, et dans ce même ordre de logique, qu'on peut voir les partis politiques constamment en campagne préparer l'élection suivante dès que celle qui est passée a été gagnée ou perdue ? C'est qu'il ne faut pas qu'il y ait le moindre relâchement, le moindre répit ou la moindre vacance de ce genre de préoccupations.

Dans l'individu ainsi « ciblé » (parce que tout cela emprunte aussi bien le langage que la connaissance des mécanismes de la mercatique moderne), le message vise essentiellement le « producteur » et le « consommateur » potentiels qui sont constamment sollicités, tirés par la manche, interpellés et mis dans le seul circuit qui leur soit désigné comme convenable. Il n'en affecte pas moins le « sujet » qu'il y a dans ce même individu. Lequel, désormais confondu et hésitant, se trouvera invité à résister aux impératifs déraisonnables de ses propensions personnelles, pour prendre part à une aventure collective, excitante et méritoire, dont on peut aisément le convaincre que c'est d'elle et d'elle seule que dépend son devenir comme celui des siens. L'entreprise d'abrutissement n'apparaît plus, alors, comme fortuite ou accidentelle, donc potentiellement regrettable, amendable et perfectible, mais comme parfaitement délibérée et remarquablement élaborée pour être mise au service d'un objectif précis et aux contours bien définis.

C'est probablement pour la même raison que les journaux télévisés se font un devoir de donner à chacune de leurs éditions les indices boursiers. Or, bien rares sont ceux qui y comprennent quelque chose. Pour l'écrasante majorité des téléspectateurs, cela est même du plus parfait ennuyeux. Bien sûr, pour une autre frange de ces téléspectateurs, c'est le rugby ou le football qui sont ennuyeux. Mais ces deux secteurs ne peuvent pas être mis sur le même plan. Quand on pense que les choix politiques sont de plus en plus fondés sur la politique économique, on conçoit qu'il y ait tout intérêt à la revêtir de mystère. Comme on n'en aura pas donné le moindre rudiment dans le cursus habituel des études, on n'hésitera pas à l'exposer dans les plus petits détails et répétitivement, mais toujours de façon strictement allusive ou hermétique et destinée dès lors aux seuls initiés. Elle sera de la sorte revêtue, pour le téléspectateur courant, d'une aura qui ne peut qu'en asseoir l'importance autant que la complexité. Elle n'en entraînera que mieux sa démission progressive, si bien qu'au moment des élections il ne pourra juger les candidats que sur leur mine vantée par d'habiles affiches publicitaires ou par des vidéo-clips, plus que sur la solidité de programmes économiques qui lui demeurent et lui demeureront obstinément et à jamais opaques.

Le pôle doux et insidieux de la persuasion, dont l'entreprise télévisuelle s'avère un redoutable servant, remplit ainsi sa mission en entraînant aisément derrière lui la partie de la masse qui sera sensible à son matraquage autant qu'au montage de son argumentation. Mais il ne peut pas commettre l'imprudence de croire précipitamment à son efficience totale.

Quelques citadelles résistantes de volontés chagrines et rétives risquent de persister et il importera de les réduire. Le contexte social se verra contraint d'utiliser à leur encontre un autre pôle. Celui de la dureté, de la menace, de l'abrasion imperceptible mais imparable de toute nuanciation et de toute forme de résistance. Les déjà-convaincus n'y verront goutte. Quant aux autres, leurs protestations éventuelles tomberont dans une telle atmosphère d'indifférence qu'elles seront sans effet. Au mieux, on pourra toujours les exploiter et les faire passer, sans difficulté, soit pour l'expression d'un délire personnel de persécution, soit pour une tentative tout aussi personnelle, maladroite et brouillonne d'établissement d'une idéologie suspecte autant que boiteuse. Et ces fameux autres qui se prennent pour des héros à bon marché ne résisteront pas longtemps à ce pôle dur. On veillera à mobiliser sans relâche leurs énergies et leurs protestations sur les points les plus divers, les plus courants, les plus inconsistants, les plus futiles et les plus ridicules, jusqu'à les lasser, les épuiser, les user et finir enfin par les faire entrer dans le rang.

Il n'est pas nécessaire, pour tout cela, d'aller bien loin. Il suffira d'introduire le non-sens dans l'expérience de tous les jours. Et le meilleur moyen sera de faire prendre acte à chacun de l'atmosphère de mensonge délibéré et incompréhensible dans laquelle il évolue.

Il suffira de lui seriner d'un bout à l'autre de l'année que, contribuable ou citoyen, il a des droits. Et même des droits inaliénables et reconnus. Des droits prêts à trouver des défenseurs attentifs et zélés chez les édiles, particulièrement au moment où ceux-ci viennent solliciter ses suffrages. Mais, en même temps, il faudra qu'il n'y ait pas une administration avec laquelle il entretienne une quelconque relation qui ne lui signifie, d'une façon ou d'une autre, et plutôt assez rapidement et assez sèchement, qu'il n'est strictement rien. Rien et moins que rien. Rien de plus, à la rigueur, qu'un numéro quelconque, anonyme et interchangeable de surcroît. Comme toujours, il sera facile de feindre de se mettre à son écoute, de recevoir sa plainte, de soutenir ses revendications, de le laisser s'organiser en quelque sorte de comité qu'il voudra, de l'encourager à se défendre, de reprendre les expressions heureuses qu'il aura créées, comme celle de « pesanteurs bureaucratiques » ou de « tracasseries administratives ». On lui donnera le droit de s'épandre et se répandre en plaintes, critiques et invectives, jusque dans la presse, sous la forme de ces fameux courriers des lecteurs. On n'opérera aucune censure ni aucune exclusive pour épargner telle ou telle administration. Mais il importera surtout, et par-dessus tout, de ne pas répondre. De ne jamais répondre. Ou de ne répondre que contraint et forcé, et de manière absolument exceptionnelle. Et de donner, alors, sans la moindre hésitation, la moindre nuance ou le moindre regret, une satisfaction totale, absolue et navrée à la plainte. Mais, en même temps, il faudra veiller à continuer de ne rien changer. Ne rien changer à rien. Ne pas bouger. Surtout ne pas bouger. Ou bien, au cas où les pressions deviendraient trop fortes — il faut envisager toutes les conjonctures ! —, ne pas hésiter à critiquer ouvertement, et sans mâcher les mots, la lourdeur de l'Administration, la déplorer, en dénoncer les regrettables mais hélas inévitables effets, et promettre la mise en route prochaine de mesures qu'il faut dire toujours avoir à l'étude. Puis continuer. Continuer de ne rien faire. Ou plutôt, continuer de choyer et parfaire encore plus la complexité des sempiternels réseaux administratifs en entretenant sans relâche, par exemple, l'état permanent d'insatisfaction de ses agents.

On veillera à produire quelques communiqués de presse satisfaits sur l'humanisation des hôpitaux à propos de quelques mesures qu'on prendra et qu'on pourra toujours produire ; l'expérience des consommateurs, ensuite, ne pourra qu'en être un peu plus déréalisante. On fera la même chose pour les Postes, la Sécurité sociale, les services préfectoraux ou municipaux, et pour tous les autres secteurs, les uns après les autres. Il faut donner l'impression de rester constamment attentif, en éveil et bienveillant, mais surtout, surtout, ne pas bouger. Et il ne faut pas prendre pour une simple figure de style la répétition de cette injonction, elle est la clef de voûte de tout le montage.

Mais on ne se cantonnera pas à ces rapports superficiels et épisodiques dont chacun, au prix de la narration de sa mésaventure à son voisin, son boulanger, son boucher ou son collègue de bureau, parviendra à se remettre momentanément et à peu de frais. Il faudra impérativement veiller à porter le conflit au lieu le plus radical et le plus essentiel, au lieu qui reviendra donner à la thématique du besoin un coup de fouet bienvenu et revigorant. Il faudra confronter de façon indifférenciée les individus avec la plus fameuse des administrations, la plus honnie, celle qui fait les beaux jours des chansonniers et des journaux satiriques : l'administration fiscale. Car voilà le type même de l'administration devant laquelle, tout naturellement, chaque contribuable est sommé de produire une déclaration de ses revenus ou d'un certain nombre de caractéristiques et de justificatifs de son activité. Si on se penche simplement sur les documents que cette administration adresse pour ce faire, à chacun, on ne peut qu'être saisi de leur considérable complexité. Comme s'ils étaient destinés à seulement écraser du poids des exigences, auxquelles nul n'est censé pouvoir ou ne peut échapper, toute velléité ou toute tentative de compréhension de ce qui en découle. Comment peut-on imaginer, avec des documents rédigés de façon aussi dense, que le quidam de base puisse seulement s'en tirer et accomplir son pensum annuel ? Et encore, je n'évoque pas ici toutes les liasses qu'on peut avoir à remplir dans divers secteurs professionnels et qui sont de véritables casse-tête littéralement dépressogènes ! Tout cela n'est pas sans produire des effets parfaitement repérables et ne procède pas le moins du monde d'une quelconque cohérence avec ce qui fonderait un individu à se croire, comme on ne cesse pas de vouloir l'en persuader, libre et possédant le moindre droit ! La logique de l'administration fiscale pose tout individu, tout citoyen, tout producteur comme n'étant et ne pouvant être, *a priori*, qu'un fraudeur dont il faudra se méfier, qui devra apporter, brandir et surtout — voilà la chose la plus difficile ! — faire admettre les preuves de son innocence. Le flou des textes et des diverses dispositions qui régissent ce secteur est souverain pour soumettre les ultimes récalcitrants auxquels, d'ailleurs, comme à tous les autres, on ne s'adressera jamais que sur le ton le plus comminatoire et avec les pires menaces à la clef. Il est vrai que c'est tellement énorme, flagrant et abusif que certains démagogues, plus intelligents et plus rusés que d'autres, ont essayé et essaient de temps à autre d'apporter quelques allégements à ce pouvoir écrasant. Mais rien, en réalité, n'a ou n'aura foncièrement changé. Ce ne sera jamais, encore une fois, qu'une mesure de plus en trompe l'œil.

Si l'on ajoute à cela une grosse poignée de lenteur et d'impénétrabilité d'un appareil judiciaire au langage hermétique et à la lenteur désespérante, une Loi que « nul n'est censé ignorer » mais dans le maniement de laquelle même ses exégètes se trompent, deux autres poignées d'impératifs de sécurité publique, et qu'on prend soin de relever l'ensemble d'une pincée épisodique de bavure policière, la sauce ne demandera plus qu'à prendre !

On aura soumis à la pire des douches écossaises l'ensemble d'une population qui acquerra sa dynamique propre, capable de produire à elle seule autant d'angoisse que de soumission et de frilosité ; et qui sera ravie de trouver dans l'assouvissement de besoins de plus en plus grands une consolation à ce qui se met à ressembler à de la déréliction.

Quelle aventure de vivre !

C'est exténuant !

Bah ! Pourquoi demeurer dans une humeur aussi chagrine ? N'est-il pas heureux que nous ayons à disposition une organisation aussi parfaite, éclairée, prévoyante et efficace ? Parce que, si, en plus de l'inévitable métro-boulot-dodo, on devait s'occuper de tout ce dont elle décharge, ce serait la fin !

Ne vaut-il pas mieux se muer en clochard ivre et entonner le véritable credo de circonstance ? Y a pas à dire, la civilisation ça a du bon ! Ça vous dit bien ce qu'il faut faire, ça ne vous laisse pas vous dépatouiller minablement dans vos hésitations. Ça vous fait faire de sacrées économies de questions et il faudrait être complètement tordu pour ne pas s'en rendre compte ! Et puis, c'est de plus en plus performant ! Quand on pense au merdier qu'ont connu nos parents et nos grands-parents ! Y en a qui sont suffisamment dingues pour dire que c'était le bon temps, ils n'ont pas les yeux en face des trous ! Il faudra pas oublier de leur dire, à nos moutards, qu'ils en ont de la chance de vivre à cette époque, qu'ils ont même plus de chance que nous n'en avons jamais eue !...

Quatrième partie

CONFRONTATION

J'ai longtemps cru que les problèmes économiques étaient la clef de tout. J'ai compris, un peu tard, qu'il n'en était rien.

(Mon frère aîné *dixit*.)

Une manière de procéder inscrite sous le signe de la meilleure des volontés, ostensiblement respectueuse des libertés de chacun au point de pouvoir exciper de ce choix face à d'éventuelles critiques, des mesures nombreuses, placées dans une perspective de générosité et d'oblativité, et qui couvrent l'immense champ des demandes, voilà de quoi donner à notre contexte social toutes les raisons de s'enorgueillir mais de s'étonner aussi des regrettables résultats auxquels il aboutit.

Nous avons vu, cependant, combien chacun des progrès qu'il promeut ou chacune des concessions qu'il consent rencontre immanquablement l'inertie considérable de l'appareil administratif, cesse, de ce fait même, d'être crédible et parvient à susciter la dénonciation de la démagogie des prises décisionnelles tout en participant à la mise en place et au renforcement d'un message ambigu aux effets les plus néfastes.

Or, tout cela ne se fait pas en sourdine, mais s'accompagne, au contraire, dans le forum qui fabrique le contexte social, de commentaires fournis, multiples et variés. Car ce qui peut passer pour un privilège considérable de notre époque et, à certains égards, pour une véritable surinformation, c'est la possibilité laissée à chacun de dire jusqu'au bout ce qu'il pense, sans craindre de rencontrer la moindre limite ou d'avoir à affronter la moindre censure.

Il n'en reste pas moins qu'il faut, une fois encore, examiner ce que cela devient à l'usage, et pourquoi, dans ce domaine également, se produit un dérapage supplémentaire un peu plus aliénant.

CHAPITRE PREMIER

Les écrits ont constitué de tout temps un moyen efficace d'expression ou de critique. Leur diffusion et l'intérêt qu'ils suscitent ne datent pas d'hier. Mais leur multiplication et l'inimaginable pléthore auxquelles ils sont parvenus sont un phénomène récent qui date d'à peine quelques décennies. Or, ce phénomène, par son ampleur, au lieu d'être parvenu à accroître l'efficience de ce qu'il tentait de promouvoir, en a considérablement affaibli l'impact, l'a vidé de sa crédibilité et a été si bien récupéré qu'il s'est mué en admirable servant du contexte social. Lequel, en retour, a continué et continue de permettre son développement et sa progression, entretenant ainsi une boucle infernale sans fin.

En effet, au risque terrifiant d'inexistence auquel, nous l'avons vu, se trouve confronté chacun de nos contemporains, a répondu, avec une violence proportionnée et comme en une salutaire et ultime défense, un aussi formidable besoin de se faire entendre comme de se faire voir, ou, pour le dire en un mot surutilisé, de participer. Cela a pris toutes les formes, a mis à profit toutes les circonstances et a saisi toutes les occasions. Voter, élire, militer, se constituer en groupuscules, en groupes, en comités, en syndicats, en partis, organiser, s'organiser, vérifier, critiquer, avoir voix au chapitre, vouloir décider, etc. L'idée et l'image toujours menacées de la démocratie y ont irrécusablement gagné. Au moins, en tout cas, sur le plan formel, car nous ne reviendrons pas, encore une fois, sur les effets d'écrasement qu'entraîne le maintien en l'état d'un appareil administratif lourd, décourageant et, qu'on le veuille ou pas, répressif. Or, ce mouvement neuf, vivace et vigoureux, qui s'exprime dès qu'il le peut par des écrits multiformes, a cru trouver un porte-voix idéal et inespéré dans les moyens de diffusion audiovisuels qui s'offraient à lui. Il les a investis et leur a fourni, en échange de ce qu'il pensait être leur soutien, une provende considérable sous la forme de sa présence, de sa productivité et du brio des débats que cette productivité soulève. Sans prendre acte que, croyant être un utilisateur chanceux de cet ensemble de moyens, il n'en était, en fait, qu'un utilisé naïf et innocent.

Un système circulaire et tourbillonnant s'est mis en place. Acquérant sans relâche plus de poids et plus de vitesse, ce qui n'a fait qu'accroître encore plus sa puissance. Un système insatiable récupérant, sans arrêt, ce qui se produit et demandant, sans relâche, de nouvelles matières. À la joie grandissante de fournisseurs, toujours ravis de fournir et persuadés que l'intérêt qui leur est porté ne peut qu'avoir trait au contenu de ce qu'ils défendent, alors qu'il ne concerne, en réalité et sous le fallacieux prétexte de l'objectivité, qu'une fourniture strictement interchangeable et équivalente à toutes les autres. Mais, malgré ce malentendu constitutif, le contrat s'est trouvé respecté de part et d'autre et continue de l'être. C'est comme s'il ne pouvait y avoir aucune réelle méprise parce que l'appareil de diffusion dirait en quelque sorte les choses ouvertement et sans la moindre ambiguïté : « Fournissez-moi ! Je suis toujours preneur ! Je ne limite pas les quantités ! J'ai besoin de ce que vous me fournirez puisque j'ai moi-même à fournir à un public inlassable et toujours plus demandeur. Au nom même de la liberté de chacun, je n'interviendrai d'aucune manière sur ce que vous avez à me proposer. C'est votre affaire. Tout au plus aurai-je quelques problèmes de préséance avec vos concurrents qui se bousculent pour, eux aussi, me fournir. Mais ce n'est qu'un petit détail sans grande importance et qu'on trouvera toujours le moyen de régler, tant il est vrai que nous restons indéfectiblement liés les uns et les autres et formellement attachés, en tout cas, à la bonne diffusion des opinions, des idées et des informations. »

Et chacun, sans prêter plus d'attention aux effets de cet amalgame sans nom, ne peut que se féliciter de pareilles dispositions, puisqu'il lui semble, en effet, ne pouvoir que gagner à instaurer des échanges d'un volume de plus en plus important. Et voilà comment, dans l'ignorance délibérée du cynisme qui l'entache, tout cela se met à prendre du poids, de la vitesse et obtient un succès indéniable, considérable et inattendu car, bien qu'escompté, il dépasse de loin toutes les prévisions.

Mais c'est à partir de là que tout va singulièrement et encore plus s'accélérer pour finir par devenir strictement incontrôlable.

Car ce succès, ce fameux succès, on ne va pas se contenter de s'en féliciter ou de s'en réjouir, on va, légitimement et dans la logique de l'époque, essayer de le mesurer, de le rentabiliser et d'en tirer parti.

La publicité, la publicité moderne est là, tapie, tout près. Elle attend le bon moment. Elle ne demande en effet qu'à se brancher sur une machine si bien rodée et qui a tellement parfait sa pénétration. Or elle n'est pas désintéressée, cette publicité, ni neutre, mais directement reliée, et le plus étroitement possible, à la satisfaction des besoins. Autrement dit, elle est servante empressée de la dimension du besoin, dont on a vu le rôle, et qu'elle sait entretenir, flatter, parer des atours qui le rendent, à tous points de vue et dans tous les sens du terme, estimable. Ce n'est pas une petite affaire qui fait n'importe quoi ou qui s'utilise n'importe comment. Elle a des budgets énormes et des investissements qui ne sauraient pas ne pas être rentables. C'est elle qui a inventé le ciblage et les études de marché, le matraquage et les stratégies de conviction. On est loin, loin, très loin de la fameuse *réclame* de nos grands-parents. La publicité moderne a des objectifs considérables que rien, en principe, ne pourrait lui interdire d'atteindre. Elle ne s'encombre pas de scrupules, elle ne fait pas la fine bouche, et, dès lors qu'elle rencontre un marché crédible et convenable, elle l'accepte sans se préoccuper d'ennuyeuses et ineptes questions d'éthique. Elle peut façonner à son gré aussi bien l'opinion que les mœurs ou le paysage social.

Elle se battra indifféremment pour une marque de lessive, un alcool, des cigarettes ou quelque produit que ce soit, utile ou non utile, tout autant que pour une œuvre humanitaire ou un candidat politique[4]. Ses moyens sont connus, rodés, efficaces et puissants, encore que perfectibles.

Une machine à diffuser de l'information ne peut donc que l'intéresser au plus haut point. Et elle l'intéressera d'autant plus qu'elle pourra s'en voir fournir les preuves d'une audience mesurable et crédible. Et c'est là que la boucle est bouclée. Autrement dit, si on n'était pas encore tout à fait rentré dans le cercle vicieux, on est prêt à s'y enfoncer jusqu'au cou, sans la moindre solution de rechange, ni la plus petite voie de sortie envisageable.

Car la chasse au succès va devoir, pour être bonne, offrir plus et encore plus.

De tout. Et en grande quantité. Mais pas n'importe quoi. De préférence, et d'abord, en bonne logique, ce qui convient au plus grand nombre[5]. Car il faut assurer l'objectif de rendement et respecter l'indispensable notion de quantité qui y est liée. On offrira, donc, ce qui lui convient, à cette masse frileuse et facilement mobilisable qu'on a vue prendre forme autour de la dimension du besoin. On pourra même lui payer le luxe de l'organisation de concours, le patronage et la sponsorisation d'activités sans but lucratif, voire parfois la mise au diapason des autres masses planétaires dans la communion concertée que seront ces grand-messes épisodiques en mondovision.

Et on aggravera d'autant sa situation, en continuant à lui fournir, sans répit, de quoi entretenir un peu plus son mirage et son leurre.

Pour parfaire l'efficacité de cet ensemble, l'enrober et en masquer les ressorts, on proposera de l'information d'un niveau moins abrutissant et qui requiert quelque effort d'attention. On satisfera, ce faisant, un triple objectif. On se dédouanera aisément, tout d'abord, de l'accusation possible que je viens moi-même de porter : il suffira, pour cela, de caviarder les programmes débilitants d'une ou deux émissions d'un niveau plus relevé et qu'on fera passer en période creuse, et le tour sera joué. On s'assurera, par la même occasion, la fidélité de cette portion du public qui s'obstine à vouloir se tenir à distance de la masse : il suffira de donner de quoi les contenter, à ces regrettables rétifs, pour les faire taire et ne pas les laisser échapper à l'impact des spots publicitaires. On continuera, en dernier lieu, de garder à portée de main ces fournisseurs potentiels qui furent ceux des premières heures : ils demeurent utiles, ne serait-ce que pour atteindre les deux premiers des trois objectifs. Et, là, on joue sur du velours, car ils sont présents, volontaires, consentants et béats. Ils se bousculent à qui mieux mieux pour avoir les faveurs de la page, du micro ou du petit écran avec la réputation de consécration qui s'y rattache. On en fera des fournées, de temps à autre. Ce sera une manière économique et plus spectaculaire d'en contenter le plus grand nombre, de montrer sa richesse et sa puissance, et d'entretenir, en même temps, l'aiguillon que constitue la soif de célébrité.

Et le système, aussi considérablement chargé et tournant à une vitesse croissante, ne permettra pas que persiste dans la mémoire du téléspectateur le souvenir marquant de ce qui aura pu se dire. À peine un message aura-t-il été entendu qu'un autre surviendra pour le déplacer, puis un troisième, et ainsi de suite, sans que rien, jamais, comme pour le journal télévisé, ne puisse être durablement enregistré. Tout au plus persistera-t-il l'impact d'un nom, d'un visage ou celui d'un vague et indéfinissable courant d'idées. C'est l'incontestable triomphe de la dimension de l'éphémère, qui aura réussi à éjecter définitivement tout ce qui pourrait avoir quelque consistance. Il ne suffira pas d'émettre un message pour espérer se faire entendre. Il faudra, au milieu de cette cacophonie, s'évertuer à l'inscrire dans un processus de matraquage, ne pas cesser de le hurler, le revêtir des atours de la séduction et le parer des charmes les plus attractifs. Comment, après cela, peut-on espérer que notre époque puisse produire de grands auteurs, de grands débats ou de grandes idées ?

Or ce processus ne peut être appelé qu'à se radicaliser. Car, dans ce domaine comme dans les autres, la profusion qui ne se soucie pas le moins du monde d'un critère de qualité fait loi. Et la consommation en découle comme une nécessité, car le risque de récession est très grand. Un livre ne s'avale pas comme un yaourt et ne s'use pas comme une savonnette. Il faut prendre le temps indispensable de sa lecture. Mais, si on se laisse arrêter par un impératif de cet ordre, on risque de ralentir la machine et d'aggraver le fameux facteur de récession. N'importe-t-il pas, par-dessus tout, que ce livre soit acheté, dût-il ne jamais être lu ? Pour parer donc aux inconvénients spécifiques qu'il introduit, on veillera à le rendre alléchant, à faire en sorte qu'il soit entouré du plus de commentaires possible et qu'il devienne un sujet inévitable de conversation. Inutile, pour cela, que chacun cherche à l'incorporer ou à l'ingurgiter, on ira jusqu'à le mâcher pour lui, on en extraira le succinct dont il suffira de prendre connaissance pour pouvoir croire en avoir acquis la matière. La publicité viendra parfaire tout cela en utilisant intelligemment les réflexes de masse. Il suffira de publier la liste des best-sellers ou la courbe de progression d'un ouvrage, pour jeter les foules dans un comportement proprement panurgique. N'y demeureront rétifs, comme toujours, que les irréductibles, ces inévitables trouble-fête attachés à des valeurs rétrogrades, ces gens curieux qui voudront se faire leur propre opinion et qui s'obstineront à vouloir lire par eux-mêmes. Ceux-là qui ne se laisseront convaincre que si l'œuvre leur paraît, à eux, solide. Mais ils ne s'y trouveront intéressés précisément que parce que le débat qu'elle soulève sera aussi le leur et que les idées qui y seraient défendues seront leurs propres idées.

Autrement dit, on ne convainc jamais que les déjà-convaincus.

Et on conçoit que mon pessimisme ne soit pas une clause de style.

D'autant que, en ce qui concerne la presse écrite, elle aussi est soumise, à quelques rares exceptions près, aux fameuses lois du marché. Il lui faut vendre, avoir le plus grand nombre de lecteurs pour obtenir les meilleurs contrats publicitaires, et donner en conséquence, à ce plus grand nombre, ce que réclame le plus grand nombre. C'est-à-dire ce qui excite l'esprit et l'imagination, ce qui fleure la nouveauté et l'inattendu, ce qui flatte le goût de l'aventure et du sensationnel, tout ce qui, enfin, entretient le rêve. Car il faut être tout près, au plus près des préoccupations du lectorat, de crainte de le voir s'effriter. N'est-ce pas la raison qui motive ce que l'on nomme des campagnes de presse et dont on ne perçoit pas toujours l'intérêt en conformité avec les nécessités de l'information ? On lira, des semaines et des mois durant, des informations quotidiennes sur telle ou telle affaire. Et puis, soudainement, elles disparaîtront. On ne sait trop bien pourquoi. Nécessité de l'information ? Changement de préoccupation ? Nouvelle affaire en cours ? Ou lassitude de l'opinion ? Un peu de tout à la fois, sans doute. Mais bien peu de préoccupation éthique en regard d'une préoccupation certaine des goûts toujours testés de ce fameux lectorat.

Si rien de tel n'avait le moindre fondement ou la moindre importance, s'il était possible aisément à chacun de s'en défendre ou si ce n'était que le rendu d'une lecture acariâtre du déroulement des faits, comment expliquer la passion soulevée par les débats sur les droits de la presse, sur les devoirs de la presse, sur les entreprises de concentration des organes de presse ?

Ses servants, ses employés, le public et les autorités ne peuvent pas ne pas être concernés par son énorme pouvoir.

Car c'est ce pouvoir qui consacre, légitime, érige, condamne, interdit ou donne droit de cité. C'est ce pouvoir qui, par touches répétées, façonne littéralement le contexte social et lui donne sa coloration et sa consistance en permettant que se fasse la communication entre les différents éléments qui le composent. Et c'est là qu'intervient, à nouveau, la loi du marché. Comme le plus souvent, en effet, ce qui se met à avoir droit de cité s'éloigne, précisément, de ce qui était jusque-là en place, il prend figure d'un progrès auquel chacun est convié à se rallier. Voilà comment il doit en être. Il en sera ainsi, il devra en être ainsi, et c'est sûrement bien qu'il en soit ainsi, « puisque c'est écrit dans le journal » ! N'est-ce pas un facteur essentiel de progrès ?

N'est-ce pas ce qui permet plus rapidement l'évolution de nos sociétés ? Et, à cet égard, pourquoi rechigner contre une œuvre somme toute salutaire et utile ? Au nom de quoi ? Et de quel immobilisme ? La date d'un journal n'est-elle pas le meilleur argument dynamisant ? Elle rappelle toujours, par sa référence, que les souvenirs qu'on ressasse, la nostalgie de certaines valeurs ou le côté perçu néfaste d'une évolution brouillonne ne sont que le fruit d'un refus du temps qui passe.

Il n'empêche qu'on assiste à des phénomènes pour le moins curieux, et dont on ne comprend pas tout à fait en quoi ils peuvent contribuer à promouvoir l'évolution sociale, toujours mise en avant comme alibi opportun. Au moment même, par exemple, où les femmes ont entrepris de vigoureuses et légitimes campagnes de protestation contre l'utilisation abusive et dégradante de l'image de leur corps, on a vu des organes de presse, destinés à n'être en principe que des organes d'information, décider d'attirer les lecteurs par le truchement de photos de mannequins largement dénudés. Et, bien que le fait eût pu paraître impensable et encore plus inutile, il y a ne serait-ce qu'une dizaine d'années, on ne manque pas de voir, exposée de temps à autre en pleine page d'un journal, la photo d'un couple copulant, celle d'un sexe féminin largement ouvert en gros plan, ou bien encore celle d'un pénis en érection. Évidemment, ne se laisse choquer que qui est choquable, et encore ne peut-il l'être, forcément, que de manière suspecte, car pourquoi taire, masquer ou passer sous silence des choses qui ont trait au quotidien le plus courant et qui concernent chacun ? Que peut vouloir dire, de la part d'un adulte quelconque, une manifestation qui ressemble à s'y méprendre à une pruderie rétrograde, stupide et déplacée, devant ce qui, bien entendu, ne peut passer, même un tant soit peu, pour un encouragement au voyeurisme ?

Tout aussi évidemment, ne se laisse gagner à ce genre d'argument (en est-ce ?) que qui était prêt à y être gagné. Il n'y a pas d'exception à la règle. Et l'informateur n'a aucune responsabilité dans le virage de son lecteur à qui il n'irait pas faire l'insulte de le croire dénué de tout sens critique.

Car la masse anonyme des informés est composée des éléments les plus disparates : des audacieux jusqu'aux plus prudes, des battants jusqu'aux timorés, des libérés jusqu'aux refoulés, des fonceurs jusqu'aux craintifs, sans introduire les notions de catégories d'âge, de sexe, de croyance, d'occupation et de condition. Comment parvenir à leur trouver quelque chose en commun, quelque chose qu'ils auraient en partage ? quelque chose qui ne puisse faire l'objet d'aucune discorde ? Comment leur trouver quelque chose qui les concerne uniformément et qui n'en laisse aucun à l'écart ? quelque chose qui leur serait tellement constitutif que ça ne pourra jamais passer pour un embrigadement honteux ou un vulgaire matraquage idéologique ? La réponse qui s'impose est simple et lumineuse : tous les individus de cette masse, sans exception, ont en commun une activité qui leur est indispensable, ils fantasment. Ils ont des fantasmes. Et chacun sait que, dans la sphère des fantasmes, ce sont les fantasmes sexuels qui sont les plus courants et les plus répandus. Ce sont eux, aussi, qui sont le plus aisément mobilisables. Alors, autant coller ce qui pourrait les entretenir partout et comme on le pourra : tout le temps et régulièrement, ou bien de temps en temps seulement et par surprise. Le mécanisme de ces deux solutions étant identique, le choix sera fixé en fonction de l'objectif, de la frange du public visé, ou de la recherche d'un style. À l'exposé quotidien et besogneux de formes anatomiques suggestives et voulues gracieuses correspondra une clientèle un peu timorée mais ravie, qui ne demandera rien d'autre. À l'exposé inattendu mais brut, obscène, radical et violent correspondra une clientèle en principe dynamique, tendue, préoccupée et anxieuse qui appréciera cette distraction soudaine et ce défoulement bref qu'elle trouvera salutaire. Le comble de l'affairisme consistant à tirer bénéfice de ce ressort en y associant la publicité : les petites annonces roses de certains journaux ou de certains hebdomadaires ne sont-elles pas venues à point nommé ravauder leurs courbes de vente ? Et n'ontelles pas promu, au passage, le prodigieux marché de la pornographie téléphonique et « minitélique » ?

Mais il tombe sous le sens que cet usage nouveau du sexe ne devra pas être excessif, sous peine d'en voir s'épuiser les effets qu'on en escompte. Ce calcul s'avère du même coup subtil, parce qu'il permet de régir un équilibre délicat destiné, lui-même, à promouvoir une idée de plus en plus courante et qui finit par s'admettre sans la moindre difficulté tellement sa dangerosité s'est trouvée masquée par le contexte même dans lequel elle survient.

Cette idée toute simple ne vise ni plus ni moins qu'à balayer les structures et les valeurs admises jusque-là et qui sont déclarées méprisables, dépassées, révolues ou nocives. Rémanence la plus durable du plus surprenant et du plus pernicieux des slogans soixante-huitards, « il est interdit d'interdire », elle est présentée comme neuve, libératrice et hautement dynamisante puisqu'elle prône que « tout est montrable », « tout est dicible », « tout est faisable », « tout est permis », « tout est possible ». Ce qui lui permet d'énoncer que les censures, restrictions et barrières, nécessairement nuisibles à la bonne communication du dedans et du dehors des êtres, devront être balayées comme uniformément issues des systèmes oppressifs sans nombre qui ont jalonné l'Histoire et qui l'ont amplement arrosée des fleuves de sang que l'on sait.

La permissivité sans borne, elle, en revanche, n'aurait évidemment rien de maléfique puisqu'elle n'aurait jamais produit le moindre dégât repérable. Si bien que rien ne justifie qu'on veuille à ce point l'étouffer. Le ferait-on, d'ailleurs, qu'on s'exposerait à l'accusation de vouloir remettre au goût du jour les accusations de sorcellerie, dresser à nouveau des bûchers d'inquisition, revenir à l'ânonnement d'une morale poussiéreuse et décatie qui a amplement fait les preuves de son impuissance, réhabiliter les systèmes religieux responsables de tant de massacres, non seulement dans le passé, mais encore dans le présent lui-même, rétablir les privilèges scandaleux de ces classes qui édictaient leur bon vouloir et leur intolérance comme seule norme. Et cela serait-il seulement concevable à une époque, la nôtre, qui ne peut pas et ne doit pas occulter la moindre parcelle de ce qui fait l'humain parce que nul n'ignore plus que les lois forgées, mises à jour ou décidées n'ont aucune valeur autre qu'oppressive. Comment, dès lors, pourrait tenir ou se justifier la moindre censure sur les choses du sexe alors même que persiste un ignoble matraquage d'images de guerre et de mort contre lequel ne s'élève aucune protestation ? Il ne peut donc paraître que juste et légitime d'opter et de faire opter pour la dimension nouvelle de cette immense tolérance, sans laquelle ne pourrait être assuré le respect d'une liberté dont on sait qu'elle ne peut souffrir, sans nier son essence, la moindre entrave.

Voilà comment se démolissent les systèmes moraux au nom même des arguments dont ils usent et dont on peut aisément dévoyer le mécanisme par une simple manipulation langagière.

La perversion, car c'en est bien une manifestation, ne date pas d'aujourd'hui ; elle a existé de tout temps. Ses idées n'ont rien de neuf et encore moins de révolutionnaire, pour réutiliser le vocabulaire conventionnel dont elle a appris à orner uniformément tous ses discours. Elle a toujours su faire, avec l'art incontestable qui est le sien, l'apologie des voies qu'elle déclarait être les seules souveraines. Elle a toujours su parer ces voies de tous les atours, avec l'immense pouvoir de séduction lié à la nature même des mécanismes qui sous-tendent sa logique.

Dans les différents modèles sociaux qui ont existé, elle avait même une fonction : celle de montrer, dans la réalité et de manière vivante, l'effet de la transgression des lois de convivance ou celle des lois religieuses que s'étaient données ces modèles. Lesquels, de ce fait, la tenaient littéralement parquée en construisant autour d'elle des remparts solides et parfois excessifs, sans hésiter pour autant à s'en servir : ils l'érigeaient en contre-exemple, pour donner plus de poids et de crédibilité à leurs choix légaux, mais aussi pour encourager la dynamisation des processus de sublimation individuels dont, par définition, elle ne reconnaît pas plus l'utilité que la vertu. En effet, l'énergie révélée et entretenue par les fantasmes sexuels effectivement présents chez chacun se déplace, en cas d'impossibilité de mise en acte de ces fantasmes, vers les autres actes possibles que l'individu entreprend. Or, cette mécanique demeure étrangère à la logique perverse qui n'est préoccupée, elle, que de la mise en acte de ce que nous prendrions pour ses fantasmes en consacrant toute son énergie à cette seule mise en acte.

La perversion, on l'a compris, est aujourd'hui, littéralement, déparquée.

Mais si elle l'était seulement, ce ne serait que moindre mal, et on l'imagine se livrant à la satisfaction que lui procure cette tolérance. Elle ne s'en est pas tenue là : elle est parvenue à envahir tous les discours en mettant à leur service son énergie, son talent et son prosélytisme. Car sa logique lui impose de tout envahir et de convertir à ses vues la plus grande frange possible du public. N'a-t-on pas vu des organes de presse se faire l'écho de discours qui militaient pour la levée des sanctions légales contre les pédophiles, au nom même de ce que les rapports sexuels avec les enfants pouvaient signifier et porter d'amour à ces mêmes enfants ? N'y a-t-il pas des établissements obstétricaux qui prônent comme exemplaire la possibilité pour un enfant quel que soit son âge d'assister à l'accouchement de sa mère ?

Et encore ne sont-ce là que des exemples extrêmes et contre lesquels on peut plus ou moins bien se défendre. Mais, en d'autres secteurs où les distinctions sont infiniment plus malaisées, la perversion, prenant appui sur l'incertitude et l'hésitation des névrosés banals que nous sommes pour le plus grand nombre, a largement fait œuvre d'exemplarité en travaillant consciencieusement son audience. À telle enseigne que tout propos restrictif à une mesure qu'elle prônerait ou toute résistance se réclamant simplement d'un quelconque système autre que le sien trouveront immédiatement, face à eux, une parade toute prête à les embrocher comme le ferait la plus redoutable rapière. Si bien qu'on ne tourne plus, comme l'exigeait une élémentaire sagesse, sa langue sept fois dans sa bouche avant de parler : on n'ose plus parler. On ne parle plus. On ne peut plus parler de crainte d'être immédiatement tourné en un ridicule proprement assassin. Alors on apprend soi-même cette stratégie. On s'en trouve contaminé. On la singe. On ne parle plus, mais on devient expert dans l'art de la repartie cruelle, brillante et surtout gratuite. À cet égard, les confrontations d'opinion ne sont plus qu'un brouhaha où chacun s'évertue à lancer à l'autre, sans même en écouter les arguments, des formules toutes faites et qui conservent, même après de multiples usages, le pouvoir de faire mouche, tant ce qui leur a donné jour les a définitivement chargées de mépris et de haine. Qui ne craint donc pas de se faire traiter, pour un oui ou pour un non, de *macho*, de *facho*, de *rétro*, d'*intello* et de tout ce qu'on voudra qui saura prendre ce ton d'invective et d'insulte clôturantes ? Quant aux *mal baisée* et autre *impuissant*, parlons-en ! Ils ont envahi le vocabulaire. Ils sont devenus monnaie courante et ont largement remplacé les classiques et aussi regrettables *pédé*. Signes du temps. Autre forme d'intolérance, sécrétée par ce qui prétend tout tolérer ? Tout comme il n'est pas question que quiconque soit censé ignorer la loi, nul ne sera censé avoir quelque crédibilité ou quelque audience s'il ne baise pas bien, s'il n'est pas bien baisé et qu'il n'en arbore pas le plus ostensiblement possible la trace.

Car la voilà, la valeur suprême. Celle dont l'érection (le mot est bienvenu) va permettre de tout résoudre. Ne saurait-on pas assez les méfaits du refoulement, dont plus personne ne veut entendre qu'il est indispensable et qu'il puisse être au principe même de la structuration du sujet ? Est-il besoin, alors, de broder ? Et comment le sexe mis à toutes les sauces ne viendrait-il pas fonder une idéologie ? Une idéologie dont la nocivité considérable et soigneusement tue est celle de l'orgasme obligatoire et à tout prix, autant que de la baise performante, joyeuse et multidirectionnelle, si possible !

Cela seul compte, n'est-ce pas ? Puisque le reste ne serait que rétro, passéiste et anecdotique.

Il ne faut pas croire que les effets de ce genre de discours se cantonnent au seul domaine de l'information, du comportement individuel de nos contemporains ou du débat d'idées. C'est répandu et ça se répand considérablement. Ça déborde de partout jusqu'à envahir les relations parents-enfants. J'en profiterai, justement, pour rapporter...

Quelques anecdotes

1. « C'est extraordinaire comment, si jeunes, les enfants marquent déjà de l'intérêt pour les choses du sexe, me dit la mère de Marie-Cécile, trois ans et demi. Marie-Cécile, dans le bain, saisit le sexe de son père et lui tire dessus, en lui disant qu'elle en voudrait bien un pour elle... » Je ne prête pas d'oreille complaisante à ce genre d'exposé, j'interromps la maman en lui faisant remarquer que Marie-Cécile a atteint un âge où il vaudrait mieux qu'elle soit baignée seule et ne voie plus la nudité de ses parents. Étonnement de la maman. Ne serait-ce pas une de mes marottes, ou une de mes pudeurs ? Car, autour d'elle, ses amies racontent des histoires identiques, qui paraissent fréquentes et anodines. Et, quand je tente de la ramener à sa propre éducation, elle me rétorque qu'on n'en est plus là, qu'il faut évoluer, ajoutant : « Je vous trouve bien péremptoire, parce qu'alors il me faudrait empêcher aussi ma fille de regarder mon sexe, quand elle m'écarte les lèvres en disant qu'elle veut voir par où elle est sortie. Après tout, elle a le même sexe, non ? »

On imagine le temps et la patience qu'il a fallu pour modifier ce déplorable système d'élevage et d'éducation.

2. « Excusez-moi, docteur, je vous ai fait attendre, mais il fallait bien que je me mette quelque chose sur le dos, j'étais toute nue. » La confidence, qui m'est faite avec un sourire radieux et gai, m'irrite un peu et m'intrigue beaucoup. Car, au cours de cette visite à domicile, par un après-midi effectivement caniculaire, je dois en principe examiner un jeune Vincent de onze ans qui aurait attrapé la scarlatine de Jean-Paul, son frère de treize ans. Je ne fais aucun commentaire en me dirigeant vers la chambre des enfants, suivi par la maman qui insiste, comme à plaisir :

« C'est vrai qu'avec cette chaleur je ne suis bien que toute nue.

— Vous plaisantez ! dis-je.

— Non, pourquoi, ça vous choque ? reprend-elle, avec un sourire encore plus provocant.

— Mais vos enfants, dis-je, vos enfants circulent dans l'appartement. Ils risquent de vous voir toute nue ?

— Bien sûr ! La belle affaire ! Ils sont habitués, depuis qu'ils sont tout petits ! Même que Jean-Paul me chambre en me disant, depuis quelque temps, que j'ai les seins qui tombent !

— Mais vous vous rendez compte de ce que ça peut leur faire ?

— Non, pourquoi ? Après tout, il y a bien des gens qui font du nudisme. Quelle différence ? »

Comme ça m'a paru infiniment plus important que le devenir d'une scarlatine, j'ai essayé d'expliquer à la maman de ces enfants ce que tout cela impliquait. Elle a eu cette repartie superbe et désespérante : « Ce serait bien plus grave si j'arrêtais maintenant, parce qu'ils vont se demander ce qui me prend, et peut-être qu'alors ce qu'ils auront vécu dans l'innocence risque de les marquer plus durement. »

3. Béatrice, quatorze ans, m'est conduite par son père, pour une petite obésité. Elle est fille unique et paraît effectivement un peu enveloppée. Mais j'apprends qu'elle ne demande pas, elle, à perdre du poids. Elle se trouve bien comme elle est. Sa prise de parole lui vaut une repartie de son père qui, dite sur un ton gouailleur, se voudrait tendre et bon enfant, mais qui est en fait d'une violence insupportable : « Mais tu ne te rends pas compte, mon chou, du cul que tu te paies. Si déjà tu as des fesses comme ça, qu'est-ce que ça va être plus tard ! Et tes nichons ? Tu crois pas qu'ils te pèsent, tes nichons ? » J'interviens pour demander à ce père de nous laisser seuls, Béatrice et moi-même. En général, il n'y a aucune difficulté à obtenir cela des parents, qui acceptent très facilement une manière de procéder devenue relativement courante. Mais le père de Béatrice ne l'entend pas ainsi.

« Pourquoi ? demande-t-il.

(Et sa question m'étonne tellement que, pour y couper court, je lui réponds :)

— Parce que Béatrice est une jeune fille, que c'est avec elle que va se passer la consultation, qu'elle va devoir se déshabiller pour que je l'examine et qu'il vaut mieux que ce ne soit pas en votre présence.

— Quelle drôle d'idée, me répond-il, mais Béatrice n'a rien à me cacher. Nous prenons notre bain ensemble, à poil, tous les soirs. Mais, bien sûr, vous ne pouviez pas le savoir. Nous sommes modernes, nous. »

4. Éric est un garçon de onze ans qui a beaucoup de difficultés. Il redouble sa septième après avoir redoublé sa neuvième. Il est en rééducation orthophonique, depuis trois ans, pour une dysorthographie et une dyslexie graves et qui ne s'améliorent pas. Il a été suivi dans un service hospitalier célèbre, où on a tout cherché, y compris un retard d'origine thyroïdienne, car Éric est obèse, frileux, pataud et un peu bébé. Pendant la consultation, au lieu de s'asseoir, il préfère se tenir debout entre les genoux écartés de sa mère, tantôt s'asseyant à moitié sur une des cuisses, tantôt s'appuyant le dos à la poitrine maternelle en posant la tête sur une épaule, en se coinçant le nez derrière une oreille et en suçant avidement son pouce. Je demande à la mère ce qu'elle pense de cette attitude. Elle a le regard étonné et gêné de quelqu'un qui n'aurait jamais pensé qu'une telle question pouvait lui être posée. Elle penche un peu la tête en avant et bafouille : « quel rapport ? », et, comme j'insiste, elle le repousse un tout petit peu. Puis, comme il pousse un grognement et s'accroche à son cou, elle lui met ses propres bras autour des épaules et me dit :

« Il aime bien être comme ça, c'est sa position préférée, celle du matin.

— Du matin ? repris-je. Pourquoi du matin ?

— Parce que, le matin, dès que son père est parti, il vient se glisser, dans mon lit, tout contre moi, et il reste, réveillé et ronronnant comme vous le voyez, à me caresser les cheveux, à me toucher les seins, à me toucher partout. Un vrai petit chat.

— Et vous le laissez faire ?

— Oui, pourquoi, il ne faudrait pas ?

— Réfléchissez, ce n'est pas si anodin, vous êtes légèrement vêtue...

— Non, toute nue », m'interrompt-elle, et, devant ma mine interloquée, elle ajoute très vite, comme un peu inquiète : « Ça change quelque chose ?

(J'en suis tellement stupéfait que je lui demande) :

— Et ça ne vous fait rien ?

— Oh, non, dit-elle, j'aime beaucoup. »

5. Gérard, sept ans, trouble considérablement la classe et son travail scolaire s'en ressent. C'est survenu brutalement. Depuis six semaines environ ; Gérard a une petite sœur, Marguerite, qui a trois ans. La mère de Gérard et de Marguerite est sourde. Elle a une surdité complète et bilatérale qui est survenue après des oreillons contractés au décours de l'adolescence. Si bien que, ayant appris la technique de lecture labiale, elle comprend parfaitement ses interlocuteurs et a l'avantage sur la plupart des sourds de parler d'une façon tout à fait normale. Elle me raconte, par le menu détail, les méfaits de son fils. Et, comme je lui demande si quelque chose a changé ces derniers temps dans la vie quotidienne, elle me dit que son mari est toute la semaine en déplacement pour son travail. Et elle ajoute que ça l'a contrainte à faire dormir Gérard avec elle. Comme je m'en étonne, elle me dit que ça lui est nécessaire pour être avertie des cris éventuels de Marguerite. Son explication ne tenant pas debout, je lui fais remarquer que Gérard peut très bien entendre les cris de son lit et venir la réveiller. Elle me rétorque que ça le dérangerait. Je me mets à lui expliquer que ce dérangement serait sûrement moins préjudiciable à Gérard que de venir de la sorte prendre la place de son père. Je lui explique la nécessité qu'il y

a à revenir d'urgence sur ces mesures. Elle se tourne alors vers Gérard et lui dit : « Dis, Gérard, tu as compris, on continuera de faire la même chose, mais on ne le dira pas à papa... »

6. La mère de Jérémie, qui l'élève seule, se plaint d'être l'objet d'agressions sans nombre de la part de ses voisines et des autres mères en général. « Ce sont des racistes. Parce que ce n'est rien d'autre qu'une forme déguisée de racisme. En réalité, elles ne supportent pas ma condition de mère célibataire. Et c'est pour ça qu'elles s'en prennent à mon fils. »

Je suis habitué au discours de cette femme effacée et timide, mais toujours bougonne et au bord de la dépression. Je m'enquiers de ce qui motive cette amertume.

« Jérémie n'est plus invité chez ses petits camarades d'école, filles ou garçons. Leurs mères refusent d'ailleurs que Jérémie les invite. Elles sont stupides et imbéciles. Elles s'imaginent je ne sais pas quoi ! Et elles prennent la mouche pour des futilités. »

Comme je cherche à en savoir plus, elle poursuit :

« ... Elles reprochent à Jérémie de se complaire dans des jeux sexuels. C'est vrai que c'est ce qu'il préfère. Quand Julie ou Vincent ou Ursule viennent à la maison, Jérémie veut toujours jouer à "pas-de-culotte". Vous savez, les enfants de cet âge ont bien ce genre de curiosité. La maman de Julie a mal pris le fait que je n'aie pas soutenu sa fille quand Jérémie et Vincent lui demandaient d'enlever sa culotte et que je l'aie plutôt encouragée à le faire. Après, les autres mères ont posé des questions à leurs enfants et elles ont pris le même prétexte...

— Et vous ne croyez pas que ce soit un prétexte valable ? l'ai-je interrompue.

— Pourquoi ? Si on met de tels tabous à cet âge, il ne faut pas s'étonner que plus tard les gens se sentent mal dans leur peau. »

Je pourrais continuer d'égrener les exemples. La perversion, en effet, ne s'est pas laissé arrêter par les relations parents/enfants. Elle les a investies et les a envahies sous prétexte d'œuvrer pour leur épanouissement. Il tombe sous le sens que, pour avoir acquis un tel pouvoir, il a bien fallu qu'elle ait réussi à largement diffuser ses idées.

Elle doit ce succès au contexte social qui, lui ayant donné droit de cité au même titre que les autres forces qui le travaillent, lui en a fourni les moyens, sachant que, en retour, elle le sert puisqu'elle parvient à impulser les entreprises d'information, un peu plus irrémédiablement, dans la direction que nous avons repérée comme étant celle de l'apologie du besoin et d'une certaine facilité. Mieux que toute autre instance, elle se trouve là pour affirmer que notre ère ne doit plus être au morne rabâchage des sermons, au rappel coercitif du nécessaire exercice des vertus, à la stérile référence d'une morale étriquée ou à celle d'une idéologie de pacotille qui ont d'ailleurs leur propre et triste presse. L'ère nouvelle, dynamique et vivace, cette ère-là, la nôtre, ne cesse-t-elle pas de le rappeler de manière tonitruante, ne peut être vouée qu'au sensationnel qui, seul, est capable de dynamiser, susciter l'enthousiasme et entretenir aussi bien la surprise qu'un perpétuel émerveillement. Et si, par hasard, ce sensationnel venait à manquer, il ne sera jamais difficile de le fabriquer, tant la technique de ce genre de prouesses est éprouvée : il suffira d'affubler l'inédit, quelle que soit sa valeur, de quelque apparence d'audace, le rendre frappant ou lui faire susciter, sinon le scandale, du moins quelque bruyant écho, pour obtenir le même effet ! Il importe peu que ce dont on fait état ait la moindre consistance, il n'est jamais difficile de lui en donner ! Il importe, en revanche, de le mettre à la portée et au goût de ce plus grand nombre dont l'audience doit être non seulement jalousement conservée mais constamment testée, pour pouvoir ne lui offrir que ce qui lui convient.

Voilà qui se trouve en parfaite conformité avec l'entreprise cohérente d'une mise en exergue de la seule dimension de la productivité. L'atout majeur qui risquait de faire défaut à notre contexte se trouve enfin assuré d'être obtenu par ce biais. Les individus fabriqués sur ce mode acquerront, à n'en point douter, une force de prosélytisme d'une rare puissance et ne manqueront pas de gagner à leurs vues d'autres individus. Et tout ce monde sera suffisamment perturbé pour faire tache d'huile et permettre à la machine productive d'acquérir une vitesse de croisière que rien ne devra plus et ne pourra plus ralentir. Il n'y aura plus de moyen de résister aux mots d'ordre, chacun devra s'y plier, accepter la nouvelle échelle de valeurs, et... produire à son tour d'autres petits producteurs qui...

Or, c'est là, précisément, là où on s'y attendait le moins, que l'ensemble de cet habile montage dérape et que la stratégie voulue imparable rencontre sa défaite : la panne du service « reproduction » !

Le pire se trouve atteint.

Car, si le service « reproduction » ne fonctionne plus ou fonctionne moins bien, il risque de ne pas y avoir de consommateurs pour absorber la production — et le risque de récession pointe à l'horizon ! — ou bien pas assez d'individus pour faire marcher la machine productive — avec les conséquences qu'on imagine ! C'est l'ensemble de l'édifice qui se trouve menacé de faillite par le manque cruel de la matière toute première qu'est la main-d'œuvre.

Et pourtant, c'est indéniable, tout ce qui avait paru nécessaire pour éviter un écueil que n'ont pas ignoré les enquêtes prospectives sans nombre a été fait. Tout a été fait, nous l'avons vu, sans le moindre haussement de ton, sans le moindre énervement, avec une patience et une précision infinies. Les trous de ce tonneau réputé sans fond ont été repérés un à un. Ils ont été minutieusement examinés, répertoriés, mis en carte, puis soigneusement colmatés, avec la même méticulosité que celle qui a présidé à leur recensement, et sans la moindre négligence ou le moindre oubli. On a vérifié, à plusieurs reprises, leur étanchéité. Elle s'est avérée à toute épreuve. Il n'y avait rien à en dire. Il n'y avait rien à redire, non plus, de la perfection avec laquelle le travail a été mené. Ne l'a-t-il pas, d'ailleurs, été scientifiquement, avec le concours concerté de toutes les compétences sans exception ? Cela aurait dû marcher, cela devrait, même, parfaitement marcher. En théorie, on devrait en voir déjà les résultats. Et pourtant, ce n'est pas le cas !

Pourquoi ?

On ne finit pas de s'en étonner.

Faudrait-il prendre le temps d'étudier la question à nouveau, un peu plus à fond encore et sous l'ensemble de ses aspects sans en négliger un seul, pour essayer d'en découvrir de nouveaux qui seraient passés inaperçus ? Faudrait-il envisager de nouvelles mesures, sonner le rappel des mêmes compétences déjà sollicitées ? Ou bien changer de ton, voire ne pas hésiter à user de la menace ?

CHAPITRE II

Ce questionnement est rapidement apparu comme stérile et ne pouvant déboucher que sur le piétinement entraîné par l'attente indéfinie d'hypothétiques réponses. Le temps pressant et le maintien du rendement global de la société gardant le caractère d'un impératif primordial et incontournable, la redoutable pénurie de main-d'œuvre, dès que ses effets ont commencé à se faire ressentir, a reçu une réponse improvisée et voulue probablement transitoire.

On s'est, en effet, résolu à combler le manque perçu en allant chercher ailleurs l'appoint indispensable. Là où des populations entières, continuant de souffrir cruellement de la misère et de l'absence de ressources, étaient prêtes à accueillir favorablement la demande et à ne pas se montrer trop exigeantes sur les conditions qui leur étaient faites.

Cette initiative, dès qu'elle fut envisagée, n'a pas dû manquer de mettre en évidence les bénéfices secondaires qui allaient en découler. N'allait-elle pas constituer un moyen, remarquable et bienvenu, de secouer les masses autochtones obstinément réfractaires à la reproduction ?

Car cette confrontation choc, bien plus et mieux que les incitations les plus vives et les plus régulières, ne pouvait que leur permettre enfin de dessiller leur regard et de voir, clairement et preuves tangibles à l'appui, dans quel confort douillet et enviable elles se trouvent aussi bien que ce à quoi elles échappent. Elles ne devraient que plus aisément dresser le prodigieux bilan de leurs acquis face à cette population de nécessiteux qui se bousculent à leurs portes et ne demandent qu'à venir recueillir une parcelle de la manne que le contexte social a su faire pleuvoir avec autant d'abondance. Elles devraient donc se secouer et faire l'effort de sortir de leur torpeur, se débarrasser enfin de leurs craintes stupides et de leurs incompréhensibles inhibitions.

Néanmoins, un redoublement des précautions a paru ne pas être inutile. Si la présence de cette population immigrée devait jouer, à son insu, ce rôle de réveil des consciences paresseuses, autant qu'elle le fît, donc, jusqu'au bout. Sa concentration judicieuse, sous prétexte de l'aider à ne pas se sentir par trop déracinée, et l'octroi des conditions de vie les plus précaires, sous prétexte qu'elle se contente de peu, lui permettront d'accomplir, avec un rendement accru, sa triple mission de contre-exemple, d'aiguillon et de repoussoir. Il aurait été, en effet, particulièrement maladroit de l'intégrer totalement au paysage ambiant, car elle n'aurait plus intégralement rempli son office : les masses paresseuses se seraient sans doute félicitées d'une présence qui, si elle ne gardait ce caractère tranché, aurait pu les pousser à se croire plus encore dispensées d'avoir à se reproduire. Cette intégration totale aurait été, de surcroît, inutile et dispendieuse puisque le recours à cette population importée ne devrait jamais perdre son caractère de solution provisoire et révocable, instaurée dans la seule attente du redémarrage de la fertilité indigène.

Il est évident que les choses n'ont jamais été dites et ne pouvaient pas être dites aussi crûment. Bien au contraire : à de tels choix, il existe des alibis qui pourront toujours démentir une lecture excessive et faite dans l'après-coup. Il suffira de mettre en avant le noble souci qu'on aura eu de ne pas déraciner un peu plus ces malheureux, ou bien le désir guère moins légitime de préserver leur identité, pour leur permettre de se réintégrer plus aisément dans leur pays d'origine, le jour où ils y retourneraient.

C'est ce discours qui sera donc tenu en toutes circonstances, de cette manière et avec cette note altruiste insistante. Les méfaits des maladresses commises par l'entreprise coloniale encore récente sont bien trop frais aux mémoires. Et il serait fou de vouloir professer ou vanter l'apport salutaire de nos civilisations quand du souci allégué de la préservation de l'identité des populations du cru on a tant à gagner. L'erreur tactique — dont les méfaits, qui n'ont pas fini d'être payés, sont encore dans les mémoires — ne se renouvellera pas. Il faut concéder aux temps qui ont changé une manipulation moins maladroite des concepts. L'ambiguïté qui persistera cependant sera noyée dans l'ambiguïté générée par les systèmes administratifs, et les migrants seront noyés comme les autochtones dans ce même univers.

Il importera, tout de même, de ne pas leur laisser la possibilité d'une incrustation qui ne serait pas en conformité avec la nature et le montage de l'opération telle qu'elle avait été projetée. Il suffira, pour cela, de veiller à entretenir, autour de cette opération, une atmosphère un peu trouble. Ce ne sera probablement pas difficile. Il se trouvera toujours un journal pour reprendre véhémentement une rixe ou un quelconque méfait, un autre pour parler périodiquement de l'insécurité dans certains quartiers, un troisième pour faire quelque reportage exotique à bon marché, un autre, enfin, pour mener quelque campagne indignée contre les conditions de vie déplorables de ces populations. Dans l'ensemble, cela s'équilibrera et permettra, en tout cas, de ne laisser personne indifférent. La nature essentielle et indispensable d'aiguillon persistera. Et, pour peu qu'une feuille quelconque — il y en aura toujours ! — se mette à s'inquiéter du devenir de la nation face au risque plausible d'une mixité menaçante, on aura atteint le summum de la réussite. On n'aura plus qu'à se frotter les mains et à se féliciter de l'extraordinaire intelligence avec laquelle cet ensemble aura été conduit.

Cela ne fait aucun doute, jamais une mesure aussi originale n'avait été prise pour redonner un coup de fouet aux courbes de la natalité. Le plus merveilleux encore étant que ce n'était pas même sa destination première ! En principe, donc, il suffisait d'attendre les effets de cette réaction en chaîne...

Effectivement, la réaction en chaîne a fonctionné et fonctionne même admirablement. En tout point. En tout point sauf en ce point ultime pour lequel elle semblait présenter cet avantage inattendu mais exploité. La manière dont les populations immigrées sont traitées n'incite pas plus les populations autochtones à fabriquer les enfants attendus.

Qu'est-ce à dire ? On peut, une fois de plus, tout réexaminer, il n'y a toujours pas eu le moindre dérapage ni la moindre fausse note. Ou, du moins, celle qui est survenue n'était pas prévue : un parti politique a pu se constituer en recrutant principalement autour de ce problème. Ses arguments ont un air connu et l'odeur nauséabonde d'une crémation qui a fait sinistre date dans l'histoire de nos civilisations. Si on reste au ras des arguments que ce parti ânonne, on ne comprendra rien à leur finalité. Mais, si on s'en écarte pour rapporter ces arguments au contexte dans lequel ils s'émettent, on en comprendra la finalité en même temps qu'on ira un peu plus loin dans la compréhension de la crise de dénatalité. Car, ce à quoi nous confrontent ces populations immigrées, c'est à un paradoxe qui demeure incompréhensible pour nos contemporains repus et soumis à la seule dimension du besoin.

Comment se fait-il que, dans ces milieux nécessiteux à l'évidence et où, sans la moindre exagération, un sou est un sou, on fasse autant d'enfants ? Alors qu'il est notoire que chaque nouvel enfant vient entamer le capital pécuniaire dont sa seule présence exige une part. Un manœuvre peut faire vivre sa compagne et lui-même avec son revenu, et tout juste encore. Nul ne lui nie le droit de vouloir un enfant. Deux à la rigueur. Mais huit, dix et même davantage comme cela se voit ? Comment fait-il ? Et quand on sait que, en plus, il expédie régulièrement de l'argent « au pays » ! On se perd en conjectures. On guette la magouille, on fait la chasse au moindre méfait. Et, comme on n'en découvre pas, on n'y comprend rien. Alors, on se rabat sur le mérite de notre système d'incitation auquel ces travailleurs, qui cotisent comme tous les autres, ont droit. Et on croit pouvoir y trouver l'explication. Mais très vite on est, heureusement, amené à se demander pourquoi nos propres travailleurs ne font pas la même chose. La question reste hélas en suspens, car, au lieu d'aller plus loin, en obéissant aux réflexes de facilité de tout Dupont Lajoie, on laisse fuser une réponse à l'air déjà connu : ces gens-là ont peu de besoins, ils se contentent de peu, ils ne mangent de la viande qu'une fois par mois, ils s'habillent de fripes ou d'articles bon marché, ils ne sortent pas, ne vont pas en vacances, etc. Ils peuvent donc s'en tirer avec ce qu'ils gagnent, d'autant que, par rapport à leurs semblables qui vivent au pays, ce qu'ils perçoivent est un véritable pactole.

On croirait entendre le constat du père de Binou. Mais ce discours, en tout point absolument exact, occulte, par contre, la dimension principale qui devrait s'en dégager. Ces gens-là vivent. Et ils vivent ainsi. Autrement dit, ils n'ont pas au besoin la même relation que nos autochtones. Ils peuvent se passer de cette relation dont tout dit, sous nos cieux, qu'elle est la seule, la vraie, la principale et l'essentielle. Comment peuvent-ils vivre à l'écart de cette relation, si cette relation est proposée, posée et imposée comme vitale ? Certes, ils vivent moins bien. Ils n'ont que des revenus congrus, amputés de ce qu'ils envoient chez eux. Ils occupent des postes à bas salaire... Mais, à suivre ce raisonnement, n'apportent-ils pas un retentissant démenti à tout ce qui est clamé comme étant du registre de l'indispensable ? À moins qu'ils n'aient quelque chose pour les soutenir et les motiver, pour leur permettre de n'être pas écrasés par des conditions objectivement déplorables et impossibles ; et pour leur faire accepter, en outre, de mettre au monde, tel qu'ils le vivent et où ils vivent, des enfants en grand nombre.

Nos migrants importeraient donc, avec eux, et à leur propre insu, la rémanence d'un statut originel de l'enfant qui n'aurait pas évolué malgré les conditions socio-économiques. Voilà qui ne pourrait être que bienvenu et dont devraient se féliciter, même après coup, nos promoteurs de l'opération immigration. Car peut-être, alors, cela pourrait-il faire tache d'huile, devenir hautement contagieux et se propager quelque peu ?

Or, c'est ce que comprend et saisit justement, avant l'ensemble de la masse autochtone, ce parti politique qui a pris naissance. Mais, en même temps, il craint ce phénomène, car le risque de propagation en serait prodigieusement dangereux. En effet, donner à l'enfant un statut autre que celui du futur producteur au seul service de la satisfaction du besoin, que notre contexte a voulu pour lui, c'est remettre complètement en question les fondements et l'agencement de ce même contexte et en compromettre une évolution que rien ne devrait freiner. Est-il possible qu'une population qui persiste, stupidement, à vouloir rester arrimée à ses traditions et à son histoire, à des valeurs dépassées et obscurantistes, puisse ruiner, par son comportement, son effet d'exemplarité et les exploits qu'elle accomplit dans le domaine de la reproduction, ce travail de mise en conformité de nos semblables ? Il ne faudrait tout de même pas que ce besogneux travail de sape systématique de toutes les valeurs dites traditionnelles n'ait servi à rien ! Il faut donc mobiliser les forces, réveiller les consciences assoupies, taire des fausses pudeurs, pour éradiquer d'urgence cette contagion possible et procéder aux expulsions massives qui s'imposent. Les arguments ne font pas défaut, ne serait-ce que celui tout simple et mathématique du nombre de chômeurs par rapport au nombre de migrants, qu'amène une crise opportune.

À une autre époque, un raisonnement identique est allé plus loin et une population au potentiel jugé pareillement dangereux a été l'objet d'un projet de solution finale qui a fait six millions de morts. Ce n'est pas une petite chose, même si, hélas, ce chiffre ne fait même plus frémir. Et ce n'est pas seulement à ce chiffre ou à l'horreur de cette effroyable entreprise criminelle que je fais référence, mais à ce qu'elle a signifié et signifie dans l'évolution de nos civilisations. Car, *summum* accompli du « tout est possible » et du « tout est permis » dont joue la perversion, sa monstruosité écrasante a élevé le seuil de notre défiance, à telle enseigne que nous n'en développons plus à l'endroit des leurres qui continuent de nous séduire avec encore plus d'efficacité et dans lesquels nous retombons plus facilement que nous ne l'avons jamais fait. Comme si nous n'en avions tiré aucune leçon qui pût nous prémunir. Il semble en être résulté un effet de sidération au point que rien ne saurait, désormais, susciter de notre part une résistance minimale et salutaire. Qu'importe ! Que nous assistions à la déchéance de la structure familiale, que nous subissions sans réagir l'effritement de la fonction paternelle, que nous entérinions les nouveaux modes de conjugalité, que nous applaudissions les normes nouvelles des relations parents/enfants, que nous ne nous opposions pas au changement du mode de transmission des noms patronymiques, que nous surmédicalisions les processus les plus naturels, que nous assistions impuissants à la ruine de toutes les sauvegardes, que nous ne puissions plus nous mobiliser pour la moindre cause : tout cela nous semble naturel ! Tout cela nous paraît tellement futile et tellement vain à côté de ce qui a pu être fait que nous sommes dans l'impossibilité de prendre conscience que c'est le même processus qui recommence par d'autres voies et qu'il risque d'aboutir tôt ou tard au même résultat. La trace de cette horreur reste, elle, irrémédiablement inscrite au fin fond des consciences et motive peut-être plus que tout autre facteur la réticence à la procréation à laquelle le contexte social ne cesse pas de se heurter.

De la même manière que ceux qui ont réchappé à cette inqualifiable page de l'histoire humaine et ceux qui en ont été concernés continueront pendant longtemps de rester vigilants, le migrant qui a fait et continue de faire les frais de l'opération de ravaudage entreprise par notre contexte apprend tôt ou tard de quel prix il paie et a payé la contrepartie de sa subsistance. Ce n'est pas sa seule force de travail qu'elle lui aura coûtée, mais aussi l'entame et la désarticulation complète de l'ensemble de ses valeurs. Celles-là mêmes qui lui avaient permis de survivre dans une certaine dignité, jusque dans les pires conditions. Cette fracture ne s'est pas passée à son stade propre seulement, elle s'est poursuivie en s'aggravant à celui de sa descendance. Ses enfants, nés ou grandis loin d'une contrée où son système de valeurs avait quelque signification, s'en trouvent coupés et sont pris de plein fouet par la dimension victorieuse et contagieuse du culte du besoin. En en subissant, comme chacun, les irrésistibles pressions et en la voyant seule norme admise et encensée, ils s'en laissent impressionner et séduire, déploient une considérable énergie pour y adhérer et finissent par en faire les frais, comme tous ceux qu'elle a tractés à elle, comme tous les pères de Binou. Mais, pour ne pas risquer de s'en trouver l'accès interdit, et de s'en sentir rejetés, ils devront définitivement, eux, de surcroît, s'écarter de leurs références parentales. Comme ils n'ont pas d'autre choix, ils tracent un trait sur leur passé et se lancent à corps perdu dans une assimilation hâtive sans prendre acte de leur précipitation. Car le parcours qu'ils effectuent ainsi, en une génération, ne peut que les délester définitivement de ce qui a fait la force vive de leurs parents et qui aurait pu faire la leur : ils seront complètement démunis au moment où ils devront pouvoir transmettre quelque chose sous peine d'être forclos. On comprend mieux dans ces conditions comment prennent naissance certains mouvements religieux extrémistes qui proposent la violence et la radicalité de leurs options pour résister au déferlement d'une dimension non moins dévastatrice que ce qu'ils prônent avec autant d'ardeur.

CHAPITRE III

Disserter, de la sorte, sur les remous d'une situation de fait constitue un luxe qui importe peu à notre contexte social. Car lui n'a aucune raison valable de s'en préoccuper. Il continue inlassablement d'explorer toutes les voies encore possibles pour parvenir à ses fins.

Et il va en trouver une qui ressemble, à s'y méprendre à première vue, à une opération de l'ultime chance. Celle dont on n'attend pas de résultats brillants, mais dont on finit par décider tout de même la prise en compte, quand la situation s'avère tellement désespérée qu'elle n'est pas sans évoquer ces périodes de pénurie extrême où chacun est invité à racler ses fonds de tiroir et à ramasser ses mégots et ses bouts de chandelle. La lutte contre la stérilité destinée à produire, à grands frais, quelques rares enfants de plus, se révélera, à la grande surprise sans doute de ses promoteurs, capable d'ouvrir des perspectives jusque-là insoupçonnées.

La brillante victoire remportée contre la mortinatalité l'a été par le grignotage progressif des différents obstacles recensés. Elle a conduit aux bénéfices que l'on sait et qui ont dépassé toutes les espérances. Elle servira de modèle et de point d'ancrage à l'espoir. On s'en inspirera donc largement pour entreprendre le traitement de la stérilité.

Chacun sait que la stérilité est connue depuis des temps immémoriaux et qu'elle a constitué une calamité pour les femmes qui en étaient atteintes, au point que différents modèles sociaux, aggravant le seul poids de la responsabilité féminine en la matière, n'ont pas hésité à en prévoir les conséquences et à en légiférer. Mais chacun sait aussi, ne serait-ce que par le battage médiatique qui a été fait autour de ce nouvel objectif de notre contexte social, que l'incidence de cette affection n'a fait que croître ces dernières décennies, en tout cas sous nos latitudes. Il n'a pourtant pas paru nécessaire de recenser et d'approfondir les raisons profondes de cet accroissement. Il était plus logique, plus raisonnable et plus conforme au but poursuivi de ne pas se perdre en conjectures. On s'est donc précipité sur les facteurs contingents dont on disposait et on s'en est contenté. L'usage de la pilule et la libéralisation des mœurs ont entraîné dans leur sillage, logiquement, et on l'a vu, la multiplication des aventures sexuelles exploratoires et donc celle des partenaires. Des infections, statistiquement prévisibles et dues aux maladies sexuellement transmissibles (devenues suffisamment célèbres pour avoir droit à un sigle : MST), ont entraîné des obstructions définitives des trompes, chez les femmes, et des rétrécissements, voire des aplasies des canaux déférents, chez les hommes. Cela fournit le plus gros contingent, sur lequel viendront se greffer les autres causes, plus variées, mais qui aboutiront à la définition des stérilités féminines d'une part, masculines d'autre part, et mixtes quand les deux partenaires se trouvent être concernés. Des stratégies curatives spécifiques ont été définies, mises en place et largement encouragées. Leur coût pécuniaire n'a pas semblé devoir freiner ou restreindre leur usage. N'est-il pas compréhensible que la médecine puisse se donner les moyens de porter secours à ces couples dont le désir d'enfant est tellement grand qu'il ne peut, en cette période de regrettable pénurie, qu'être le bienvenu ? D'autant que ce désir, par son exemplarité et son insistance, offre, au passage, l'occasion d'une nouvelle relance des mots d'ordre incitatifs et la réitération d'une détermination que rien ne doit et ne peut affaiblir.

Ainsi seront constituées les premières banques de sperme. Conçues, au départ, pour préserver le potentiel fertile des hommes que le traitement d'une maladie grave risquait d'altérer définitivement, leur développement a rapidement permis de venir à bout de certaines formes de stérilités mécaniques dans lesquelles le sperme doit être directement injecté dans la cavité utérine, geste thérapeutique qui définira l'insémination artificielle (IA). Puis, en élargissant les indications à partir de cet acquis et en calquant le don de sperme sur le don du sang, on est parvenu jusqu'à la pratique d'inséminations artificielles par donneur (IAD) : la future mère sera inséminée par un sperme plus fécondant que celui de son partenaire.

Extraordinairement organisées, remarquablement équipées et travaillées incontestablement d'un louable souci éthique destiné à assurer la fiabilité, tous azimuts, de cet acte qui s'écarte de façon sensible des manières traditionnelles de concevoir un enfant, ces instances relativement récentes se sont suffisamment multipliées pour que ces lignes minimales destinées à les présenter le plus succinctement possible puissent paraître superfétatoires. Là aussi, les compétences irrécusables d'équipes multidisciplinaires ont tenté de recenser et de prévenir toutes les sortes de problèmes possibles, sans aucune exclusive. L'expérience personnelle que j'ai dans ma clientèle d'enfants nés par IAD ne m'a pas paru très encourageante. Il est vrai que je ne dispose pas d'un échantillon statistique très important, mais mon recrutement répond aux exigences de significativité d'une statistique. Or, à une ou deux exceptions près, ces familles, et surtout les enfants, rencontrent des problèmes considérables. De santé physique, d'abord. D'équilibre psychique, ensuite. Des problèmes que je dirais relever de la radicalisation de situations conflictuelles qu'on peut rencontrer dans toute famille. La mère, travaillée au travers de son expérience par un véritable fantasme de parthénogenèse, a les plus grandes difficultés ne serait-ce qu'à envisager de pouvoir faire une place à un père qu'elle ne peut situer nulle part. Cet enfant ne lui paraît être que le sien, au point qu'elle ne parvient pas à le disjoindre d'elle. Son sentiment de culpabilité la contraint à l'exercice d'une surprotection considérable que rien ne semble pouvoir entamer. Le père, plus ou moins conscient de n'avoir pas même eu une participation physique à cette conception, a les plus grandes difficultés à se définir le moindre rôle et encore moins à recouvrer sa fonction. Il se contentera, le plus souvent, de venir redoubler la fonction maternelle, ancrant un peu plus la mère dans sa culpabilité et renforçant l'ensemble de la surprotection.

Quant à l'enfant, il répondra certes, tôt ou tard mais parfaitement, aux critères de réussite de notre contexte social. Mais, pour le reste, écoutons-le :

Joseph

Je le connais depuis qu'il a trois ans[6]. Je l'avais vu pour un problème de santé qui m'avait donné beaucoup de mal. J'avais été frappé par trois faits : sa mère, à son chevet, était dans un état de grossesse avancée et ne cessait pas de lui tenir la main ; cet enfant a repris en écho, pendant la consultation, une parole de sa mère en me déclarant : « je suis comme maman, je ne peux être soigné que par piqûres » ; le père, quand il assistait aux consultations, n'entrait même pas dans la pièce, se contentant de rester adossé, muet, au chambranle de la porte. Ces trois faits, unis à d'autres plus infimes, et à la persistance des troubles malgré une thérapeutique adéquate, m'avaient conduit à déclarer agressivement à la mère que quelque chose me gênait : j'avais le sentiment qu'elle ne voulait pas laisser le père de cet enfant être son père. Et, dans la foulée, j'avais exigé et obtenu que l'ensemble des soins fussent assurés par le père et par le père seul.

La guérison de l'épisode est survenue en vingt-quatre heures et la mère a demandé, alors, à me rencontrer. Mon intervention brutale que je juge, aujourd'hui, hasardeuse avait touché juste et bien au-delà de ce que je pouvais soupçonner. Joseph, me dit sa mère, est né par une IAD au recours de laquelle avait souscrit le couple, stérile depuis dix ans, ayant préféré cette solution à celle d'une adoption ; son époux ayant déclaré, toujours à ses dires, que l'enfant serait ainsi au moins à l'un des deux. Trois mois après cette première naissance, elle se retrouve enceinte de son mari, pour la première fois de leur vie à deux. Elle ne supporte pas même l'idée de cette grossesse, disant craindre pour le statut futur de Joseph, et arrache à son mari le consentement à l'avortement qu'elle envisageait. Ce qui fut fait — clandestinement, à l'époque.

Quelque temps après, ce couple, stérile pendant dix ans et conduit à l'IAD, programme, comme tout autre couple, une nouvelle grossesse, celle qu'elle mène alors. Me voilà inclus, par cette narration, dans le secret partagé seulement par les partenaires du couple et l'inséminateur qui fut aussi l'accoucheur. Les quatre grands-parents eux-mêmes en ayant été exclus.

Je verrai Joseph et ses parents pendant des années. Et tous mes efforts pour réintroduire une fonction paternelle furent vains. Ladite fonction ne pourra, d'ailleurs, pas même s'exercer sur le petit frère qui, vers l'âge de sept ans, se trouve atteint d'un asthme que la mère, malgré la confiance qu'elle m'a toujours accordée, préférera aller faire soigner ailleurs... par des piqûres... de désensibilisation !

Je revois Joseph, jeune homme d'une vingtaine d'années, un jour, à sa propre demande. Il est devenu étudiant en mathématiques.

« J'ai un problème gênant. Et, pour moi, toutes les fois que j'ai eu un souci, c'est à vous qu'on s'est adressé. Alors, malgré mon âge, j'ai pensé pouvoir venir vous en parler.

— De quoi s'agit-il ?

— Je n'ai aucune difficulté dans mes études. J'aime ce que je fais et je réussis bien. Mais, dès que j'ai à passer un examen, j'ai la trouille.

— Est-ce vraiment un problème ?

— Oui, parce que c'est une trouille sans nom et qui me paralyse.

— As-tu une idée du pourquoi de cette trouille ?

— Je crois. J'ai la trouille parce que j'ai peur, chaque fois, d'avoir à commettre une erreur que je commets toujours. C'est vrai que, même si je sais que je risque de la commettre, cette erreur, même si je fais tout pour l'éviter, je ne peux pas m'en empêcher.

— Une erreur ? Laquelle ? Peux-tu m'en dire un peu plus ?

— Oh, je ne crois pas que les détails soient importants. Il s'agit de mathématiques. Vous ne pouvez pas comprendre. Excusez-moi, je ne veux pas vous froisser, mais ce sont des mathématiques d'un certain niveau.

— Dis toujours. On verra bien.

— Ah ? Ben voilà. Quand je dois faire une intégration double d'une équation à plusieurs inconnues, je me trompe toujours sur le choix de l'inconnue. »

En termes de mathématiques, c'était effectivement parfaitement opaque. Mais, en termes existentiels, Joseph avait admirablement circonscrit ce en quoi l'histoire de sa naissance, qui ne lui avait jamais été contée, pouvait lui poser de problèmes (non mathématiques, ceux-là, mais des problèmes tout de même).

Le choix de l'inconnu !!!

Je n'ai pas l'intention de raconter d'autres histoires d'IAD parmi celles que j'ai rencontrées. Elles ont à peu près, souvent sinon toujours, toutes, la même consonance. J'ajouterai, à titre d'incise, que je ne suis pas plus étonné, dans mon recrutement personnel, d'en trouver un nombre non négligeable dans les morts subites du nourrisson que j'ai rencontrées. Comme si le mystère de cette entité qui résiste à toutes les enquêtes scientifiques venait, là, se redoubler mais s'en trouver, aussi, quelque peu éclairé : car, quand on écoute les malheureux parents dans leur période de deuil, on parvient parfois à entendre que l'enfant mort, en fait, n'avait pas eu de place préalablement assignée ou parfaitement définie dans la vie.

Je n'ai rien révélé, bien sûr, à Joseph du secret qui a entouré sa conception. Je ne m'en sentais pas le droit et j'estimais que ce n'était pas mon rôle. J'ai appris, un peu plus tard, que l'erreur dont il était venu se plaindre ne s'était plus produite. J'avoue attendre le jour où je verrai ce jeune homme revenir à mon cabinet avec son propre enfant. Je pense qu'il sera temps, alors, de faire le bilan de son aventure. Ou du moins de celle de ses parents qui ont accepté une solution technique qui leur a paru convaincante parce que brillante et judicieuse, mais qui, comme toutes les solutions techniques brillantes et judicieuses que propose notre contexte social, ne s'attache pas et ne peut pas s'attacher à l'appréciation de son devenir lointain et à son impact sur cette dimension de l'humain qui n'a pas même droit de cité dans leurs protocoles et que je m'évertue de continuer à ne pas nommer, pour simplement faire repérer les énormes blancs que laisse l'absence à sa référence.

Quel discours scientifique pourra expliquer qu'un couple stérile depuis dix ans, et ayant épuisé toutes les ressources thérapeutiques, se mue soudainement en couple fertile, se paie même, après une première naissance par IAD, le luxe d'un avortement sur une grossesse transitoire et programme une autre grossesse ensuite ? Il y aura certainement, un jour, une hypothèse qui, au prix d'une acrobatie physiologico-hormonale, pourra prétendre que le corps jaune..., que le placenta..., que l'hypothalamus..., etc., serait sorti de sa sidération et que le fait n'aurait rien de surprenant ! Mais, comme toujours, ce qui aura voulu se poser ainsi en explication absolue continuera de dénier son essence de simple description d'enchaînements intermédiaires. Pourquoi cela survient-il chez cette femme et pas chez une autre, pourquoi cela survient-il à ce moment-là et pas à un autre ? Jamais une réponse à ces questions ne pourra être fournie dans ce registre. Ce ne seront que d'autres voies qui pourront le dire. Des voies qui posent qu'un humain est un être de langage, un être d'échange, un être qui n'est pas un tout, un être qui a besoin d'un autre et qui, dans le rapport à cet autre, tisse des liens qui iront jusqu'à organiser les réseaux les plus fins de son corps et de sa physiologie. Que l'humain soit ainsi inscrit dans cette dimension essentielle fera désigner cette dimension comme étant celle du « symbolique », en référence au nom d'une pièce grecque, le *symbolon*, qui avait pour caractéristique d'être composée de deux moitiés dont aucune ne pouvait avoir cours isolément.

Il me semble que, si on affectait cette dimension à tous les blancs, dont l'importance a été soigneusement mise à l'écart dans les problèmes qui ont été envisagés jusque-là, leur lecture prendrait un tout autre sens et en deviendrait infiniment plus édifiante. On ne pourra que se rendre, en effet, à l'évidence que cette dimension existe et que, malgré son occultation délibérée, sa présence et son importance ne peuvent pas faire le moindre doute. C'est elle qui structure l'organisation de toute société et du moindre groupe qui la compose. C'est elle qui pose les balises invisibles qui fondent cette structuration. C'est elle qui organise les rapports et les modalités de toutes les sortes d'échange entre individus. Or, jusque dans ce qu'elle produit de plus complexe, elle ne fait jamais que dériver de l'effet de la fonction paternelle qui sépare, écarte, disjoint et du même coup définit les places et les rôles, à coups d'ordres et d'interdits. Cette fonction paternelle étant diamétralement opposée à la fonction maternelle[7] qui, spontanément, elle, récuse tout souci d'organisation et s'adonne à la satisfaction la plus totale des demandes et des besoins en acceptant à peu près tout et n'importe quoi à condition de pouvoir s'y adonner.

De telles nuances sont, hélas, difficiles à intégrer aux préoccupations de cette science neuve, et auréolée de son prestige, qu'est la procréatique : elle est bien trop préoccupée par les problèmes matériels qu'elle rencontre pour s'arrêter à des considérations d'un autre ordre.

La gradation de ses prouesses a permis qu'aux enfants de l'IAD ont succédé les enfants de la FIVETE (fécondation *in vitro* et transfert d'embryon) dont personne, grâce à l'extraordinaire battage médiatique auquel elle a donné lieu, n'ignore plus l'existence. La presse dans son ensemble s'est largement faite l'écho de tous les problèmes que soulevait cette possibilité technique. Quelques-uns de ses promoteurs se sont répandus en déclarations prudentes et mesurées, n'hésitant pas à dire sur tous les tons qu'ils ne l'envisageaient que comme la solution technique à des problèmes de stérilité parfaitement circonscrits. Mais ils ont bien vite été débordés. Victimes eux-mêmes de leurs propres exploits et des effets d'une publicité dont ils ne pouvaient pas soupçonner à quoi elle allait conduire, dans le contexte social, et face à cette demande d'un contexte social obstiné à ne voir que par ses seuls objectifs d'accroissement de la natalité.

Très vite, l'excitante nouveauté des mères porteuses va nourrir le sensationnalisme de la presse et lui donner l'occasion rare de très bonnes feuilles. L'amplification qui s'en est suivie a créé suffisamment de remous pour qu'on s'en soit inquiété. Et, pour satisfaire une partie de l'opinion qu'on ne peut pas ostensiblement mépriser, un comité d'éthique a été mis en place. Existence qui s'est rapidement avérée toute formelle, puisque les recommandations de ce comité ont été déclarées, à haute et intelligible voix, de la manière la plus officielle, ouvertement inutiles par un ministre qui n'a pas hésité à jouer au psychanalyste amateur : délivrant ce qu'il croyait être une brillante interprétation de la tension soulevée par l'ensemble des débats, il ne les a ni plus ni moins que ramenés à la dimension du round final d'un autre débat qui a marqué nos sociétés, le conflit hommes/femmes, que les hommes mauvais perdants chercheraient à déplacer en énonçant leurs réticences et en mettant en avant le devenir d'un enfant pas même né. Je crois que, s'il fallait une preuve, et une preuve seulement, pour dédouaner cet écrit de toute étiquette délirante et montrer, mieux que tous les discours, à quelles inconséquences peut conduire le problème de la dénatalité, elle est, là, toute trouvée.

Il n'en reste pas moins que, pour le contexte social, les perspectives ouvertes par la procréatique (sémantiquement, n'est-ce pas, en soi, déjà un sacré programme ?) lui permettent de voir poindre enfin à l'horizon l'ombre d'une victoire inespérée. Il lui importe cependant, pour l'instant, de ne pas trop l'ébruiter pour ne pas risquer d'en ruiner l'obtention. Il tient donc les médias en laisse. Mais, épisodiquement, il leur lâche du lest et leur permet d'en faire état sous la forme d'une perspective de manière à accoutumer insensiblement à l'idée, à en faire tenir lieu de menace et à renforcer les sempiternelles mesures incitatives. Car voilà bien un des miracles stupéfiants de la Science : il suffit de l'encourager à trouver une solution précaire et ponctuelle envisagée sous le simple angle d'un ravaudage toujours utile, pour qu'elle ouvre, largement et sans difficultés apparentes, les voies les plus productives et les plus imprévisibles ! On se sera lancé dans le traitement onéreux mais efficace de la stérilité en escomptant n'en obtenir que de rares enfants chèrement payés, et on aboutit aux mères porteuses inattendues, bénéfice secondaire mais toujours bon à prendre. Mais encore cela ne constitue-t-il qu'une étape mineure dans une course au bout de laquelle on peut envisager, sans horreur, la possibilité de grossesse masculine.

Et là, ce sera vraiment une affaire !

Puisqu'il ne s'agira ni plus ni moins que de multiplier par deux le rendement. Jamais aucun gestionnaire ni aucun économiste, dans aucun domaine, n'aurait pu rêver d'un pareil miracle. Car la voilà bien, la solution idéale qui permettra de ne rien changer aux options de départ et de tout résoudre, enfin.

Jusque-là, il fallait être deux pour faire un troisième. C'était compliqué et ça ne faisait que soulever des problèmes épouvantables et sans nombre. Il fallait se choisir, s'entendre, fonder un couple, décider d'un commun accord, puis, ensuite, tenter de mener, durablement et toujours ensemble, une parentalité avec ce que cela implique d'angoisse, de discussions, de difficultés et de dissensions. Et l'enfant, l'enfant déchiré entre deux, et qui faisait les frais de tout ce gâchis ! N'est-il pas inconcevable que, malgré les mesures qui ont été prises pour lever le poids écrasant des structures familiales, pour accroître la liberté individuelle, pour faciliter les séparations, l'existence de cet enfant fait à deux ait pu demeurer indéfiniment préoccupante, au point, parfois, de contribuer à freiner l'élan de reproduction et à affecter les courbes démographiques ? Or, voilà que cet obstacle semble pouvoir être, enfin, définitivement levé. Après tout, l'expérience, intermédiaire et obtenue au passage, des familles qui ont été élevées à la dignité sémantique de « monoparentales » n'a-t-elle pas été concluante ? Des femmes y ont trouvé leur bonheur, et les enfants qui y ont été conçus n'ont pas donné les preuves patentes ou mesurables de difficultés spécifiques ou d'un quelconque et hypothétique mal-être d'autant moins mesurable qu'il demeure encore indéfini.

Il est bien possible que, transitoirement, des enfants qui seront nés d'une grossesse masculine donneront des signes de ce qu'on pourra dénommer un certain inconfort. Mais le nombre croissant des divorces, la désaffection des pères de leur fonction, quand ils persistent à vouloir maintenir une structure familiale formelle, ne vont-ils pas de plus en plus sensiblement modifier le paysage ? Bientôt, les enfants seront logés à peu près tous à la même enseigne. En une ou deux générations, peut-être trois, tout au plus, tout cela sera refondu. Qu'importera, alors, à l'enfant d'être sorti d'un utérus, d'un abdomen ou d'un scrotum ? Son parent sera son parent. Et il n'aura plus à se casser la tête pour savoir si c'est maman ou papa. On trouvera bien un terme intermédiaire. Les enfants n'ont-ils pas le génie de les créer eux-mêmes dans certains contextes actuels où, déjà, il leur arrive d'appeler leurs parents au statut flou « paman », « manpa » ou « mapa » ?

On bénéficiera de surcroît de la paix enfin recouvrée entre les hommes et les femmes. Les premiers cesseront de porter toute leur vie le ressentiment de leur impossibilité à accéder à la grossesse et à la parturition. Les secondes finiront d'être maintenues par leurs agresseurs dans l'horrible état d'infériorité qu'elles ont connu depuis que le monde est monde. Elles pourront enfin se réaliser sans entrave dans tous les domaines, comme elles ne cessent pas de le revendiquer. Elles pourront être mères et ne pas avoir à payer ce qui leur était reproché comme un luxe d'une altération de leur réussite professionnelle et de leur profil de carrière, puisque leurs partenaires seront logés à la même enseigne. Et qu'eux aussi devront interrompre leurs activités pour des motifs similaires. Il n'y aura plus deux catégories différentes d'humains, mais une parfaite et stricte égalité, une parfaite similitude des sexes. Lesquels, par leurs particularités anatomiques, hélas impossibles à modifier dans un avenir prévisible, se compléteront judicieusement pour l'accès spécifique et magnifiquement déployé à un plaisir inépuisable, sans borne et sans retenue. Un plaisir qui ne connaîtra plus aucune gêne, aucune règle ni aucune directivité. Un plaisir que nos scientifiques ont déjà merveilleusement exploré et qu'ils sauront assurément rendre encore plus aigu et plus étale. Un plaisir qui deviendra le recours facile face à toutes les difficultés et que rien ne devra plus venir réglementer. Un plaisir dont l'obtention et l'investissement seront parfaitement cohérents avec la dimension du besoin dont la satisfaction s'avérera de plus en plus impérative, et qui relancera ainsi, encore plus durablement, la machine de la productivité.

Et qu'importeront les modalités d'accouplement ? D'ailleurs cette notion même de couple sera probablement appelée à disparaître ou à se restreindre fortement. Forgée par des siècles d'une idéologie à connotation toujours plus ou moins religieuse et centrée sur la seule reproduction, elle n'aura plus de raison d'exister. Car il n'y a pas de raison d'obliger un humain, doué de tant d'organes qui peuvent prendre ou procurer du plaisir, à se restreindre à un usage chiche et révolu de ces mêmes organes. Et la cohabitation à plusieurs aussi bien que les migrations et les échanges ne heurteront plus personne. L'opprobre stupide et obscurantiste, nourri par des siècles de préjugés, disparaîtra, laissant place, non pas à la tolérance qui implique toujours une notion d'effort, mais à la définition de normes bien plus larges, ou, mieux, à toute absence de norme. Plus personne ne pourra plus venir arguer que l'hétérosexualité aurait quelque supériorité face à l'homosexualité, sous le prétexte désormais caduc que l'une peut donner lieu à une naissance et pas l'autre. Toutes les formes de sexualité auront droit de cité et verront leur exercice encouragé.

Et cela n'aura rien à voir avec la parentalité à laquelle tout individu pourra prétendre sans la moindre exclusive, ce qui paraît juste et souhaitable. D'ailleurs, n'a-t-on pas vu combien souvent, au décours de ces débats sur les FIVETE, des couples homosexuels ont été demandeurs pour se voir reconnu, par cette voie artificielle sur laquelle ils avaient fondé beaucoup d'espoirs, un droit à l'enfant ? Pourquoi ne pourraient-ils pas être, tous, également satisfaits ? D'autant qu'ils pourront faire ces enfants par eux-mêmes. Et il ne faudrait pas oublier le bénéfice que les enfants ainsi conçus récolteront. Ils n'auront plus à vivre les dissensions et les déchirements, puisque, si des partenaires s'accouplent, chacun sera le seul responsable de son ou de ses enfants, qu'il emmènera avec lui où et quand bon lui semblera.

On sera parvenu à une véritable ère de paix et de rendement. La machine productive tournera de plus en plus vite et plus personne ne manquera de rien. On se débarrassera des dernières rémanences d'une période de l'histoire de l'humanité qui apparaîtra aussi éloignée que sa préhistoire. La bonne gestion nécessitera la simplification des fichiers informatiques, et il importera de remplacer l'usage archaïque des noms patronymiques de ces individus repus, surnantis et gagnés au progrès et aux réformes, par de simples numéros, et des prénoms brefs seront utiles avant de trouver des solutions de rechange.

Et encore cette ère-là ne sera-t-elle qu'une ère de transition face à ce qui en découlera quand on parviendra à rendre possible ce qui se profile déjà : la fabrication des enfants en batterie. L'humanité sera enfin parvenue à accomplir les promesses de la merveilleuse civilisation technologique : acquérir la maîtrise intégrale d'une nature prévoyante, généreuse, mais, hélas, dispendieuse. Ces millions de spermatozoïdes dans un seul éjaculat, et ces milliers de pro-ovocytes sur un seul ovaire ! Il ne sera plus nécessaire de faire appel aux individus, quand un ou deux d'entre eux réussiront à pourvoir, à eux seuls, au repeuplement. D'autant que les formidables progrès des manipulations génétiques auront donné le coup de pouce qui aidera à aller encore plus loin, d'une manière qui pourra paraître étonnante pendant un certain temps, mais à laquelle chacun s'adaptera comme chacun aujourd'hui s'adapte à la nouveauté, grâce au merveilleux effet des organes de communication et grâce aussi au génie des précurseurs qui se trouvent toujours un peu partout. La période actuelle ne devrait-elle pas, dès à présent, élever des monuments à la gloire des pervers qui ont donné le coup d'envoi de ces mutations futures autant qu'à celle des essayistes qui leur ont emboîté le pas pour insister sur l'injustice que constituent la reconnaissance et l'acceptation des différences ? Différences qu'il importerait de combattre parce qu'elles n'existeraient que par le vouloir des hommes et pour le profit exclusif de ces mêmes hommes.

Le contexte social a toutes les raisons de se réjouir et de radicaliser des choix qui lui offrent des perspectives aussi alléchantes. Toutes ses orientations ne pourront qu'être couronnées de succès et il n'y a que les esprits chagrins pour vouloir, inutilement, les stigmatiser. Au nom de quoi, d'ailleurs ?

Au nom d'une dimension qui aura été simplement nommée, au nom de ce fameux « symbolique » qu'ils voudraient opposer à la dimension du besoin ? Mais quelle est-elle donc, réellement, cette dimension ? Où se trouve-t-elle ? Par quoi se traduit-elle, à défaut de se montrer dans une quelconque matérialité ? Comment la voir, la saisir, l'approcher, l'attester, la reconnaître, en mesurer l'impact ? Existe-t-elle ? Existe-t-elle, seulement ?

Qu'on ne vienne pas dire que cette dimension pourrait avoir un quelconque rapport avec l'aventure des migrants, ou qu'elle ait quoi que ce soit à voir avec l'histoire d'un Frédéric ou bien celle du père de Binou — histoires malheureuses mais suspectes et dont une seule lecture nous a été donnée. Qu'on ne vienne pas l'évoquer à propos de l'aventure de Jonathan qui est à peine digne de l'almanach Vermot. Qu'on ne vienne pas, non plus, essayer de dire qu'elle pourrait avoir été dans la bouche de Joseph qui n'a rien fait d'autre qu'exposer une difficulté passagère probablement due à une impasse ancienne sur un point du programme — impasse accidentelle et qu'il aura réussi à comprendre dès lors qu'il en aura parlé. Et qu'on ne vienne surtout pas chercher à trouver dans le fait qu'il en ait parlé la moindre importance d'un quelconque prétendu statut de la parole ou du statut du fameux « autre » (la seconde moitié du *symbolon*) à qui cette parole s'adresserait. Refrain connu et usé jusqu'à la corde ! Joseph aurait, tôt ou tard, réussi à repérer son impasse et à la combler. N'est-ce pas le fait essentiel de toute démarche scientifique qui procède par approches successives et par l'exploration et le repérage des erreurs ?

Qu'on ne vienne donc plus nous rebattre les oreilles de toutes ces constructions intellectuelles qui, si elles ont leurs défenseurs compétents et acharnés, n'en ont pas moins leurs détracteurs aussi compétents et heureusement encore plus acharnés. Résultat nul. Un partout. Nul ne l'emporte puisque les arguments s'annulent. Et que, surtout, ces arguments ne font pas le poids face aux acquis de la Science, aux preuves de la Science, à l'infaillibilité de la Science. Toute résistance à ce règne n'étant que la rémanence, provisoire d'ailleurs, de modes de pensée et d'être dépassés et travaillés par des soucis qui ne s'apparentent qu'à une vulgaire superstition. L'horizon qui se profile, lui, aura une tout autre consistance. Puisque l'existence ne sera qu'une existence consacrée à la satisfaction perpétuelle, facile et sans limites de tous les besoins sans exclusive et à l'obtention sans mesure de tous les plaisirs rêvés.

Qui pourrait résister à l'attrait d'une pareille promesse ?

Il y aura la mort. Soit. Mais elle existe déjà, non ? Et n'avons-nous pas eu raison de minimiser, progressivement et définitivement, ce cérémonial inesthétique, dérangeant et archaïque auquel elle a si longtemps donné lieu ? N'avons-nous pas raison de procéder aux enterrements de la manière la plus discrète et la plus expéditive ? Pourquoi se complaire dans ces manifestations de deuil ? Pourquoi utiliser ou favoriser le spectacle d'une tristesse qui altère la joie et les plaisirs que nous prônons comme valeur suprême ? Cette presque-clandestinité n'est-elle pas le meilleur moyen de lutter contre les effets imaginaires et délirants qui liaient, dans certains discours, tous les malheurs de la vie au prétendu règne de la mort ? Allons-nous continuer de laisser générer, par le biais de ces appréhensions, des individus improductifs, inhibés et terrassés par avance dans la seule crainte et la seule attente de sa venue ? Quel règne, d'ailleurs ? N'est-ce pas la Science qui, se riant de pareilles billevesées, a réussi ce formidable exploit d'en reculer, en quelques décennies, l'échéance de façon constatable ? Et rien ne dit que cette échéance ne sera pas encore reculée, puisqu'on s'y emploie sans le moindre répit. Certes, rien ne montre encore qu'on parviendra à sa suppression totale. Mais, tout de même, qu'est-ce qu'une vie de lutte en regard d'une vie amplement pourvue et toute faite de plaisirs ? Qui dira pouvoir hésiter quand, au change, chacun ne pourra que gagner ? Les jeunes, cette force vive dressée qui apprécie déjà le confort que lui apporte sa libération légale, l'évolution des mœurs et la merveilleuse pilule, les jeunes ne s'y trompent pas qui assurent le dynamisme du mouvement qui se dessine et le soutiennent contre vents et marées.

Allez donc vous interroger vous-même, pourraient-ils me dire, ces mêmes jeunes. Vous trouverez sans doute que toutes vos réticences et vos interrogations ne sont que la traduction d'un phénoménal dépit. Qu'avez-vous fait jusqu'à présent, sinon lutter pour assouvir vos désirs et assurer la satisfaction de vos besoins ? Et, parvenu à un âge respectable où les forces risquent de vous manquer pour en obtenir plus, vous essayez de masquer la déception que vous sentez naître en vous par une inqualifiable suspicion jetée sur une entreprise qui a le vent en poupe. Confronté à la rupture qu'entraîne, depuis toujours, le passage des générations, vous vous efforceriez d'assurer votre pouvoir sur celle qui vous succède par le moyen d'une dénonciation préalable de ce qu'elle a choisi, absolument librement, et qui n'aurait pas eu l'heur de vous convenir.

Un pareil discours, que pourrait aussi tenir le contexte social, trouve difficilement la parade. Et encore n'en ai-je égrené que quelques arguments, car il pourrait être encore plus étoffé et plus convaincant. C'est la perspective de la production des enfants en batterie qui lui donne sa force. Car, à ce moment-là, l'humain né *ex nihilo* échapperait à toutes nos analyses prospectives. Mais, jusqu'à ce que cette étape soit franchie, un défaut existe, que je désigne au contexte social pour qu'il ne le néglige pas et ne s'en laisse pas malmener. Ce défaut, c'est qu'est resté et demeure encore complètement dans l'ombre ce qui motive, au fond de chaque individu, le désir d'enfant.

Car, si le contexte social avait trouvé la moindre réponse à cette question, il n'y a pas de doute qu'il s'en serait servi comme levier destiné à inciter les couples à plus se reproduire.

On aurait pu voir fleurir des panneaux publicitaires avec des slogans du genre : « Un enfant vous prolonge, deux le font deux fois plus ! » Ou bien : « Avec un enfant vous conservez un peu de vie, avec huit vous en conserverez huit fois plus ! » Ou bien encore : « Avec un enfant vous restez dans une mémoire, pourquoi ne resteriez-vous pas dans plusieurs ? » Au lieu de quoi, sans dévoiler au grand jour ses intentions ou ce qui ressemble de plus en plus étrangement à un projet, le contexte social a cru bon de procéder à une opération d'incitation tous azimuts et dont nous avons vu qu'elle aurait pu se résumer sous la forme d'un slogan du type : « Faites des enfants, je me charge du reste », auquel pourrait s'en ajouter un autre : « N'ayez aucune crainte, tout est permis, tout est possible. »

Or ce désir d'enfant échappe justement à toutes les mises en formule, à toutes les mises en abaque, à tous les calculs. Il n'existe pas seulement chez les femmes. Il existe aussi chez les hommes. Il existe même, nous l'avons mentionné, chez les homosexuels. Il y a de nombreuses années, j'ai eu l'occasion de m'occuper de l'enfant d'un travesti. Homosexuel, mais civilement homme, il avait reconnu la paternité d'un enfant conçu par une de ses amies prostituées qui le lui avait donné et s'en était désintéressée. Il m'avait bien raconté par le détail toute cette histoire, mais il venait à ma consultation toujours habillé en femme et j'avais résolu la difficulté que me posait son travestissement en décidant délibérément de l'appeler madame. J'ai suivi cet enfant plusieurs mois, sans avoir noté, tout au moins dans son jeune âge, de différence patente avec les autres enfants. Puis je l'ai perdu de vue. J'ai, par ailleurs, dans ma clientèle, quelques couples homosexuels féminins avec enfants, et quelques autres nés de pères homosexuels, et je n'ai pas eu à noter de différence de préoccupation des parents pour leurs enfants.

Donc, que ce désir existe chez des homosexuels nous permet de le détacher de toute connotation religieuse ou idéologique qui en ferait une rémanence d'une imprégnation par des modes de pensée prévalents même s'ils sont abandonnés ou critiqués. Puisque ces parents ne sont pas fondés à obéir à un quelconque commandement ou crypto-commandement qui les programmerait, en quelque sorte et malgré eux, comme soumis au devoir, réputé d'essence divine, de la procréation.

Or, si nous reprenons la fameuse critique portée à l'interprétation de ce qu'a produit la rencontre de Joseph avec moi, il était question d'une démarche scientifique, fondée sur la méthode des essais et des erreurs. Mais, pour que cela se produise, il est indispensable que Joseph s'adresse à lui-même. Tout comme il lui serait indispensable de définir, dans sa recherche de la satisfaction du besoin ou du plaisir, en un repérage intériorisé de ses carences, ce qui peut lui apporter cette satisfaction. Donc, d'une façon ou d'une autre, Joseph est astreint à se parler et à tenir à jour une sorte de bilan constant de sa collection de perceptions, de quelque ordre qu'aient été ces dernières. Or, dans ce bilan perpétuel, tout s'intègre et tout s'analyse. Si bien que, tôt ou tard, apparaîtra une impossibilité à réparer certains dégâts de quelque nature qu'ils fussent. Et Joseph pourra estimer, alors, avoir manqué, irrémédiablement, de tel ou tel ingrédient qui l'eût fait différent, de telle ou telle manière. Ce manque peut être localisé et perçu, ou bien être diffus, imperceptible et non identifiable. Il peut être rapporté à telle cause précise ou à telle autre, ou même à pas de cause du tout, et être ressenti cependant. Mais il a toujours pour caractéristique de relever d'un ratage impossible à reprendre, quoi qu'on puisse faire et aussi loin qu'on puisse aller. Et il surviendra toujours et sans la moindre exception chez tout un chacun et quelles que soient les précautions, même les plus méticuleuses et les plus achevées, qui auront été prises pour en éviter l'occurrence. À l'examen minutieux de ce constat, on peut prendre acte du fait que cette expérience de ratage, constitutive de chaque individu, est la condition qui permet à cet individu de se percevoir différent, ne serait-ce que de ses parents, et d'avoir un bout de conscience de lui-même. Or, c'est la réparation de ce ratage qui mobilisera le plus son énergie. Mais, comme ce qui a été fait est fait, et que le temps qui court ne permet pas de revenir en arrière, ce que chacun ne peut pas ne pas savoir, le désir de réparation persistant très vif, c'est vers l'avenir qu'il se tournera. L'enfant qui est une promesse pour tout individu, allant jusqu'à être inscrit dans son matériel corporel de départ, l'enfant viendra un jour pour que sur lui, et par lui, se fasse cette réparation.

Ce fait permet de lester tout enfant, quelles que soient les conditions dans lesquelles il survient, de cette potentialité réparatrice. C'est même probablement la définition la plus aiguë et la plus précise qu'on puisse donner de son statut. Il n'y a pas d'exception à cette règle et on peut en recueillir la preuve formulée, régulièrement et avec une grande facilité, aussi bien auprès des parents banals qu'auprès des parents homosexuels, des parents d'enfants nés par IAD ou des parents adoptants.

Or, contre l'existence de cette dimension, contre la nature de cette dimension, le contexte social ne pourra rien. Il ne pourra jamais rien même s'il s'évertue à changer les mentalités, à modifier l'ordre des priorités ou à instaurer le culte du plaisir après avoir solidement assis celui du besoin. Même s'il instaure l'exploitation de la grossesse masculine, il ne pourra pas supprimer cet obstacle. Sauf à devoir accélérer la production d'enfants en batterie, il ne pourra jamais ignorer que le désir d'enfant est strictement impossible à régenter.

D'autant que rien ne produit, chez l'humain, quelque chose d'aussi violent, d'aussi impétueux, d'aussi sidérant que la rencontre avec son enfant.

Car, cet élément doué de potentialités réparatrices une fois là, tout parent se trouve soumis à l'extraordinaire mobilisation et à la prodigieuse modification que sa seule présence entraîne. Avec ses forces neuves, son énergie considérable et intransigeante et son immense pouvoir qu'il met dans la balance, il est comme un trait au bas d'une addition. Un trait qui exige obstinément et sans relâche que s'apurent les comptes et qu'un chiffre s'inscrive au bas d'une colonne, pour lui servir de point de départ d'une aventure qui devra le définir et dans laquelle, tôt ou tard, surviendra... un ratage. Or, cela, même à l'ère des puissants ordinateurs, demeure d'une facture artisanale qui remet en cause tous les choix et les inscriptions des parents toujours étonnés et qui mettent longtemps à revenir de leur étonnement, s'ils en reviennent jamais.

On peut le voir en acte dans l'histoire suivante.

Savoir ou ne pas savoir à quel sein se vouer

Clotilde est un tout petit bébé de deux mois que je n'avais vu qu'une fois seulement auparavant.

Elle est dans les bras de sa mère, assise face à moi, à ma gauche, de l'autre côté du bureau. Son père, lui, est à la gauche de son épouse. Ses deux frères âgés de neuf et de cinq ans sont là aussi. Ils traînent, ils se baladent, ils s'occupent comme ils peuvent. Ce qu'ils ne cesseront d'ailleurs de faire, tout au long de la consultation, ne s'arrêtant que par instants, jamais au hasard et avec beaucoup de présence d'esprit, toutes les fois que la tension atteindra un seuil insupportable.

En effet, Clotilde n'est qu'une bouche, une grande bouche, une immense bouche ouverte et qui hurle et hurle, sans le moindre répit. Elle n'a pas plus tôt épuisé un souffle qu'elle en reprend un autre pour recommencer, encore et encore plus fort. C'est insupportable à l'oreille et ça finit par induire en chacun de nous un véritable malaise physique. Comme si, à chaque fin d'une séquence de pleurs, on se retrouvait soi-même essoufflé. Elle est ainsi depuis la veille au soir, m'apprend sa mère dont le visage est marqué et les paupières alourdies par le manque de sommeil et les larmes silencieuses mais intarissables. Clotilde pleure, donc. Absolument inconsolable. Tout a été tenté, mais rien ne semble pouvoir la calmer. Et, signe le plus frappant et le plus préoccupant aussi, elle a refusé et refuse obstinément toute alimentation. Or, jusque-là, elle avait pris principalement le sein et tout s'était bien passé.

Bien sûr, les hypothèses diagnostiques se bousculent en moi. Mais, avant même que je n'aie eu pris la peine de les vérifier, je sais que je ne pourrai en retenir aucune. Non par l'effet d'un quelconque *a priori*, mais parce qu'il manque, dans le récit qui m'a été fait, une série de petits indices fidèles et révélateurs. Et aussi parce que je fais confiance aux facultés d'observation de cette mère qui en est à son troisième enfant et qui, de surcroît, connaît parfaitement les bébés puisqu'elle est puéricultrice dans un service hospitalier.

Je sacrifie, cependant, rapidement au rituel de l'examen médical. Et, comme je m'y attendais, je ne trouve rien d'anormal. Strictement rien.

Clotilde n'a pas arrêté et n'arrête toujours pas de hurler.

Elle est rhabillée et chacun regagne sa place.

Pour essayer de trouver un bout de piste dans une situation absolument incompréhensible, je demande à la maman de donner le sein devant moi. Elle essaie. Sans conviction, mais avec beaucoup de bonne volonté, d'un côté puis de l'autre. Les seins sont gorgés de lait et quelques gouttes viennent au mamelon. Je propose à la mère d'introduire, au besoin de force, le mamelon enduit de ces gouttelettes dans la bouche constamment ouverte par les cris, espérant ou souhaitant que le contact du lait avec les papilles gustatives provoque un quelconque réflexe capable de briser ce véritable cercle vicieux.

Échec.

Rien. Pas le moindre progrès.

La situation est strictement incroyable.

Je n'en ai pas rencontré de similaire en vingt ans d'exercice. Car, à la paix habituelle qui émane du spectacle d'un bébé qu'on nourrit, fait place l'image du plus violent, du plus radical, du plus incompréhensible et du plus mystérieux des conflits.

Clotilde continue de hurler, elle refuse aussi bien le mamelon que les gouttelettes. Elle rejette sa tête en arrière. Je la vois de profil, avec ce curieux nez déjà busqué qui la fait tant ressembler à son père. Sa mère, au comble de l'accablement, pleure un peu plus elle aussi, mais en silence.

Je suis perplexe. Je ne sais pas quoi faire et pourtant je me sens contraint de faire quelque chose. Je vais donc chercher un biberon. Et je me lance dans une série de manipulations complètement désordonnées, mais toutes destinées à explorer, sans en négliger une seule, les différentes possibilités. Je mets, d'abord, simplement de l'eau dans le biberon. Puis j'y ajoute du sucre. J'essaie ensuite avec du lait. J'essaie de faire donner chacun de ces différents biberons par la mère, ensuite par le père. J'en appelle même aux deux frères. Je finis par essayer moi-même après avoir constaté ces échecs répétés, parce qu'il me fallait épuiser les termes de ma folle combinatoire. Les réactions de Clotilde ne varient pas. Elle ne fait aucune discrimination. Elle continue de hurler, plus ou moins violemment selon la manière dont on s'y prend ou ce qu'on cherche à lui faire faire. Elle gigote, tourne la tête, évacue la tétine qu'on cherche obstinément à lui mettre en bouche. Et, quand, par hasard, un peu de liquide lui a coulé dans la bouche, elle tousse à s'en étouffer au point que le responsable de la maladresse est contraint de la mettre tête en bas et de la tapoter dans le dos pour lui faire recouvrer le souffle.

Une série de scènes identiques se succèdent qui ressemblent à des tentatives répétées et forcenées de viol sur un être qui se défend vaillamment et avec une inépuisable énergie, nous mettant tous autant que nous sommes dans une position d'indicible culpabilité. C'est ce que je ressens moi-même. Mais c'est aussi ce que je peux lire sur les visages et jusque dans les regards tristes et navrés des frères.

Les pleurs de la mère ne cessent pas de le dire, mais n'y mettront pas plus de commentaire que d'autres mots. Le père, penaud, avoue ne rien y comprendre. Or, ce n'est pas n'importe quel père. Je le connais depuis neuf ans et c'est un père qui m'a beaucoup appris. Devant quelque problème que nous ayons rencontré jusque-là, cet homme avait toujours eu de grandes qualités de jugement et de clairvoyance et de non moins grandes facultés de décision. Là, sur-le-champ, il n'avait qu'un regard inquiet. Il hochait la tête et ne savait rien faire d'autre que caresser, de temps à autre, les cheveux de son épouse, dans un geste d'impuissance et de compassion. Tout comme les deux frères qui, je l'ai dit, cessaient parfois leurs jeux pour venir faire un baiser discret à Clotilde ou à leur maman.

C'était un désarroi énorme, généralisé et monolithique. Il était impossible d'égrener le moindre discours. Ou bien seulement des banalités. Tout au plus des questions futiles qui ne recevaient que des réponses sans grand intérêt.

Moi-même, entérinant la faillite de mes moyens, je n'avais rien à proposer. Et je vivais mal cette situation d'échec médical. Alors, j'ai dit que ce n'était probablement pas très inquiétant, puisque les diagnostics organiques avaient été écartés, et j'ai ajouté que la maman pouvait peut-être revenir seule reparler de tout cela.

Elle n'est pas venue.

Elle n'est pas revenue, alors que je l'attendais, pas plus le lendemain que les jours suivants.

Elle est revenue, à la visite habituelle, le mois d'après. Seule avec Clotilde.

Elle a commencé par me dire qu'au sortir de ma consultation, dans la voiture, Clotilde s'était assoupie. Au réveil, à la maison, elle avait accepté de prendre le sein. Et, depuis, tout était rentré dans l'ordre.

Je crois que rien autant que ces effets à l'allure thaumaturgique ne peut avoir le don de frustrer et de mystifier. On devine dans quel état je pouvais être. Mais, avec cette maman, ma relation était très ancienne. Alors elle a trouvé très vite le ton pour me dire son malaise.

« Je ne sais pas où me situer, puéricultrice ou mère ? J'en ai marre ! J'en ai marre ! J'en ai d'autant plus marre que mon mari ne cesse pas de me dire combien Clotilde est bien à lui. Vous-même, vous avez été frappé de leur ressemblance. Et nos copains pour me charrier me demandent toujours des nouvelles de Denise (le père s'appelle Denis). Ça a été exactement pareil avec les deux aînés. Le même cirque, le même cinéma, la même salade. Bon ! Je me disais, ce sont ses garçons, après tout pourquoi pas ? Mais, là, c'est une fille, et je me disais qu'avec une fille je pouvais peut-être avoir quelque chose de bien à moi. De bien à moi. Quelque chose qui serait tout comme moi. Total, je n'obtiens rien, je n'ai rien. Mon mari, mais aussi mes fils se la disputent à qui mieux mieux. Et le bouquet, vous ne savez pas, le bouquet, c'est mon père. Mon père, il en est fou. Il en est totalement fou. Il n'a jamais été comme ça. Il vient la voir tous les jours, et, dès qu'il est là, il se l'accapare, il n'y en a plus que pour elle. Il la change, et lui donne même parfois le biberon. D'ailleurs, tout le monde trouve ça naturel. Tout le monde sauf moi. Parce qu'il n'a jamais été ainsi avec les grands. Et aussi parce que, pendant que j'étais enceinte, il m'a demandé, si j'avais une fille, de lui donner le prénom de ma sœur morte.

« Oui, j'ai eu une sœur, une seule sœur, elle avait cinq ans de moins que moi, et elle est morte. Elle avait dix-sept ans. Elle avait quelque chose à la tête. Une tumeur au cerveau.

« Bref ! Je n'ai pas voulu. J'ai refusé tout net. Il a paru peiné, mais il n'a rien dit, et moi j'ai tenu bon. Mon mari, lui, ça lui était égal, parce que, ce qu'il souhaitait, c'était que nous ayons un troisième enfant. »

Je l'interromps :

« Savez-vous si votre mère vous a allaitées toutes les deux ?

— Non, moi, elle m'a allaitée. Mais pas ma sœur. Parce que ma sœur avait eu des problèmes à la naissance, elle avait inhalé du liquide amniotique et avait dû être hospitalisée immédiatement. »

Il n'est pas utile de pousser plus loin ce bout de l'histoire de Clotilde. Tant il peut paraître évident, à la lumière de ce récit, que Clotilde hurlait une forme de « qui suis-je ? » à une mère qui ne pouvait absolument pas lui répondre.

N'est-elle pas impressionnante, l'énergie de ce tout petit bébé ? Et était-elle aussi gratuite qu'on pourrait vouloir le croire ? Clotilde, à sa manière, dans son style, avec les moyens commandés par les éléments de son histoire, hurle et exige. Elle exige tant qu'elle finit tout de même par faire parler sa mère comme elle l'a fait. Et il faut comprendre que cette mère n'aurait certainement rien pu dire de tout ce qu'elle m'a dit si elle ne se l'était pas déjà dit à elle-même. Et, sans doute dès la fin de la première consultation. Or c'est, précisément, ce qui peut s'imaginer comme un trait sous une addition. La mère de Clotilde est contrainte de tracer ce trait, de commencer à additionner. D'abord, la colonne des unités : elle, mère et puéricultrice ; puis son mari ; puis ses garçons, puis son mari et ses garçons réunis ; puis Clotilde et son mari que tout le monde, sauf elle, veut étroitement réunir. Et là, il y a une retenue. Cette fille, elle veut la garder pour elle, comme quelque chose à elle. Parce que, à la colonne d'à côté, celle des dizaines, celle de l'autre génération, il y a le grand-père de Clotilde qui dit à sa propre fille enceinte : « Redonne-moi ma fille morte. » En contrepoint, elle oppose son refus qui pourrait s'exprimer ainsi : « Je veux avoir une fille dont je serais la mère, tout comme ma mère qui reste muette ne cesse pas d'être ma mère. Et je ne veux pas laisser Clotilde devoir un jour affronter une demande de Denis qui serait équivalente à celle que m'a faite mon père. » Parce que cette demande du grand-père vient comme rappeler à la mère de Clotilde qu'il ne peut pas ne pas y avoir de lien entre son propre choix professionnel et le destin de sa sœur morte, qui avait été hospitalisée dans l'établissement même où aujourd'hui elle exerce. Le tout étant porté et rendu moins clair encore par l'homophonie des mots tels que *tète* et tête, *tumeur* et *tu meurs*.

Clotilde, pendant cette courte journée, reçoit en condensé toute l'angoisse maternelle générée par le fait que ce débat se trouvait en suspens et avait été exacerbé par l'insistance que tout le monde, Denis y compris, mettait à vouloir conjoindre Clotilde et son père. Elle se trouve indécise et en attente. Prendra-t-elle le risque de téter un sein si nouvellement chargé ? ou bien le biberon, entr'aperçu, soudainement, comme singulier ? Tout cela est bien trop menaçant. Elle ne prendra rien. Elle ne peut rien faire d'autre que d'exiger, à sa manière.

Et elle parvient à obtenir un résultat.

Elle y parvient comme y parvient tout enfant quel que soit l'âge auquel survient et se fait sentir, de la manière la plus aiguë, la nécessité de faire tracer un trait puis de faire procéder, artisanalement, à l'addition des chiffres des différentes colonnes.

Il va sans dire que cette métaphore n'exclut pas les difficultés ou les impossibilités. Jonathan, par exemple, a fonctionné quelque temps avec un résultat partiel et précaire qu'il a fait remettre en cause dès qu'il l'a pu. Quant à Frédéric, il n'a jamais réussi à faire prendre à ses parents le moindre crayon ni à leur faire faire l'ébauche de la moindre addition.

Quand un trait se tire et qu'un résultat, même hâtif, même faux, s'inscrit, l'enfant, qui grandit et apprend les rudiments des lois mathématiques (merveilleux Joseph !), mettra une véritable obstination à vérifier et revérifier sans cesse l'addition parentale. Ça fait partie de son génie et de ses immenses vertus de réparateur. Il y parviendra tôt ou tard, pour peu qu'il rencontre du côté de ses parents autre chose que de la surdité, autre chose que de l'agacement, autre chose qu'une adhésion massive et une disponibilité suspecte et sans bornes aux mots d'ordre ambiants, mais cet ingrédient tout simple qui s'appelle l'amour.

Pour peu qu'il ne rencontre, hélas, qu'un renvoi têtu au seul culte d'un besoin dont la satisfaction est réputée devoir et pouvoir tout résoudre, il finira par sombrer. Il ne prendra plus la peine d'apprendre ou de vouloir même esquisser la moindre addition. Frédéric deviendra un producteur à qui sa fortune permettra de se trouver, dans tous les sens possibles d'une expression hautement bienvenue, à l'abri du besoin. Peut-être ira-t-il, dans le meilleur des cas et par l'effet d'un hasard de rencontre, devenir un porte-sperme anonyme pour un utérus d'un soir. Mais on l'imagine mal veillant à répondre à l'exigence d'un petit enfant qu'il aura fait seulement pour que le contexte social en soit satisfait et qu'il puisse s'en occuper avec le luxe des moyens dont il dispose.

Quand l'univers ambiant charrie vers le couple parental les seuls mots d'ordre d'un contexte social qui a fixé ses objectifs de la façon que nous avons vue, il ne faut pas s'étonner que ce couple rencontre dans son aventure de parentalité l'étonnement, la sidération et une forme d'indicible terreur. Quand l'enfant, fidèle à sa vocation de réparateur infatigable des ratages parentaux, se manifeste et fait procéder aux reprises de l'histoire, le couple parental ne sait plus où il en est. Il se trouve soudainement confronté à deux ordres opposés d'arguments, dont on sait maintenant le potentiel perturbant : d'une part, cette rumeur qui dit que « tout est possible » et prône la seule foi dans le tangible et le véritable ; d'autre part, cet enfant qui fait entendre, dans chacun de ses cris, dans chacune de ses plaintes, dans chacun de ses geignements, que rien d'important n'est tangible ou vérifiable, que l'essentiel est perceptible d'une tout autre manière, que le symbolique jalonne l'histoire et qu'une addition doit s'effectuer, au bas des colonnes en souffrance, pour apurer les vieux comptes. Le couple marque le pas, regrette presque, déjà, d'avoir un peu hâtivement quitté son confort douillet pour une aventure dont il n'avait pas soupçonné l'ampleur et jure — « mais un peu tard » — qu'on ne l'y reprendra plus. Pour peu que, de nouveau, les mots d'ordre ambiants reviennent à son oreille, c'en sera fait de lui. Il ne lui restera plus qu'à se faire sourd définitivement aux mots d'ordre incitatifs, à prendre le contexte social au mot, et à laisser le contexte social « s'occuper du reste ». Ce qu'il fera, comme on le sait, comme on commence à le savoir !

Comment faire savoir à ce couple que la seule manière de sortir de l'ornière, c'est de dénoncer efficacement l'ordre menaçant du culte du besoin, en demeurant sans cesse vigilant au seul impératif de l'addition ?

Ce n'est, bien sûr, pas une petite affaire qui se fait au hasard.

C'est un travail qui nécessite que soient éclairés des faits pervertis et depuis longtemps déjà déclarés insolubles.

Des faits qui concernent, au premier chef, ce couple lui-même.

Ce couple qui a fait et qui continue, encore pour quelque temps, de faire des enfants.

Ce couple à la dimension duquel un pédiatre ne peut pas ne pas être sensible.

Cinquième partie

DE L'ENFANT AU COUPLE

Pourquoi faut-il que mon partenaire de couche me soit plus précieux que mon père et ma mère ?

(Aphorisme
du folklore judéo-libyen.)

Vouloir susciter, dans un champ aussi étroitement défini que celui du couple, une curiosité ou un intérêt, cela tient, aussi légitime et prometteur que puisse sembler le projet, du pari fou si ce n'est de l'acrobatie gratuite ou de la gageure. N'est-ce pas d'ailleurs déjà trop tard et irrémédiablement inscrit à contre-courant des promesses d'une biologie qui croit pouvoir s'autoriser de ses triomphes insolents pour vouloir fonder de nouvelles et séduisantes idéologies ? Et quand, de surcroît, pour relever le défi, on prétend ne faire appel qu'à l'observation de l'enfant et à ce que pourrait en retirer le pédiatre, cela n'affleure-t-il pas purement et simplement la provocation ? Car cela ne revient ni plus ni moins qu'à déborder les malheureux médecins d'enfants en les créditant abusivement de potentialités dont ils ne soupçonnent pas même pouvoir disposer. Et on imagine ce qu'une telle prétention peut générer d'angoisse ! Comment, en effet, de malheureux médecins, avec pour seul recours les armes rudimentaires que sont leur clinique et leur sensibilité, pourraient-ils réfléchir, affronter ou aborder un territoire qui a malmené les volontés les mieux accrochées et dont leur formation, pour des raisons sans doute parfaitement valables, les a tenus si soigneusement à l'écart ? Et quelle serait donc la signification du travail qu'ils ont accompli jusque-là, éloignés de ce genre de préoccupation ? N'ont-ils pas été, pourtant, suffisamment efficaces tout en s'étant tenus parfaitement à distance des subtilités qu'on viendrait, subitement, leur faire miroiter comme un prétendu *nec plus ultra* de leur art ? Que pourrait vouloir dire une remise en cause aussi radicale de leurs options professionnelles traditionnelles ? N'auraient-ils pas toutes les raisons, pour éviter de compliquer une tâche déjà difficile, de rejeter ces curieuses interrogations, de s'en défier et de s'en écarter rapidement ?

Si vraiment il pouvait y avoir une quelconque relation entre la dimension du couple et l'état de santé d'un enfant, n'y aurait-il pas belle lurette que cela se saurait ? Les cycles de formation continue ne s'en seraient-ils pas déjà émus au point de s'en faire largement l'écho ? Qu'il puisse y avoir, autour de l'enfant, des secteurs spécifiques, ceux de la santé mentale par exemple, qui se sentiraient interpellés par ce genre de soucis, cela ne peut qu'aller de soi. Mais c'est une tout autre affaire ! Alors, de là à extrapoler au destin de l'enfant tout entier ce qui s'admet pour un secteur aussi restreint, cela ne demande-t-il pas à être plus sérieusement étayé ? On ne peut pas prétendre faire école en se contentant d'assener de simples affirmations, même si ces affirmations peuvent troubler et ressembler à s'y méprendre, parfois, à une séduisante intuition.

En effet, cet ensemble de réticences est parfaitement compréhensible. Car, à vouloir aborder la dimension du couple, on ne peut que se sentir immédiatement écrasé par l'extrême complexité sous laquelle elle se présente. N'y a-t-il pas toutes sortes de couples ? Comment les appréhender, les classer, essayer d'en trouver la moindre modalité d'approche ? On ne dispose d'aucun schéma conducteur, on ne sait pas quel exemple choisir pour commencer, ni même comment commencer. Qu'est-ce qui pourrait unir dans une même catégorie le couple des parents de Benoît-Fermton, celui des parents de Frédéric ou de Jonathan ou bien encore ceux des autres enfants qui ont défilé tout au long de cet écrit ? Ils ont, certes, exprimé des soucis, des préoccupations, des désirs ; mais chacun à sa manière. Ils ont signifié les projets ou les embryons de projets qu'ils pouvaient avoir pour leurs enfants ; mais par leurs mots propres. Ils ont dit leur manière de s'inscrire dans un contexte ambiant au crédit duquel, souvent, ils ont versé les motivations de leur comportement ; mais toujours d'une façon singulière. Cela permet-il d'élaborer la moindre classification qui puisse les apparier, les opposer ou les différencier, introduire dans leur abord une quelconque logique ou un semblant de méthodologie ? Certes pas. Et, tout ce qui pourrait se dégager d'un réexamen des différentes histoires, c'est la spécificité de chacune et son impossible assimilation à la précédente ou à la suivante. Alors, comment, sans trahir son matériel, pourrait-on prétendre élaborer un semblant de théorie qui aille d'un particulier aussi spécifiquement marqué à un général aussi étendu que flou ? Comment croire pouvoir apporter la moindre lumière dans ce que des générations de poètes, de philosophes et de littérateurs se sont épuisées à tenter d'analyser, toujours en vain ?

Il me semble manquer à un travail rigoureux dans ce domaine une ligne conductrice, une sorte de piste, une vision minimale qui puisse en rendre compte tout en distribuant, sans les dénaturer, les variations infinies autour d'un corpus central qu'elles constitueraient.

Ce n'est évidemment pas un petit écueil, mais il n'est pas absolument insurmontable. Il semble, à cet égard, qu'on pourrait prendre appui sur ce qu'enseigne la pratique avec l'enfant. Autrement dit, se cantonner obstinément à n'aborder la dimension du couple parental que par le biais des difficultés dont le corps de l'enfant se fait le témoin à l'insu même des protagonistes. Et poser ce choix d'orientation comme une hypothèse, quitte à avoir à la vérifier et la conforter, ou à la démentir et la rejeter. Cela permettrait, au moins, d'apporter une unité certaine dans la conduite de la réflexion qui se réduirait à devoir traiter principalement de la nature et de la cause des difficultés rencontrées sur le corps de l'enfant. Et cela pourrait prendre la forme d'une hypothèse qui pourrait s'énoncer de la façon suivante : toute atteinte de l'intégrité du corps de l'enfant ou de son psychisme renverrait d'une manière ou d'une autre à une difficulté du couple de ses parents. Inversement : il pourrait exister des conditions existentielles idéales du couple parental qui mettraient l'enfant de ce couple à l'abri de toute altération du bon fonctionnement de son corps ou de son psychisme.

Il va sans dire qu'on risque, à vouloir développer par le détail cet aspect des choses, d'avoir à s'engouffrer dans une voie qui nécessiterait à elle seule la rédaction d'un ouvrage entier, si ce n'est de plusieurs [8]. Ce qui, bien sûr, n'est pas ici, on s'en doute, une préoccupation prévalente.

Mais, sans se lancer dans une entreprise aussi considérable, on peut se contenter de revenir simplement sur des faits parfaitement acquis et suffisamment démontrés. Se souvenir par exemple de la physiologie du tout-petit. Se remettre en mémoire le fait qu'il est un être de sensorialité qui est capable de recueillir, avec une extraordinaire acuité, des sensations infimes de ce qui l'entoure. Que tout est porté vers lui par la voie singulière que sont les gestes qui s'y appliquent, lesquels gestes ne sont pas contrôlables par qui les effectue et portent sans la moindre nuanciation l'intégralité de ce qui se sent ou se pense sur l'instant par l'effecteur lui-même.

On conçoit, dès lors, qu'entre les exigences brutes et monomorphes du tout-petit, d'une part, et ce qui lui est offert, d'autre part, il puisse y avoir parfois un divorce ou une certaine inadéquation. Ne serait-ce que par ce qui peut interférer de distraction, de fatigue, de soucis ou plus prosaïquement d'indisponibilité de la part de l'adulte qui l'a en charge.

Si on pousse un tout petit peu la complexification du schéma, on peut imaginer à quoi peut conduire l'existence de contraintes encore plus intolérables chez chacun des partenaires du couple. Dans le cas de Benoît-Fermton, par exemple, la narration par sa mère, dès la première consultation, des conditions dans lesquelles elle avait fait cet enfant lui avait permis de surnommer son enfant et d'établir avec lui une forme de pacte tacite et serein. Cela a permis aussi à la vie, dans les premiers mois, de se dérouler sans anicroche. C'est seulement quand les parents se sont fourvoyés dans une impossible impasse pécuniaire que les troubles majeurs de l'enfant sont apparus. Qu'on revienne à l'analyse que j'en ai fait, un peu tardivement peut-être, on ne manquera pas d'être frappé de l'enchaînement logique des faits et des symptômes.

Il va sans dire, et cela ne demande pas de démonstration particulièrement appuyée, qu'il existe une forme de proportionnalité entre l'intensité des manifestations d'un enfant et la violence des contraintes qui s'exercent sur chacun des partenaires de son couple parental.

Or, ces contraintes ne sont pas seulement monnaie courante dans la vie des couples, elles sont la règle même de cette vie de couple. Et je m'avancerai jusqu'à affirmer que leur absence totale serait préjudiciable aussi bien à l'existence du couple lui-même qu'à la bonne santé de l'enfant. Je conçois, volontiers, que cette affirmation puisse paraître provocante, paradoxale ou en contradiction avec les termes de l'hypothèse que j'ai forgée. Ce n'est que parce que les conditions existentielles n'auraient rien à voir avec une bonne entente supposée nécessaire et que le leurre de cette bonne entente éternelle a la vie dure et se trouve destiné, soutenu de la sorte, à ne pas cesser de devoir produire des dégâts.

Il suffit, pour s'en convaincre, de jeter un œil sur la façon dont, à poursuivre et vivifier ce leurre, le contexte social n'a fait qu'aggraver la situation.

Il y a quelques générations, par exemple, sous nos latitudes — mais c'est encore le cas aujourd'hui, dans certaines civilisations ou certaines aires géographiques —, le mode de constitution des couples pouvait, à lui seul, expliquer la fatalité des mésententes profondes. Les candidats à l'union ne faisaient connaissance l'un de l'autre qu'une fois franchie la porte de la chambre nuptiale. On imagine aisément aujourd'hui que des conflits pouvaient se créer, se nourrir et s'entretenir sur ces seules conditions, une vie durant. Mais le génie humain, qui a su convenir de l'erreur commise, a procédé à la correction nécessaire et progressive des mœurs et des stratégies matrimoniales. Le temps n'est plus à ce mode de fabrication, arbitraire autant que réputé générateur de catastrophes, des cellules familiales. Aujourd'hui, et presque partout, les partenaires libres, autonomes, conscients et responsables exercent leur choix dans une indépendance jalouse et avec un discernement dont ils ne peuvent que s'arroger le mérite. Elles sont définitivement révolues, ces notions archaïques de fortune, milieu, tradition, religion et autres billevesées qui non seulement ne présentaient comme conditions à respecter, mais allaient jusqu'à s'imposer comme essentielles et impossibles à ignorer ou à contourner sous peine de mettre en grave danger l'édifice social qu'elles soutenaient. Les notions d'ascendance, de descendance, d'appartenance, de clans, de familles ou de belles-familles ont également été remisées au rancart et l'ensemble de ce paysage contraignant n'est plus que littérature de musée.

De nos jours, les partenaires, de plus en plus jaloux de leur autonomie et complètement imperméables à l'idée que quelque chose puisse transiter par le filiage ou la succession des générations, se présentent leurs familles mutuelles comme elles se présentent d'autres copains et d'autres connaissances. D'ailleurs, cela peut-il revêtir la moindre importance quand les mêmes familles ont vu, le plus souvent, défiler sous leurs toits une série de personnages et de relations avec lesquelles le même comportement, les mêmes gestes, la même attitude libérée était de commande, et que rien ne pouvait distinguer les uns des autres ? C'est qu'il est moins que jamais question de retomber dans le travers d'une quelconque sacralisation, à l'époque d'une liberté enfin conquise sinon recouvrée — comme si elle était une donnée immédiate de ce que serait une sorte de « nature humaine » posée tacitement et mystérieusement comme ayant toujours existé ! — et définitivement dépoussiérée des notions surannées qui en bridaient l'accès. Non ! Les parents ou la famille, ce n'est ni plus ni moins qu'un bout — et rien d'autre — de cet immense décor périphérique duquel on a décidé courageusement de s'isoler, dès lors que le choix du partenaire est venu signer, non pas seulement une renaissance et une impulsion vers d'autres horizons à conquérir, mais une véritable nouvelle naissance, une redéfinition radicale et autarcique de tous les secteurs optionnels. Les inclinations entérinées par un discernement novateur sont les seules qui soient à la hauteur de la gravité de cet acte. Acte de choix. Acte désigné comme fondateur. Fondateur d'un ordre sans autre interférence que le désir parfaitement conscient des seuls protagonistes qui l'assument. Autrement dit, acte éminemment politique puisque censé être suffisamment éclairé et strictement conforme au résultat imposé par l'analyse de toutes les données en présence. Acte courageux et généreux, enfin, de ne contraindre personne et de libérer chacun des deux partenaires.

Acte enfin promis au plus bel avenir quand tout un consensus le soutient et le promeut, quand une époque et un contexte social y reconnaissent l'application de leurs plus nobles conquêtes et la plus belle d'entre toutes : la clairvoyance. Plus personne ne se laissera prendre, désormais, à la fascination trompeuse de ces hochets ridicules qu'on affublait de l'étiquette ronflante de « valeurs » et qu'on agitait pour mieux asseoir les systèmes de pouvoir et d'aliénation. Il n'y a plus de fées au chevet des nouveau-nés et encore moins de marraines pour nos cendrillons contemporaines. Le prince charmant est celui-là qu'elles auront su discerner comme tel et qui, lui, n'a même plus à se chercher l'excuse d'une quelconque pantoufle de vair. Tout se passe au grand jour, seul éclairage capable de tordre le cou à l'illusion trompeuse entretenue par les contes et les légendes autant que par tous les systèmes qui y ressemblent à s'y méprendre. Alors, c'est encore au grand jour qu'on décide de procéder à une sorte de galop d'essai, de tester la validité des inclinations pour ne pas avoir à se rendre compte, toujours un peu trop tard, qu'on s'est fourvoyé. On va jusqu'à cohabiter préalablement au vu et au su de chacun, toujours majeurs, responsables, autonomes, éclairés et cohérents. On peut même décider, comme étape ultime du courage que l'on a à s'extraire des valeurs dont chacun est revenu ou revient, d'en rester là. S'imposer le luxe ultime de la précarité librement et mutuellement consentie, n'est-ce pas venir, ponctuellement et sans relâche, interroger la validité d'un choix dont la violence initiale pourrait se trouver entamée par le confort moelleux d'une sécurité abrutissante et propice à laisser le quotidien en user les déterminants ? Que ferait-on d'une cérémonie de mariage qui n'aurait pas d'autre signification que de s'engager publiquement dans une union quand la logique de cette union ne prend pas d'autre référence que le jugement et l'avis des seuls partenaires ? On pourra même décider d'aller encore au-delà, ne serait-ce que dans l'imitation de certains couples phares célèbres, talentueux et diserts : vivre jusqu'au bout des aventures sans lendemain, puis se les raconter jusque dans les plus infimes détails. Histoire de se rassurer, l'un l'autre, sur la solidité de liens que même ces jubilations temporaires des corps ne parviendraient pas à mettre à mal, et de s'offrir, pourquoi pas, le piment éphémère d'un bout d'angoisse violente, temporaire et réputée salvatrice.

Libres. Libres de s'essayer et libres d'aller parfois jusqu'au bout de leur union, nos couples modernes ont hérité de surcroît, il est bon de le rappeler, d'un autre mode de confort pour lequel les générations qui les ont précédés ont milité et ont payé un lourd tribut : leur reproduction est enfin devenue programmable, non contraignante et parfaitement maîtrisée. Ils en exerceront le pouvoir quand cela leur conviendra et seulement à ce moment-là !

L'ensemble de ces considérations n'est pas indifférent. Car, si on a vu, par un cheminement méticuleux et progressif, que le tout-petit, collecteur et sélecteur, se laissait imbiber par son environnement et surtout par l'atmosphère qui règne au sein de son couple parental, on ne peut pas ne pas convenir que le couple est lui-même formé de deux individus doués, même s'ils l'ignorent, de potentialités strictement identiques à celles de leur tout-petit. Collecteurs autant que sélecteurs, eux aussi sont sensibles à l'imbibition de leur environnement qui fonctionne, pour eux, avec encore plus de force qu'ils ne fonctionnent eux-mêmes pour leur enfant. À cet égard, le discours social est, devient et demeure pour eux la source ultime de tous leurs choix. Ne serait-ce que parce qu'ils sont, qu'ils le veuillent ou non, tôt ou tard contraints de s'y inscrire, d'y laisser trace et d'y vérifier la validité de leurs conduites. Bien sûr, il s'en trouvera toujours de plus courageux et de plus novateurs qui voudront dénoncer cette forme de coercition et décideront de se tenir à l'écart des catastrophes qu'elle promet. Le contexte social ne manquera pas, selon la logique d'une politique dont nous avons vu ailleurs l'intelligence et l'efficacité, de donner droit de cité à leur dénonciation, ne serait-ce que pour encore mieux asseoir, derrière ce respect formel d'une certaine liberté, ses propres mots d'ordre.

Et ces mots d'ordre ont fini par produire un couple qui aura pris toutes les précautions pour se fonder à l'écart de toute contrainte qui risquerait d'obérer fâcheusement son devenir. Lequel devenir, grâce à des mesures multiples, saines, claires et efficaces, ne devrait être promis qu'à des lendemains resplendissants, satisfaisants, parfaits et pleins de vie. Pleins d'une vie qui devra se perpétuer sous la forme d'enfants nombreux, libres et autonomes eux aussi, et qui viendront grossir les rangs des militants d'un ordre enfin impeccable, puisque chaque embûche sous leurs pas aura été reconnue, écartée et aura trouvé une solution intelligente et adéquate.

Comment comprendre, dans un contexte qui, même brossé à grands traits, respire la logique, l'ingéniosité et la générosité, que dans le cabinet du pédiatre les indicateurs (pour employer cette notion moderne) en soient toujours au même point ?

Serait-ce qu'il faille un temps de latence, forcément nécessaire quand des phénomènes aussi vastes se mettent en place ?

Soit ! Mais comment expliquer qu'il n'y ait aucune nuance, pas la moindre nuance, entre les débats d'il y a vingt ans et ceux d'aujourd'hui ? que les mêmes mots s'utilisent, que les mêmes arguments reviennent et que l'enfant continue d'égrener, avec les maux de son corps, l'intégralité du non-dit ?

Comment comprendre, aussi, que les générations nouvelles, nouvellement nanties du résultat de ces innombrables conquêtes consenties et applaudies par le contexte social, ne se précipitent pas dans la reproduction, ne fassent que chichement des enfants, cassent les courbes démographiques et mettent en alerte des autorités qui ne savent plus quoi inventer pour arrêter ce qui s'enregistre comme une catastrophe ?

Comment comprendre, enfin, que ces couples, qui ne subissent plus, dans les conditions de leur constitution, la moindre contrainte, se fracturent, éclatent et aboutissent au même résultat, sinon à des résultats plus graves, que leurs lointains prédécesseurs ?

Et si tout ce malaise n'était que la conséquence de la hâte ? De cette hâte avec laquelle, sans chercher à comprendre ce que recèle une question, on va immédiatement y apporter la réponse formelle ? Autre manière de confondre obstinément la demande et le besoin de rester dans un système où règnent uniformément la séduction, le pouvoir et le rendement qui est leur justification autant que leur corollaire.

Il en va de même de cette fameuse dimension du couple à laquelle je prétends qu'en pédiatrie on ne peut pas ne pas s'intéresser.

À chaque problème recensé sur le mode de l'incompréhensible, et s'exprimant sous la forme de la manifestation d'un besoin, il a été immédiatement répondu sur le mode de la stricte satisfaction dudit besoin, sans qu'on ait cherché à discerner une autre forme de réponse qui était peut-être attendue. Comme si le ressentiment, la déception ou la désillusion que l'on craignait de recueillir à ne pas répondre de cette manière facile étaient d'une expressivité beaucoup trop intolérable pour que l'on consente à courir le risque de les affronter. Autrement dit, toute structuration possible qu'eût pu amener pareil affrontement a été réduite à néant par la politique de satisfaction immédiate de ce qui s'exprimait (et s'exprime toujours) en termes de besoins. Et notre civilisation inventive, en ce siècle particulièrement ingénieux, en a tiré les conséquences. La problématique du couple, qui date de toute éternité, et qui n'avait trouvé que des solutions boiteuses ou fort chères, a paru devoir impérativement recevoir sa solution dans les plus brefs délais. Il n'a pas semblé y avoir là, et pas même un instant, de prétention exagérée, mais l'expression d'une prise en compte qu'on a voulu faire passer pour généreuse et responsable. N'a-t-on pas vu, récemment, et de manière aussi caricaturale, la victoire contre le cancer être inscrite au programme du plan quinquennal d'une nation ? En quoi cela est-il plus déraisonnable ?

On s'est donc attelé à la tâche. Dans le mépris et la plus totale méconnaissance de ce qui s'y joue encore et toujours. Et on a suscité des enthousiasmes aveugles qui ne pouvaient pas saisir à quoi tout cela devait aboutir et qui se sont faits, en bonne et dupe conscience, d'ardents prosélytes de solutions effroyablement bricolées.

Or, l'obstination de l'enfant a le mérite de pousser constamment à la remise sur l'ouvrage. Son système de renvoi inépuisable de pourquoi en pourquoi impose de n'avancer que prudemment et seulement après s'être assuré à chaque pas de la cohérence et de la fiabilité de ce qui se découvre et qui ouvrira encore d'autres voies.

Rendons-lui hommage, faisons-lui confiance et astreignons-nous à la discipline qu'il nous désigne comme étant conforme à son génie. Reprenons de la manière la plus élémentaire et la plus minutieuse, de la manière que son exigence nous enseigne, cette dimension du couple. Et essayons d'en dégager ce qui s'y trouve comme permanent et irrémédiablement rétif à toutes les mesures qu'on a cru bon de promouvoir. Peut-être y découvrirons-nous la clef d'autres problèmes aussi mystérieux et aussi aigus.

Pour cela, le recours à la clinique demeure une voie souveraine.

La collision

« ... Ça m'arrivait comme ça, parfois. Je me mettais à déambuler dans notre immense couloir. Sans but. Sans intérêt particulier. Des mètres et des mètres de murs tendus de soie, des dorures, des consoles, des bibelots, des tableaux... Un vrai spectacle ! J'en étais toujours étonné. Je remarquais, chaque fois, quelque détail supplémentaire qui me confirmait que rien n'avait été laissé au hasard.

Au contraire, c'était agencé pour impressionner. Et c'était impressionnant.

Je flânais. C'était ma manière de flâner. Une flânerie personnelle.

Et un soir, allez savoir pourquoi, j'ai entrouvert une porte !

Ça m'a pris comme ça, brusquement. J'ai un peu hésité, d'abord. Je ne sais pas pourquoi, je me sentais mal à l'aise et un peu gêné. J'ai commencé d'abord par me demander si cette porte avait toujours été là. Et même, si elle était là la veille. Je trouvais que je ne pouvais tout de même pas, décemment, me laisser surprendre à ce point. Était-il possible que je sois à ce point demeuré étranger à mes propres lieux ?

Bizarre !

J'ai entrouvert la porte. La pièce était obscure. J'ai eu du mal à trouver l'interrupteur. J'ai allumé. Et j'ai découvert un salon. Ce salon, je le découvrais avec le sentiment de le voir pour la première fois et d'en avoir, jusque-là, ignoré l'existence !

Seize pièces. Notre maison avait seize pièces. Je me surprenais à m'efforcer de ne pas en refaire mentalement la revue. Parce que je n'aimais pas du tout, mais pas du tout, ce que j'étais en train, soudainement, de ressentir.

Alors, j'ai avancé et je me suis mis à faire le tour du lieu. J'ai repéré la cheminée, puis la grande porte-fenêtre du fond. J'ai inspecté les meubles un à un, lentement et sous différents angles. J'ai examiné les lampes, les appliques, puis les tapis.

Petit à petit, je me suis mis à me ressouvenir. Je laissais monter en moi le sentiment rassurant d'une certaine familiarité. Puis je me suis mis à reconnaître un fauteuil, d'abord : nous l'avions acheté au fin fond du pays de Galles. Et puis ce fut le tour d'un coffre. D'autres détails finissaient par me frapper. Une porcelaine, un bibelot. Je les connaissais. Maintenant, j'étais sûr de les avoir vus, de les avoir touchés. Mais j'aurais pu croire que c'était à une vente quelconque... Le tissu du canapé me donnait la pénible impression d'être sorti du fin fond de ma mémoire d'enfant.

Je me suis assis.

Et je suis resté là. Seul. Stupéfait. De longs quarts d'heure.

Soudain, je me suis surpris à rire. Bêtement. Tout seul. Ça a commencé par des petites saccades brèves et répétées, tout doucement. Je cherchais à les réprimer, mais je n'y parvenais pas. Puis c'est devenu de plus en plus fréquent, de plus en plus rapproché. Et aussi de plus en plus fort. Je ne pouvais plus me contrôler. Alors, je me suis laissé aller à un véritable fou rire. Ça a duré un peu. Oh, à peine quelques secondes !

Ça m'a détendu, mais je n'ai pas aimé. Je n'ai pas du tout aimé.

Parce qu'une idée saugrenue avait germé en moi et avait fait son chemin jusqu'à déclencher ce rire. La porte-fenêtre de cette pièce donnait sur l'arrière de la maison. Et je me suis surpris à me dire que, si un camion l'avait percutée, s'il était venu se planter, là, au milieu de la pièce, j'aurais pu mettre des mois et des mois avant de le découvrir !...

Vous comprenez ?

Vous comprenez que j'aie pu en rire ? Et aussi que j'aie pu m'inquiéter de mon rire ?

Jusqu'à cet instant précis où mon rire a éclaté, j'ai toujours vécu sans question et sans gêne dans mon luxe. Je vivais dans la plus extrême des aisances sans même savoir combien cette aisance était extrême. C'était mon lot, ma vie, ma nature, ma seconde peau. Ça avait commencé longtemps avant moi, j'y ai baigné et mes enfants y ont baigné. C'était logique. Mais, seul dans ce salon, je me suis dit que nous les avions élevés dans le confort douillet, dans la soie et le linge fin. Nous les avons servis dans la porcelaine et le cristal et nous leur avons donné la becquée avec des cuillers de vermeil !

Dieu, ce que nous avons pu les gâter ! Encore plus, je crois, que nous ne l'avons été nous-mêmes.

Mais c'est maintenant, c'est maintenant seulement que j'en prends conscience. Ça a bien dû m'effleurer, ce soir-là, mais je crois que je ne me l'étais pas nettement dit. C'est vrai que nous avions des moyens, des moyens énormes. Et que pouvions-nous faire d'autre que les mettre à disposition de nos chères petites têtes blondes ?...

Or, l'autre soir, chez Mona, tout ça m'est revenu en bloc. Tout ce qui avait provoqué mon rire, ce soir-là, et tout ce que ce rire avait fini par produire ! C'était comme si j'avais répété la scène et poussé une fois de plus cette fameuse porte.

J'ai compris tout le temps que j'avais perdu et dans quel désert glacé j'avais vécu. J'ai compris à quoi j'avais passé mon temps, à quoi je m'étais consacré. Et tout ça, ça m'a paru confiner à la pure inanité.

Chez Mona, c'est minuscule. C'est minuscule et simple. Propre, net, ramassé, ordonné. Mais il n'y a pas de lieu qui ne porte la trace de son passage quasi immédiat. Il n'y a pas un coin qui ne lui ressemble, qui ne dise ses goûts, qui ne témoigne de sa présence encore récente. Elle est là ! Elle est là, vivante et vraie, partout. Partout dans tout ce qu'elle a décidé d'habiter. Il n'y a pas, chez elle, de ces coins-réserves frileux et remplis jusqu'à ras bord d'un luxe dont on ne sait ni quand ni à quoi, un jour, il servira ou pourra servir.

Ne souriez pas. J'imagine que vous essayez de me faire comprendre que c'est plutôt difficile d'imaginer pareille chose dans un trois-pièces. Vous pensez bien que je le sais ! Vous savez bien de quoi je parle. Vous avez bien compris que, ce salon perdu, quand j'y suis entré et que tout doucement j'ai fini par y mettre un camion, ce n'est pas pour rien. Ce n'est pas pour rien que j'ai eu cette façon, cette façon-là, d'exprimer mon désir de sa destruction. C'était ma façon, lâche ou ridicule peut-être, mais ma façon à moi, condensée et violente, de détruire tout ce qui dans mon rapport à ma femme me coinçait de cette façon !

Vous pouvez imaginer le cours qu'ont pris, ensuite, les événements.

Je me suis mis à regarder froidement, en face, ce superbe quant-à-soi. Ce n'était que ça, du quant-à-soi, de la maîtrise, du contrôle impeccable. Des conventions à respecter et les plus délicieuses manières pour s'afficher. Pour s'afficher du mieux possible, de la façon la plus efficace et la plus écrasante. Mais ça restait froid, distant, increvable. Oui, c'est cela. Increvable parce que probablement mort, et mort depuis longtemps, peut-être depuis toujours. Et, ce salon désert, c'était comme un coin de sa vie, de ce qu'elle croyait être une vie et vouloir m'imposer, avoir voulu m'imposer comme modèle de vie. Voilà, c'est ce coin que j'ai voulu détruire, faire disparaître. Avec un camion au milieu. Juste pour désigner ce qu'était sa nature, sa vraie nature que j'avais enfin le courage de démasquer, de dénoncer, puis d'écraser sous tout ce poids de ferraille.

Chez Mona, il n'y a rien qui soit tenu à distance du temps présent. Et avec ses enfants c'est pareil. Ils sont là, ils occupent l'espace, ils sont au centre de cet espace. Tout à côté de leur mère. Mais existant dans leur propre personnalité. Ils participent, ils donnent leur avis, ils mettent la main à la pâte, sans s'agiter, sans exiger. Calmes, silencieux et doux.

C'est comme s'ils en étaient redevables au cadre que Mona a construit pour eux et qu'ils s'y intégraient harmonieusement, sans heurt et sans effroi. Surtout sans effroi. Sans cet effroi qui m'a saisi au moment où, ce soir-là, j'ai senti monter en moi ce rire comme une aigre et mauvaise sonnette d'alarme.

Chez Mona, aussi, j'ai regardé. Vous avez bien dû vous en douter. J'ai regardé longtemps et longuement, sans bouger, les fesses coincées au bord d'un canapé tout simple. Je me suis laissé pénétrer de chaque détail. J'ai pris mon temps, tout mon temps. Je me suis souvenu du fameux rire, mais je n'ai pas eu envie de rire. Pas du tout. Pas même de joie. Je me trouvais devant quelque chose de neuf, devant quelque chose que je n'avais jamais connu. Quelque chose dont je ne soupçonnais pas même l'existence.

Et j'étais simplement calme et ravi. J'étais ravi parce que, cette chose que je n'avais jamais connue, eh bien, voyez-vous, en fait, je la reconnaissais. C'est drôle, non ? Vous comprenez ? C'est drôle que j'aie pu reconnaître, de cette façon, ce qui n'aurait dû me sembler que neuf et très étranger !

Pourquoi tout cela m'a-t-il convaincu ? Pourquoi tout cela devrait-il me convaincre ? Vous croyez peut-être que c'est parce que j'aurais tout perçu sur fond de ce que vous pourriez appeler ma déconfiture ?

Peut-être ?

Peut-être que je fais un strict parallèle. Mais sans m'en rendre compte. Au fond, je devais y être déjà prêt... à cause du camion !

Je parle sans passion. Je parle sans amertume. Vous l'avez remarqué ? Non ? En fait, je parle de tout cela en homme..., comment dirais-je ?... en homme fait. Oui, c'est ça, fait. C'est ce que je dis. Et n'essayez pas de me faire croire que j'aurais voulu dire refait. N'allez pas non plus me suggérer que je me sentirais en train de recouvrer des moyens que j'aurais cru avoir perdus. Non, je ne rêve pas. Non, je ne suis pas en train de faire un mauvais procès à la désillusion ou vouloir m'accrocher à une futile illusion. Je ne me réveille pas non plus d'un long et douloureux cauchemar. Je sais simplement où j'étais. Et je sais aussi où je suis et où je peux et je veux aller.

Si je me tâte, c'est simplement à cause des scrupules qui me saisissent. Je me demande, tout bêtement, si j'ai bien le droit d'aller plus loin.

J'ai senti un certain calme me gagner. Mais ai-je le droit de réclamer, de souhaiter qu'il ne cesse pas ? D'accord, j'ai reconnu quelque chose que je ne connaissais même pas. Ça peut passer pour un miracle. Mais, à mon âge, avec mes cicatrices, je ne peux pas me lancer la tête la première juste pour aller grappiller comme un adolescent irresponsable. J'ai bientôt quarante-sept ans et Mona en a douze de moins. Et elle aussi, elle a eu son lot, ses histoires. Elle aussi, elle a ramé. J'imagine volontiers qu'on pourrait repartir, reconstruire, s'aider, se refaire. Mais c'est délicat. Je ne peux pas rester à explorer mon seul vouloir, puisque je sais, en gros, ce qu'il en est. Je ne veux pas qu'il y ait de fausse manœuvre. Je ne veux pas, sous prétexte d'avoir envie et de vouloir m'y vautrer, altérer ce que j'ai vu dans la maison de Mona... Je ne peux pas que prendre, décider de prendre, me contenter de prendre. Le camion dans le salon, j'ai quand même mis des années à le faire rentrer. Ça doit bien signifier quelque chose !

Qu'est-ce que j'ai, moi, de ce salon frileux ? Est-ce que je ne suis pas comme ce salon ? Frileux et relégué, moi aussi ! Peut-être ! Peut-être, après tout, que je ne fais que demander à Mona de pousser la porte, de m'offrir l'obole d'une visite... »

Ne sont-elles pas méritoires, les hésitations de cet homme, richissime quinquagénaire, que je connaissais depuis quelque temps pour l'avoir rencontré accompagnant l'un ou l'autre des enfants de la femme avec qui il envisage de refaire sa vie ? Ce soir-là, quand il a tenu ce monologue, il venait juste régler, seul, une banale affaire de papiers. Ce n'est pas par hasard qu'il a parlé, pas plus que ce n'est par hasard que je l'ai écouté aussi attentivement.

Ses déclarations m'ont, très vite, paru éloignées de cette banale tentative de réassurance qu'on érige habituellement comme précaution nécessaire et préalable avant de s'essayer à une nouvelle union, et qui consiste à vérifier que la condition qui a pu précédemment conduire à l'échec n'est pas présente de nouveau dans le paysage. Certes, il y a un peu de ça dans la mise en relation du quant-à-soi avec la spontanéité et la douceur. Mais c'est perdu dans un ensemble d'une tout autre densité et d'une ampleur exemplaire.

Même à vouloir analyser ou mettre en ordre les éléments de ce long propos, on ne peut pas y trouver grand-chose à reprendre ou à redire. Ça se tient d'une pièce. Les articulations sont logiques et l'émotion, même feutrée, y est bien traduite. Avec ces ellipses et ces clins d'œil solitaires aux pensées qui surviennent et auxquelles on décide de ne pas recourir dans le fil de ce qui se développe.

Cet homme secoué par la fin de sa première et longue aventure conjugale a mis probablement longtemps à la métaboliser, la dépasser, s'en affranchir et parvenir enfin à ce stade où les projets renaissants ne demandent qu'à être mis en forme. Il ne dit rien de ses tentatives, de ses liaisons ou des sollicitations dont il a pu faire l'objet. On peut cependant aisément lui en supposer, ne serait-ce qu'à cause de sa situation de fortune. Mais elles n'ont abouti à rien. Probablement, et c'est lui-même qui nous en donne la raison, parce que jamais il ne s'était trouvé, comme cette fois-ci, impulsé par sa confrontation à « cette chose inconnue » mais dont il dit avoir eu le sentiment aigu de la « reconnaître ».

De quoi parle-t-il, ce faisant, sinon de l'essence même de ce qui prend forme et se noue quand se produit une rencontre, la rencontre, celle qui va fonder un couple ? Cette rencontre qui va marquer, bouleverser, revivifier et donner au partenaire à peine croisé son statut singulier qui, même à être incernable, sera perçu comme nécessaire, même à être surprenant, sera accepté sans réserve, de devoir être pensé comme à jamais indispensable et donner l'envie de poursuivre indéfiniment l'aventure ? Même si nos couples muets et peu diserts ne peuvent pas dire les choses en des termes aussi précis et imagés, il faut bien qu'ils en perçoivent ou en aient perçu la teneur pour justifier la violence de leur mouvement, la jalousie de leur autonomie ou de ce qu'ils pensent être leur liberté.

Mais pourquoi gloser en autant de mots alors que celui d'amour eût dû et eût pu seul suffire ? N'est-ce pas le maître mot qui justifie toute inclination ? Et ne devrait-on pas s'en contenter ? Certainement ! S'il n'avait pas été utilisé à tort et à travers, s'il n'avait pas été bien trop galvaudé et s'il n'avait pas ouvert la porte à tous les excès et toutes les méprises. Mais, à défaut de pouvoir, sans risque, se contenter de nommer simplement le contenant qu'il constitue et qui impose une chape de silence présenté comme courtois et pudique, il faut tout aussi bien recenser le plus minutieusement possible les éléments de son contenu. D'autant que l'entreprise placée sous le signe de l'effort d'une pareille discipline nous en apprendra certainement plus.

« Reconnaître » soudainement. Avoir le sentiment aigu et surprenant de « reconnaître » quelque chose de neuf, d'étranger et dont on est à peu près certain, sinon tout à fait sûr, de ne l'avoir jamais connu, ne voilà-t-il pas de quoi redonner des ailes et l'envie d'affronter le temps, la durée et les vicissitudes ?

N'est-ce pas déjà plus parlant ? N'est-ce pas déjà mieux qu'un simple mot au sens si fréquemment perverti ? On s'y retrouve, on peut au moins comprendre le mouvement, la motivation, et le projet qui y fait suite. Une rencontre de cette intensité, et placée sous ce signe, ça se saisit, ça s'exploite, on se l'approprie et on va jusqu'au bout de ce à quoi elle pousse. À en convenir, on se trouve désormais prêt à mieux comprendre l'intensité qui habite le monologue.

Mais allons-nous nous contenter de cela et de cela seulement ? Ne nous trouvons-nous pas aussitôt autorisés à imaginer, simplistement peut-être, qu'une impulsion similaire a dû nécessairement exister une fois au moins auparavant pour cet homme ? Ne serait-ce que lors de la toute première rencontre avec la femme avec laquelle il a eu des enfants, avec laquelle il a passé, même s'il a fini par la quitter, de nombreuses années ?

Comment et pourquoi cette impulsion d'alors a-t-elle pris naissance ?

Cette fois-là aussi, sans doute a-t-il dû penser, même s'il ne se l'était pas aussi nettement formulé, se trouver devant quelque chose qu'il « reconnaissait sans l'avoir jamais connu ».

Qu'est donc devenue ladite impulsion au fil des années ?

N'a-t-elle fait que faiblir ? Ou bien s'est-elle épuisée sous les coups de boutoir d'un quotidien qui n'a peut-être été, même dans les seize pièces et le couloir chamarré, même avec ce qu'on devine de réceptions, de distractions et de vie sociale brillante, ni plus ni moins que gris, monotone, usant, insupportable et cruel ? Le quotidien n'est-il pas réputé être l'assassin de ce qui naît des rencontres ? Ne l'a-t-on pas assez dit et n'en est-ce pas la meilleure preuve ? N'est-ce pas ce qui fait la fascination pour les aventures renouvelées, montées en épingle par ces formes d'art qui fleurissent dans nos civilisations sous les applaudissements d'un public qui croira toujours pouvoir y trouver aussi bien la réassurance de sa liberté conquise que l'exutoire de sa part de rêve ?

Je ne suis pas le premier, loin s'en faut, à poser ces inépuisables questions. Toute une littérature et bien d'autres manifestations artistiques existent sous toutes les latitudes, dans toutes les cultures et toutes les langues, et se sont essayées à y trouver une bribe de réponse. Quête inutile et vouée à l'échec ? La défaite de l'amour et son cortège d'amertume sont un extraordinaire moteur pour l'art et un excellent sujet qui trouve, dans un public largement atteint, les acheteurs rêvés. Littérature souveraine dans ces périodes de déconfiture et de déception où elle peut permettre d'enclencher ou d'accélérer les processus de désinvestissement ou de deuil. Je n'en produirai pas d'autre, qu'on se rassure. Je me contenterai de poser des questions et de focaliser mon attention sur ces questions pour voir comment elles peuvent se croiser, se nouer et s'organiser pour dessiner un paysage insoupçonné et qui, je l'espère, quoique inconnu, deviendra lui aussi aisément reconnaissable. On devine que, à vouloir sur ce mode provoquer une forme de « rencontre », je doive, moi-même, croire à ses vertus.

Je serai incontestablement aidé, dans ma tentative, par le monologue de notre remarquable conducteur de poids lourd. Car lui ne reste pas à la surface des choses. Il a l'incontestable mérite d'aller au fond, bien plus au fond, derrière, loin derrière les lignes des motifs superficiels et vides qu'on retrouve comme autant d'allégations constantes derrière les rituels « on ne s'entendait pas ». C'est vrai, et c'est là que son cas est intéressant, qu'il était particulièrement favorisé dans l'existence. Il avait tout, bien sûr. Il avait tout pour lui, dans l'acception habituelle de ce genre de locution. Il dit même avoir fini par être anesthésié par ses conditions de vie. Voilà, notons-le au passage, qui ne pourra que détromper pas mal de croyances et qui fera s'effondrer quelques rêves tenaces. Pourvu évidemment comme il l'est, il ne peut pas se chercher ou trouver un de ces motifs conventionnels, banals, hâtifs, instaurés en paravent ou en trompe l'œil. Il ne peut pas parler de conditions de travail, d'appartement trop exigu, de difficultés pécuniaires. Il est coincé précisément à ne pouvoir évoluer que dans ces zones qui rendent son récit si riche d'enseignement.

Il dit que le décor impressionnant et remarquablement entretenu s'est déchiré un soir. Il le dit simplement, honnêtement, en revivant dans son récit et avec ses mots l'intégralité d'une scène dont on ne comprend ni l'organisation ni la survenue. Le décor s'est donc déchiré seulement ce soir-là, sans doute par le plus pur hasard, encore que nous ne sachions rien de ce qui a précédé et quoique nous soyons fondés à penser, à la manière dont se fait la narration, que cette flânerie habituelle aurait pu faire qu'un autre soir... Bref, tout cela s'est produit quand il a eu entrouvert la porte de ce salon oublié.

Et il lui a fallu la confrontation avec cet espace désert pour sentir remuer en lui, remonter en lui tout ce qu'il avait soigneusement su faire taire, probablement des années durant. On ne sait pas comment s'opère la jonction entre le spectacle de ce lieu, désert froid et vide, et sa propre condition, ce qu'il perçoit probablement et soudainement comme sa solitude, son exil en lui-même. Perception suffisamment tenace pour qu'il finisse son récit sous sa référence même (« peut-être que je ne fais que demander à Mona de pousser la porte et de m'offrir l'obole d'une visite »). Son espace perceptuel s'en trouve complètement modifié, son rapport au quotidien, à ses proches, à ses enfants et surtout à sa femme s'en trouve irrémédiablement bouleversé. Au point de rendre inévitable la séparation qui date, au moment du récit, de plusieurs années déjà.

Qu'on puisse comprendre que le sentiment aigu et glaçant de sa solitude puisse avoir eu toutes ces conséquences, ce n'est pas difficile. Mais il n'en demeure pas moins que reste entier le mystère de ce qui a pu, nécessairement, le conduire, des années auparavant, sans la moindre contrainte et avec un éventail de possibilités sûrement considérable, à choisir comme partenaire cette femme-là. Cette même femme dont il viendra dire, longtemps après, qu'elle serait comme « morte » depuis toujours, ce qui implique qu'elle ne pouvait que l'être au moment où il l'a rencontrée !

Pourquoi ne s'en est-il pas aperçu alors ? Pourquoi ne s'en est-il pas aperçu plus rapidement ? Pourquoi ne lui a-t-il pas été possible de le savoir ? Était-il trop jeune et manquait-il de discernement ? Ou bien ce défaut lui avait-il été soigneusement masqué ? On peut tout imaginer sans pouvoir choisir parmi cet ensemble de réponses faute du moindre matériel. Mais nous pouvons, sans risque de nous tromper, avancer que cette rencontre lui était nécessaire, sous les auspices mêmes qu'il dénoncera dans son discours, à la manière dont il percevait aussi bien sa propre personne que ses propres aspirations. Il se sera engouffré avec joie et le cœur content dans ce qui se terminera, quelques années plus tard, en impasse. Et cette impasse, sûrement, loin d'en avoir toujours constitué une, lui a servi, à un moment, de moteur et de marchepied.

Néanmoins, la différence de perception d'un environnement extrêmement immédiat à des années de distance, même si elle est un fait courant, ne trouve pas d'explication simple ou fiable et demeure comme une question irritante. Une question qui finit, du fait de sa densité et de son insistance, par devenir angoissante.

On a souvent essayé d'y répondre, et le moyen le plus judicieux, le plus commode et le plus réaliste a consisté à faire intervenir un facteur temps. Facteur irrécusable et incontestablement présent, sinon nettement en jeu, dans ce qui se nomme bien le décours d'une histoire. Le temps, et le temps seulement, serait responsable des dégâts. Les êtres confrontés l'un à l'autre finiraient par négliger les masques qu'ils ont toujours portés en ne prenant plus la peine de les revêtir régulièrement avant chaque échange. Comme si cette gymnastique et ces précautions étaient rendues fastidieuses et exténuantes par l'extrême fréquence de leur éventuelle nécessité. De surcroît, pourrait-on indéfiniment explorer mutuellement la nudité des corps et prétendre laisser cachée une part de soi ? Effet des gestes et renvoi à la perception si sûre du tout-petit, celle-là même qui ne quitte plus jamais quiconque, demeurant indéfiniment à l'état de trace ou de compétence généralisée et inévacuable.

Choc, contre-choc ! Voilà les partenaires à se découvrir soudain différents aussi bien de ce qu'ils pensaient pouvoir être que des images qu'ils avaient cru pouvoir percevoir et maintenir l'un de l'autre. Une lassitude certaine et compréhensible découlerait alors de la durée et de ces déconvenues répétées face aux simples événements de l'existence. Or, face à ces événements et grâce à eux, ou à cause d'eux, les individus finiraient par se trouver contraints de procéder, sans relâche, à une remise en chantier de leurs choix et de leurs perceptions. Une forme de remise en question individuelle deviendrait inévitable et se ferait insidieusement, à bas bruit et totalement hors du champ de la conscience. Ce qui ne l'empêcherait pas, cependant, de faire procéder à des remaniements très profonds, productifs, efficaces et indélébiles. Une fois le processus entamé, il atteindrait rapidement un point de non-retour qui n'en permettrait plus aucun aménagement.

N'est-ce pas cela qui se nommerait expérience ou sagesse ? Deux mots qui évoquent toujours qu'on aurait fait un certain « tour de la question » et qu'on aurait, dans son parcours, accumulé suffisamment d'erreurs pour pouvoir en tirer un enseignement riche et méritoire.

C'est séduisant, commode et simple.

Et ça a, de surcroît, l'avantage d'être une opinion répandue, largement partagée, et, comme toujours, de ce fait réputée être exacte. Une opinion qui a eu assez de force pour être prise en considération dans notre paysage actuel et justifier que, face à des difficultés, on ne puisse et ne fasse qu'en convenir, en prendre son parti et en tirer les conséquences. Autrement dit, « arrêter les frais » et tenter obstinément de recommencer ailleurs, à un autre moment et avec un nouveau partenaire.

L'inconvénient de cette opinion, pour répandue qu'elle soit, c'est, hélas, son absence de rigueur. En effet, si on devait y souscrire, on ne pourrait qu'assister à la généralisation de l'aventure de notre quinquagénaire. Car quelle serait l'existence qui n'exposerait pas aux mêmes vicissitudes, avec, en prime, celles que lui n'a pas connues de par sa situation de fortune ? Ou bien on serait contraint de promettre les couples vieillissants à l'uniforme, muette, effroyable et horrible déconvenue si une certaine dose de lâcheté ne leur a pas permis de mettre fin assez tôt au supplice qu'ils endureraient en commun. On ne saurait comment comprendre, enfin, que pareille fracture, pareil naufrage, puissent survenir au sein de couples très jeunes, parfois même à peine constitués.

Et qu'est devenu l'amour ? Que sera devenu l'amour ? Est-il possible que ce qui se décrit en termes toujours émouvants, utilise les métaphores de la braise, du feu, des besoins inextinguibles et emprunte parfois la violence de la passion, puisse rendre si facilement les armes et se muer en constat simple et banal de déchéance ?

On comprend peut-être un peu mieux les réserves et la réticence qui m'ont conduit à refuser de me contenter de la référence au seul entendement — et aux méprises — qu'implique sa facile utilisation.

Ce n'est là qu'une introduction à un débat bien plus ample et que nous n'allons pas épuiser de sitôt. Un débat où les arguments courants et qui se veulent prévalents seront pris en charge et dévidés jusqu'à finir par montrer leur constitution hâtive en réponses leurrantes à des questions absolument essentielles. Essayons seulement pour l'instant de poursuivre le recueil de ces questions. Elles seules sont utiles à formuler.

Même sans avoir fini d'exploiter ce cas, laissons-le entre parenthèses. Nous y reviendrons. Essayons de trouver un autre matériel qui puisse nous ouvrir encore plus largement la perspective sur ce qui ne peut nous paraître qu'insondable et garder obstinément l'épaisseur irritante du mystère.

Mieux vaut y voir clair

Mme Brunette a le sourire tranquille, doux, serein et prodigue. Il émane d'elle infiniment de calme. Elle en est à son troisième enfant : une petite fille, Aglaë, après avoir eu deux garçons : Bertrand, qui a treize ans et qui est issu d'une première union, et Georges-Henri qui a quatre ans et qui est le frère, à part entière, d'Aglaë.

Mme Brunette est une excellente secrétaire de direction. Son mari est cadre commercial dans une grande société.

Mme Brunette, pour moi, n'a pas d'âge défini. Elle peut, parfois, avoir la mine d'une toute jeune adolescente avec un rire enjoué et le regard brillant, et à d'autres moments paraître la bonne quarantaine. Quand elle parle, il lui arrive d'avoir, par sa componction, son phrasé économe auquel toute coquetterie est étrangère et l'extrême justesse de ce qu'elle dit, bien plus, infiniment plus que cet âge. Dans ces moments-là, elle donne le sentiment d'être en dehors du temps, d'être une de ces figures quasi éternelles. Et je me suis surpris, quelquefois, à me demander si elle ne constituait pas, pour moi, un modèle parfait, le modèle par excellence, paradigmatique, de la mère.

Je m'implique. Mais je ne peux pas ne pas m'impliquer, dans cette description. Je peux, en effet, seulement témoigner, avec certitude, de ce qu'il m'est arrivé personnellement de ressentir confusément. Parce que, pour le reste, l'ensemble des propos de Mme Brunette demeure à un niveau confondant et de contrôle et de superficialité. Autrement dit, sauf les quelques détails que je rapporte et qui m'ont été fournis au fil des multiples consultations, je ne sais rien d'elle, rien de son histoire, rien de ce qui la fait agir. Je suis un spectateur sur la berge, tranquille et serein, contaminé par cette sérénité qu'elle dégage, justement et en toutes circonstances, et qui doit lui valoir, j'en suis persuadé, d'être tout à fait appréciée sur le plan professionnel.

Nous nous connaissons depuis la naissance de Georges-Henri et les consultations ont été toujours à peu près identiques à elles-mêmes : agréables, lisses, sans heurt, sans aspérité, sans rien de détonnant et totalement empreintes de cette quiétude sur laquelle je n'arrête pas d'insister.

Je suis allé, quelquefois, au domicile de Mme Brunette et, la première fois, j'ai été frappé par l'exiguïté de l'appartement. C'est tout petit, ramassé, ça manque de volume. Mais c'est parfaitement en ordre et intelligemment aménagé au point que toutes les ressources paraissent en avoir été exploitées. Et il le faut bien, pour loger cinq personnes dans trois petites pièces !

J'ai dû avoir le regard étonné, sans quoi Mme Brunette ne m'aurait sûrement pas expliqué quel hic cela constituait pour sa famille. Mais le problème du logement, devais-je bien le savoir, est « tellement compliqué, n'est-ce pas, dans Paris que..., etc., et garder, dans ce quartier, les mêmes écoles aux enfants... etc. » Je me suis senti honteux de cette sorte d'indiscrétion et d'impudeur que mon regard avait trahies. Mais elle poursuivait. Et j'ai appris, ainsi, que Mme Brunette a essayé de faire, une fois, un « gros coup ». Elle a essayé de se lancer dans le commerce. Elle a laissé tomber sa place, puis a décidé d'ouvrir une parfumerie. Une occasion qu'elle a cru bon de saisir en trouvant un bail à usages multiples, accessible et qu'elle a jugé bon marché. Elle a mis deux ans à déchanter. Le quartier ne se prêtait pas au genre d'activité qu'elle avait choisi de promouvoir. Elle est juste rentrée dans ses fonds et a mis définitivement la clef sous la porte et une croix sur sa tentation de la belle affaire. Il y avait bien la nécessité de retrouver un emploi, mais il lui a semblé qu'il y avait auparavant quelque chose de plus urgent : faire un autre enfant. Programme mis immédiatement à exécution et sans la moindre difficulté. Grossesse simple, accouchement facile, élevage encore plus simple et Aglaë florissante !

Tableau, je le répète encore, de la plus parfaite quiétude.

À peine assombri par les problèmes de jalousie qu'a manifestés, véhémentement, Georges-Henri, dès après la naissance de sa sœur. Pleurs nocturnes d'Aglaë, réveils intempestifs de Georges-Henri, pleurs, nouveaux réveils d'Aglaë... Un cercle vicieux cauchemardesque, mais qui m'a été exposé avec beaucoup de calme et de sang-froid. Il me fallait résoudre médicamenteusement tout cela, puisque les deux petits dormaient dans la chambre parentale et qu'on devine combien les nuits pouvaient être épuisantes. Pas question non plus d'envisager une séparation des enfants, Georges-Henri vivant comme un exil insupportable sa migration vers la chambre de Bertrand et M. Brunette se refusant à faire subir à son fils la violence d'un éloignement dont le vécu lui paraissait clairement compréhensible. Alors, malgré mes réticences, j'ai médicamenté, à la petite semaine !

Ride passagère à la surface parfaitement lisse de cette eau calme que rien ne doit venir faire bouger.

Et le quotidien de reprendre. Consultations rituelles, vaccinations, modifications de régime.

Le problème du logement ne cessera pas d'être préoccupant. Les démarches du côté social n'aboutissent à rien et le budget familial, malgré le retour de Mme Brunette au travail, ne parvient pas à dégager de quoi améliorer les conditions sans sacrifier aux exigences sur lesquelles il n'était pas question de revenir.

Incidemment, au cours de l'un de nos échanges, j'apprends par son épouse que M. Brunette a donné son préavis de démission. Il quitte sa place. Il dit en avoir marre de son travail. Pourquoi, moi, me suis-je senti soudainement inquiet ? La conjoncture, me suis-je dit, y est sûrement pour beaucoup. Et une telle option, de nos jours, peut aisément passer pour irréaliste ou aventureuse, sinon pire. D'autant que, à l'inverse de ce qui se fait le plus fréquemment, M. Brunette n'a pas cherché à assurer ses arrières avant de franchir le pas. Il n'a aucun autre travail en perspective. Il déclare qu'il verra bien.

Je demande à Mme Brunette comment elle vit tout cela. Et, pour la première fois depuis que je la connais, je vois son regard briller mais sans que rien ne se modifie dans son visage détendu sur lequel flotte encore l'expression de son dernier sourire. Et c'est presque mécaniquement qu'elle prendra un mouchoir dans son sac pour essuyer les quelques larmes qui ont perlé toutes seules, discrètes, passagères et vite retenues.

Que pouvait-elle avoir à m'en dire ?

« Rien. Oh, vous savez, il est comme tous les hommes. C'est-à-dire chiant. » Son sourire revient, suivi d'un court silence, puis elle poursuit sur le même ton : « Mais ne vous inquiétez pas. Ce n'est rien. Et ça ne veut pas dire grand-chose. Je dis ça comme ça. Surtout moi. Ça ne tire pas à conséquence. Je ne connais pas une femme autour de moi et je n'en ai jamais rencontrée qui ne dise pas que son bonhomme est chiant. N'allez pas croire ! Moi, quand je parle comme je le fais, je sais de quoi je parle. Puisque ce n'est pas mon premier bonhomme. Mais je n'en tire pas de conclusions. Je ne monte pas sur mes grands chevaux. Je ne rage pas. Je ne me mets pas à échafauder des décisions à toute vitesse, ou à me plaindre que le sort soit injuste ou cruel. Je constate. Je constate, un point c'est tout. Je crois simplement que les hommes et les femmes, c'est pas fait pour vivre ensemble. C'est pas du tout fait pour vivre ensemble. On ne sent rien de la même manière. On est là, chacun dans son coin, à percevoir la vie par ses propres yeux. Et on peut rien se dire les uns aux autres. C'est pas dramatique. C'est comme ça. Il faut en prendre son parti, un point c'est tout. Il vaut mieux y voir clair. C'est plus simple. C'est simplement plus simple. C'est ça... »

À en croire la fin de cette déclaration, il y aurait dans les propos de Mme Brunette quelque chose qui aurait statut de vérité radicale ; quelque chose qu'il importerait d'avoir le courage de regarder en face, tant il est vrai qu'« il vaut mieux (toujours) y voir clair ».

Vérité toute simple et aisément compréhensible. Directement vérifiable, aussi. Immédiatement vérifiable même, puisque désignée comme infiniment répandue : « je ne connais pas une femme autour de moi... ». Propos qui se renforce aussitôt, pour ne pas risquer de paraître le moins du monde restrictif : « Je n'ai jamais rencontré (de femme) qui ne dise pas que son bonhomme est chiant ». Autrement dit, ce ne sont pas seulement les femmes de l'entourage de

Mme Brunette, celles qui sont susceptibles de lui ressembler, donc de penser comme elle, qu'on pourrait suspecter d'être les seules à tenir ce genre de propos, mais bien d'autres, infiniment d'autres, tout ce nombre indéfini auquel renvoie la référence à une rencontre quelconque, banale, non préméditée, subie, anonyme qui confère à l'opinion un caractère d'universalité. De surcroît, ce constat reçoit sa validation ultime de l'extrême fréquence de la mésentente à l'intérieur des couples et dans les raisons, dans la raison, de cette mésentente. Ce à quoi renvoie « les hommes et les femmes ne sont pas faits pour vivre ensemble... ». On sait que les enfants, dans leurs jeux, ont parfois recours à ce genre de ségrégation commode, en déclarant : « Allez, les filles avec les filles, et les garçons avec les garçons ! » En général, cela survient quand la tension devient insupportable et nécessite, pour tomber, l'obtention d'une pause. Cette homogénéité de groupe assurerait bien moins de dissensions et une bien meilleure entente, puisqu'elle lèverait une difficulté déclarée comme constitutive et incontournable et pouvant tout expliquer, car évidemment « on ne sent rien de la même manière. On est là, chacun (...) à percevoir la vie par ses propres yeux... ».

Logique du gynécée. Des modèles sociaux ne se sont-ils pas échafaudés et n'ont-ils pas longtemps fonctionné sur ce genre de prémisses ? Société diurne exclusivement composée de femmes, avec les enfants, bien entendu. Et les hommes au travail, au bistrot, à la chasse ou à la guerre. Relégués à l'intérieur de leur compagnonnage ou dans l'assouvissement de leurs besoins propres. Ceux réputés être conformes à leur vraie nature, que chacune — évidemment ! — sait être faite de grossièreté, brutalité, vulgarité et bestialité. Qu'on ne s'en étonne pas, ça a existé de tous les temps, et pourquoi cela connaîtrait-il une quelconque évolution ?

Cette vérité n'aurait-elle pas le mérite supplémentaire d'être opératoire, puisqu'elle rend compte de tant d'écueils, et celui enfin de pouvoir être à l'abri des objections, puisqu'elle est si largement partagée et rencontre tant d'adhésions. Mme Brunette, elle, paraît l'avoir acceptée une fois pour toutes. Bien sûr, je ne saurais pas dire si c'est de là que lui viendrait la sérénité sur laquelle j'ai tellement insisté. Mais ce ne serait pas impossible. Après tout, se soumettre à la radicalité de ce genre d'évidence, ça doit permettre de faire l'économie d'une sacrée quantité de coups de sang et de colères. Quoique, vu sous ce seul angle, ça paraît un peu tiré par les cheveux et même assez difficile à admettre. Mais on pourrait tout de même s'obstiner à le soutenir sur les indices dont nous disposons. Nous savons que le père d'Aglaë n'est pas le premier « bonhomme » de sa mère. Il y en a eu un précédent. Avec lequel nous sommes fondés à penser que les choses n'ont dû être ni simples ni aisées. Peut-être est-ce cette étape qui a été responsable de l'éclosion de cette opinion ? Car, pour être dite avec autant d'aisance et de conviction, elle a dû être forgée longtemps, bien longtemps avant de s'émettre au décours d'une consultation. Elle serait à comprendre, alors, comme un moyen judicieux et radical de réparer une grave blessure d'amour-propre.

Le succès de l'entreprise semble, en tout cas, convaincant, si on en juge par la maîtrise étonnante que semble en avoir acquis, comme une véritable seconde nature, Mme Brunette.

Mais comment expliquer, alors, que sa première expérience ne lui ait pas servi de leçon ? Pourquoi cette récidive avec le second « bonhomme » ?

Était-ce principalement un désir d'enfant qui pouvait être à l'œuvre ? On le sent vif, en effet, chez elle, du moins si l'on en juge par le fait que, au sortir de sa mésaventure financière, elle ait décidé d'un ordre de priorité peu habituel de nos jours. Mais, au moment de sa rencontre avec M. Brunette, elle avait déjà Bertrand ! Elle aurait pu se contenter de son existence, de sa présence et rester à distance, à une distance raisonnable, d'un nouvel homme. Le cas de figure n'est-il pas, toujours de nos jours, monnaie tout à fait courante ? Dans le matériel dont nous disposons, nous ne trouvons rien qui permette de pousser plus loin les supputations. À moins de se dire que ce propos n'était peut-être qu'une boutade. Mais c'est difficile d'aller à cet extrême, parce qu'on ne comprendrait pas, alors, l'émotion traduite par les larmes, pas plus que la déclaration péremptoire : « Il vaut mieux y voir clair ! » Ou bien faudrait-il conférer à la boutade la finalité qui est souvent, sinon toujours, la sienne : dire, sous une forme tolérable et pour le locuteur et pour le destinataire du message, une vérité en passe d'être universellement admise ou de recueillir le maximum de suffrages. Et, dans le même temps, chercher à tester ou attester l'adhésion implicite de l'un ou l'autre des partenaires du dialogue.

S'il en était ainsi, quelque chose dans cette boutade me serait directement adressé. Elle viendrait me prendre à témoin, me héler, allant jusqu'à interroger ma position ambiguë de « bonhomme » qui ne peut pas ne pas reconnaître qu'il est un peu maternant en cherchant à me coincer jusque dans mes choix professionnels. Comme si ces choix professionnels n'étaient eux-mêmes qu'une impasse redevable à ce genre de vérité. Si je ne m'étais pas fourvoyé, je serais ailleurs et sûrement pas là, en train de veiller, jalousement, à longueur de jours et d'années, sur le sort des petits enfants. Faute de n'avoir pas pu m'entendre avec la cohorte brutale des « bonshommes » et de n'avoir pu négocier l'incontournable de mon anatomie peu propice à enfanter, j'aurais fini par trouver cette charnière inconfortable à laquelle mon soin à la préserver aurait fini par donner quelque consistance. Ce serait aussi de cette position que je serais appelé à témoigner. Je connaîtrais assez les femmes — pour les fréquenter assidûment en m'occupant de leurs enfants — et assez les hommes — pour en être, malgré tout, un moi-même — pour pouvoir témoigner de leur incompatible et radicale différence.

Admirable efficience des communications averbales ! N'ai-je pas dit avoir senti cette femme comme un paradigme de mère ? Et voilà qu'elle vient me chatouiller au plus profond de ce que j'ai cru avoir pu taire pour ne me l'être même pas ouvertement formulé.

Soit ! Qu'il y ait une différence radicale entre les hommes et les femmes, non seulement je suis prêt à le soutenir, mais à le rappeler sans relâche, vigoureusement, et sans laisser s'introduire le moindre malentendu sous le terme de différence. Je peux ajouter que je ne rougis pas de mon opinion et que même je m'en félicite, souhaitant vivement que ladite différence se remarque, se souligne et ne s'estompe jamais, pour le bonheur des unes et des autres. Mais, que cette différence entraîne immanquablement une incompatibilité de commerce, je demande à en avoir plus de preuves que cette affirmation, quel que soit le tour qu'elle prend ou la force qui peut lui être conférée.

D'ailleurs, notre richissime quinquagénaire n'en est jamais venu, lui, à émettre ce genre d'opinion. Est-ce parce que ce n'était pas son propos ou parce qu'il était à l'aube d'une rencontre, dans l'attente de la poursuite de cette rencontre et de ce qu'elle promettait ? Mais le fait même qu'il aborde cette nouvelle rencontre l'engage plus que toute dénégation qu'il aurait pu vouloir proférer comme une profession de foi. Ou bien alors cet homme aurait-il quelque interdit à proférer une formule qui recèle indéniablement l'aveu d'un certain dépit ? Cela se comprendrait, puisque lui est dans la « reconnaissance » de ce qu'il n'aurait jamais connu et se trouverait comme projeté en avant par le paradoxe lui-même. Mais si lui ne profère pas pareille affirmation, peut-on imaginer qu'elle pourrait tout de même être proférée par un autre homme, par d'autres hommes, par les hommes ? Il est notoire, et les discours féministes de ces dernières années ne se sont pas fait faute, très justement, de le relever, que les hommes manifestent fréquemment du mépris envers les femmes. Et que ces manifestations vont, dans leurs effets, bien au-delà d'une anodine confidence à un médecin ! Mais le dépit et le mépris sont-ils de même essence, de même nature, de même origine, de même extraction ? À en relever les signes, les conséquences ou la mise en acte, on se bornerait à n'en dresser qu'un catalogue fastidieux et infini. Mais rien de plus. Seulement un catalogue décourageant parce que muet et n'apportant aucune aide à la compréhension du phénomène ou à une élaboration plus approfondie des différences radicales précises qui doivent se trouver à l'origine de ces diverses manifestations. Alors que le mépris viendrait traduire une défiance préalable, une méfiance constitutive à l'égard de ce qu'il y aurait de fallacieux dans les promesses d'une rencontre, le dépit serait directement lié à une aventure de découverte qu'on aurait entreprise et dont l'échec ne serait pas aussi cuisant puisqu'il laisserait tout de même la possibilité d'une position de repli sur ses bases, en pays de « connaissance ».

Alors, par quelle voie aborder un malaise sur l'existence duquel l'unanimité ne fait pas de doute ?

Sûrement par sa racine, c'est encore le plus sage. Mais on ne peut pas inventer des conclusions ou aller aligner des affirmations sans examiner soigneusement ce dont on dispose pour l'instant.

D'une part, donc, une rencontre. Impulsion perçue comme nouvelle naissance et qui est capable de mobiliser toutes les énergies. Impulsion originée avec grande précision dans le fait d'être amené, pour un homme, à « reconnaître » quelque chose qu'il est certain de n'avoir « jamais connu ».

D'autre part, le constat d'une impossibilité qui ne peut prévoir la rencontre, pour une femme, que comme devant aboutir à l'impasse et au malentendu : les hommes et les femmes ne seraient pas faits pour vivre ensemble. Ce n'est donc pas par hasard que ces propos se trouvent avoir été proférés par des bouches sexuellement différenciées.

Les hommes seraient des candidats perpétuels dans l'attente d'une rencontre et les femmes la subiraient sans illusions, pénétrées qu'elles seraient de l'inanité potentielle de sa poursuite.

Est-ce là, dans cette simplification ou cette schématisation quelque peu outrancière, que se trouverait la clef ?

S'il en est ainsi, s'il n'en était qu'ainsi, pourquoi chercher à fouiller plus loin ? Notre époque inventive ne vient-elle pas, avec la sagesse et l'efficience qui la caractérisent, d'en tirer, pragmatique, les conséquences, en désignant au couple la précarité de son avenir, en balisant ce même avenir de toutes les précautions qui permettent de mettre fin aux expériences insupportables et erronées ? Encouragement aux galops d'essai, à la cohabitation précaire, au concubinage. Divorce facile par consentement mutuel, garde alternée des enfants, mise en place de la générosité et de la justice comme éteignoirs et étouffoirs suprêmes de tout ce qui peut prendre l'allure d'un conflit.

Pourvu, pourvu seulement que cette aventure, pour précaire ou transitoire qu'elle soit, puisse, sans altérer la paix, conduire au seul objectif qu'on lui désigne et qu'on l'encourage à accomplir : faire des enfants.

Mais toutes ces considérations ont pour caractéristique commune, dans le souci d'une louable rigueur et d'un désir de non-dispersion, de demeurer dans l'actuel et dans l'événementiel. L'homme ou la femme, notre quinquagénaire ou Mme Brunette disent des choses pertinentes sur leur aventure, mais seulement sur leur aventure récente. Récente même si elle remonte à plusieurs années. Récente en ce qu'elle démarre avec eux et avec eux seuls, comme s'ils étaient nés *ex nihilo*. Récente en ce qu'elle ne se réfère qu'au temps où l'un comme l'autre croient pouvoir, disant « je », être totalement les sujets de tous les verbes qu'ils prononcent. Alors que, justement, dans ce temps même où ils parlent, ils ne sont, même s'ils l'ignorent ou le nient violemment, que le résultat d'une longue, d'une très longue histoire qui les a précédés et qui travaille jusqu'au plus infime de leurs propos.

Mais, penser les choses en ces termes, les utiliser sur ce mode, c'est aller à contre-courant, prendre le risque de se faire traiter d'archaïque, de rétrograde ou, pire, de conservateur, puisque ce n'est ni banal, ni habituel, ni parfaitement admis. N'a-t-il pas été question, ces derniers temps, de mesures gouvernementales visant à alléger, voire à supprimer, les enseignements de la philosophie et de l'histoire ? Notre siècle de la rentabilité immédiate peut-il se mettre à la traîne d'un quelconque passé, d'une quelconque prétention à améliorer les qualités du raisonnement ou à se contorsionner dans des tentatives vaines et gratuites d'une inutile et stérile remémoration ?

Que de temps et d'énergie perdus, alors que l'immédiat réclame des solutions simples et accessibles à chacun.

Et si, justement, ce n'était que dans la perspective d'un retour à l'histoire, et dans cette perspective seule, que le malaise du couple et ce qui en rejaillit pouvaient trouver, à défaut de sa solution, l'explication de ce qui paraît être son mystère ? Serait-ce encore du temps perdu ?

Pour vérifier cette hypothèse, il nous faut un support irrécusable. Il nous faut du matériel à explorer et un matériel qui en vaille la peine, qui soit au cœur le plus secret de ces incompatibilités, de ces recherches de compatibilités, de ces différences qui insistent et se heurtent, se rencontrent et s'ignorent, s'appellent et se repoussent, de ces recherches entêtées et obstinées, de ces recherches tout court qui font le quotidien et simplement la vie. Alors peut-être sera-t-il temps de laisser le couple à son sort et d'aller examiner ce qui devient son enfant dans la tourmente qu'il aura contribué, à son insu, ne serait-ce que pour l'avoir mis au monde, à créer pour lui.

La vache ébouillantée

« ... Un autre enfant ? Non, merci. Je ne suis pas prêt à repartir dans une galère de trois ans où j'ai eu une ravissante maman pour mon fils et pas de femme du tout pour moi. »

Ainsi s'exprime M. Marquez-Barato, le père d'un petit Achab de trois ans dont j'avais rapporté, dans un précédent ouvrage[9], les débuts difficiles dans l'existence.

Bien des choses se sont passées depuis la naissance de cet enfant. Mais il a toujours été dans une remarquable bonne santé. Comme s'il avait été préservé de la maladie par l'effort que ses parents ont toujours fait pour venir parler des difficultés qu'ils rencontraient. Le jour de la consultation que je rapporte, je les vois, une fois de plus à leur double demande, et Achab n'est pas présent.

Je rappellerai succinctement que le père d'Achab est un géant sud-américain et que sa mère est une minuscule, frêle et diaphane Japonaise. J'ai vu le couple pour la première fois avec le bébé de quelques semaines qui avait une forte fièvre. La consultation, très riche, avait rapidement mis au jour un conflit latent mais violent sur l'attribution des places respectives du père et de la mère. Le père revendiquant l'exclusivité des deux rôles avait fini par réprimer, pour avoir pu en comprendre les origines, son souhait de voir disparaître la mère. L'analyse de sa position avait montré combien il avait été marqué par ses propres conflits parentaux et surtout par le décès d'un enfant précédent qu'il avait eu d'une liaison passagère très mouvementée. Cet enfant était mort des suites d'une grave brûlure : en l'absence de son père, il avait été ébouillanté en renversant sur lui le contenu d'une casserole de lait qui était sur le gaz. La consultation avait été productive et, dans son décours même, le père avait remis dans les bras de sa femme leur enfant qui lui était apparu pouvoir enfin leur devenir commun.

J'ai eu longtemps beaucoup de difficultés à communiquer avec Mme Marquez-Barato, parce qu'elle parlait très mal le français et que j'avais encore plus de difficultés avec son espagnol à l'accent nippon. Si bien que j'ai surtout travaillé avec le père d'Achab qui découvrait tout ce que l'accession à sa fonction paternelle, dépouillée de toute partition maternelle, avait de difficile et de singulier. Puis, petit à petit, la maman a parfait son français, me confiant timidement, dès qu'elle l'a pu, les difficultés sexuelles de son couple. Du temps, pas mal de temps, s'est écoulé avant que ces mêmes difficultés fassent l'objet d'une consultation privilégiée. Temps qui aurait été consacré à résoudre différents problèmes matériels d'emploi, de déménagements, de logements et de tracasseries administratives...

Le ton du père d'Achab est ferme, déterminé, mais sans colère. Il poursuit :

« Ça fait trois ans que je cours derrière une image. Mais maintenant, j'abandonne. Je me suis promis que je ne le ferai plus. Au moment où j'ai fini par me le dire, j'ai fait comme on fait avec ceux qui vous déclarent régulièrement qu'ils veulent se suicider. Longtemps, on s'inquiète, on s'apitoie et on tient de longs discours optimistes et dissuasifs et puis un jour on en a marre et on leur dit : "Vas-y !"

Alors (*il se tourne à ce moment-là vers sa femme*) à toi je te dis la même chose, puisque c'est ton dernier mot, d'accord, inutile d'aller plus loin ! Je te dis : "Vas-y !"

— Tout ça c'est pour quoi, intervient-elle, en détachant chaque mot, pour quoi, pour quelle chose, hein ? J'ai bien le droit quand même, un jour, une fois, de ne pas vouloir.

— D'accord, d'accord, je ne suis pas hostile aux concessions, je suis prêt à en faire. Mais je suis dans une inquiétude acharnée [*sic*]. On doit bien comprendre et ne pas perdre de vue qu'on a fait un enfant ensemble. On doit assumer, tous les deux, qu'on est un couple. On ne peut pas fonder, l'un ou l'autre, notre bonheur seulement sur le bonheur de l'autre. Et moi, ça fait trois ans que je n'assume pas notre bonheur, j'attends que tu me le donnes, puisque, moi, je te donne le tien si je consens à respecter tes réticences. Si on cherche, même sans le savoir, autre chose ensemble, donne-moi autre chose. Sinon, nous devrons retourner en arrière, cinquante ans en arrière, et j'adopte l'attitude de mon père : toi au ménage, à la vaisselle et au lit quand *je* le veux. Mais ce n'est pas possible parce que tu sais que ça, moi, je ne le veux pas. Et tu en profites. Tu as la clef, tu tiens la clef, tu as la clef entre les mains et, si je veux aller bouffer à la cuisine, puisque c'est toi qui as la clef et que tu dis vouloir conserver la clef, dis-moi où elle est, ma puissance ! Dis-moi comment je peux faire si j'ai faim et que tu gardes la clef et si j'ai soif et que tu gardes le robinet fermé. Est-ce que je dois crever de faim ou de soif pour respecter ta propriété exclusive de la clef ? »

Il poursuit en s'adressant à moi :

« Chez nous, on dit que "qui se brûle avec du lait, pleure en voyant une vache". Voilà où elle est, notre impasse, parce que, moi, même quand, parfois, les choses se passent bien, je ne peux pas ne pas penser que je reste soumis à son désir, que je suis soumis à son bon vouloir et que c'est elle et elle seule qui contrôle la situation. »

Parce que, à ce moment-là, je la regarde, Mme Marquez-Barato prend la parole.

« Ce que je sens et qu'il ne dit pas, c'est qu'il veut que je ne sois pas moi, que je change complètement, que je cesse d'être ce que je suis, que je devienne une Latino-Américaine. Une vraie, avec des jupes, des sous-vêtements sexy et des talons hauts. Et moi, moi, je ne suis pas ça. Moi, j'aime comme je suis. À l'aise, avec des T-shirts, des jeans et des talons plats. Lui, il voudrait que je me maquille, que je sois aguichante, comme il dit. Je n'aime pas me maquiller. Tout ça, je ne le peux pas, je ne le supporte pas, je ne l'accepte pas. Parce que c'est une attaque, une forte attaque, une très grande attaque. Contre moi. Contre moi et ma liberté. Alors, je me referme, je me retire et je me tais. »

Elle se tait, en effet. Elle tremble un tout petit peu. Elle a parlé vite et d'une manière saccadée, comme avec les dents serrées, disant intégralement ce que j'ai rapporté et dont j'ai corrigé seulement les fautes élémentaires de syntaxe en restituant aussi, parfois, leur sens à des mots que l'accent rendait difficilement compréhensible, mais sans jamais interférer dans la qualité de l'émotion ainsi rendue. Lui, penché en avant, le coude sur le genou, le menton dans la paume de la main, se gratte doucement la barbe de trois doigts en la regardant de côté, avec, dans le regard, un curieux mélange de douceur et de fierté que j'ai cru pouvoir fugitivement surprendre. Elle poursuit :

« J'ai fait suffisamment longtemps ce que les autres voulaient pour n'en avoir plus du tout envie. Et, maintenant que je suis devenue autonome, adulte et mère, maintenant que je gagne ma vie, je peux enfin essayer de faire ce que je veux, quand j'en ai envie. En tout cas, je sais une chose, une chose dont je suis sûre, c'est que j'ai toujours envie de faire le contraire de ce qu'on me demande. »

Puis, se tournant vers son mari, elle ajoute :

« Si je dois le faire quand tu en as envie, je ne le veux pas, c'est tout.

— C'est ça ! Ça, je l'ai bien compris. Et c'est bien ce que je n'arrête pas de dire. Tu tiens le robinet. Tu détiens la clef et le pouvoir. Alors, je te répète ce que je t'ai déjà dit : "Si tu veux te suicider, vas-y." »

Puis, s'adressant à moi, il me prend à témoin et poursuit :

« Il y a quelque chose de grave, quelque chose d'irrémédiable dans ces difficultés. On peut les exposer, essayer d'y réfléchir, on tournera toujours autour du pot. Ce qui est en cause, c'est un problème de communication, de ce qui rend possible, crédible, une communication, ce qui permet qu'on puisse la ressentir ou l'envisager. Vous savez, moi, j'ai fait l'expérience pénible des geôles sud-américaines. Nous étions douze ou quinze parfois, tassés dans un volume ridicule, au point que, quand nous nous couchions, notre tête et nos pieds touchaient, de part et d'autre de la couchette, ceux des voisins. Eh bien, dans un espace aussi restreint et aussi confiné, nous parvenions à nouer des relations, à échanger des confidences et même des secrets. Il était possible de créer une communication, dans des conditions qui ne pouvaient que la compromettre. Et ça, ça tient à un vouloir, à des données préalables dont on ne peut pas délibérément décider de les faire exister... »

À une parenté, à une communauté de points de vue, aussi, aurait-on pu se permettre de poursuivre en écoutant ce discours. Une communauté préalable d'expériences que renforce l'espace clos de la prison, en opposition à la gageure qui s'esquisse et qui conduit à se rencontrer et se choisir deux êtres que la géographie, l'éducation, la langue, l'histoire et les mœurs ne pouvaient que séparer. Pourquoi se sont-ils rencontrés ? Pourquoi se sont-ils choisis, si on veut laisser le seul hasard répondre à la première question ? Pourquoi se sont-ils unis au point de faire un enfant ensemble, et pourquoi enfin continuent-ils à lutter, avec autant d'obstination, d'application et de bonne volonté, contre les difficultés qu'ils rencontrent ? Car, quoi qu'il dise de son ras-le-bol, cet homme paraît plus angoissé et préoccupé de sa difficulté à comprendre les déterminants de la situation que de la frustration qu'il déclare en subir. Autrement, pourquoi aurait-il eu ce regard à l'endroit de son épouse ? Et elle, accepterait-elle de n'être là simplement que pour trouver un bout d'explication à une attitude dont elle sent bien qu'elle lui crée des difficultés ? Il y a dialogue. Un dialogue s'instaure, même si, pour l'instant, il paraît infructueux. Il est évident qu'on peut toujours écarter ces questions et imaginer que, ce que chacun défend et cherche à préserver, c'est l'espace qui a été créé pour Achab.

Et quand ce ne serait que cela, pourquoi pas ? Après tout, ce n'est pas la première fois que nous nous rencontrons ainsi, eux et moi-même, et ce n'est pas le premier ordre de problèmes qui vient s'exposer. La venue au monde d'Achab avait déclenché des remous d'une extraordinaire violence mais qui étaient déjà en germe sûrement bien avant même sa conception. Le cas de figure, pour singulier et extrême qu'il soit, est loin d'être exceptionnel. Un enfant redéfinit et radicalise, par sa seule existence, les individualités parentales en les révélant par leurs projections et par leurs actes. Il les révèle à un plus grand jour, ne serait-ce qu'en leur accrochant une étiquette, un statut nouveau, celui de père et de mère, statut qui les branche directement sur le retour brutal et insoupçonné des impératifs d'une histoire qui ne peut avoir qu'à se poursuivre et s'accomplir. Et cette redéfinition est toujours extrêmement difficile à assumer et à métaboliser ou réguler. Le plus souvent, elle est déniée ou méconnue et conduit, en vase clos, à une lutte féroce entre des protagonistes qui à son endroit sont aveugles. Ignorant à quelle bataille ils se livrent, voire qu'ils sont en train de se livrer une bataille, ils ne cessent pas, à leur insu, de se bousculer, se frapper, se décocher les coups les plus violents, les plus brutaux et les plus meurtriers dans tous les sens. Au hasard de leurs gesticulations, leurs coups manquent parfois le but indéfini et invisible, et vont ricocher sur le malheureux enfant qui est coincé entre eux, accroché à chacun d'eux, dans cet espace forcément restreint d'où sa condition même lui interdit de s'extraire.

Achab, lui, je l'ai dit, a échappé jusque-là à ce destin commun. Grâce, précisément, à la bonne volonté de ses deux parents qui ont opté, honnêtement, pour le combat reconnu comme tel, à ciel et à yeux ouverts. Conscient de cela et des autres questions qui se bousculaient et que je n'ai fait qu'ébaucher ici, j'ai voulu ramener le travail à cette dimension et à celle-là seule. Désarmer en quelque sorte les poings, les ouvrir avant même qu'ils ne se ferment tout à fait et que ne partent ou ne risquent de partir les coups. J'ai posé une question :

« Comment s'est produite la bascule de la passion à la révolte ? »

La question leur était adressée à tous deux. Je l'ai posée sans les regarder d'abord, les yeux fixés sur ma fiche. Puis je les ai regardés l'un après l'autre, plusieurs fois de suite, mais elle d'abord, puisque c'est lui qui venait de parler. Et pourtant c'est encore lui qui rompt le court silence pendant lequel ils se sont regardés.

« On s'est connus six mois après la mort de mon premier fils, ça il ne faut pas l'oublier... »

On se souvient de ce fils mort d'avoir été brûlé par du lait bouillant. Est-ce un hasard que ce père, quelques instants plus tôt, ait cité un aphorisme de sa culture où il est question de « se brûler avec du lait » ? Autrement dit, il ne semble pas abusif de penser que tout le début de son discours était, déjà, destiné à nous remettre en mémoire ce fait marquant. Et à nous signaler, dans le même temps, que le débat qui s'instaure avec la mère d'Achab pourrait n'être que la répétition probable, et non reconnue comme telle, du débat qui avait dû s'instaurer avec la mère du fils défunt. Or, de ce débat-là, il a été dit, à des consultations antérieures, combien il avait été pénible. Mais ce débat-là, lui-même, pourrait n'être que la poursuite d'un débat laissé en suspens, entre les propres parents du père. Et il reviendrait brutalement à la surface, au cours de cette consultation, illustré par l'avertissement qui y fait référence : « sinon, on retourne cinquante ans en arrière, j'adopte l'attitude de mon père... ». Sur ce débat, M. Marquez-Barato prend nettement position quand il affirme clairement son désir de se démarquer d'une attitude qu'il stigmatise. Il avertit ainsi qu'il n'en effectuera aucune reproduction, même quand les circonstances risquent de le conduire à la brandir comme menace et à devoir convenir que, dans l'absolu, il n'y a parfois pas d'autre alternative. Il s'en démarque, donc, sans le moindre regret, la condamne sans ambages et, prenant fermement parti contre le sort fait à sa mère, il décide de faire profiter sa compagne de ses dispositions éclairées, lucides, bonnes et généreuses. Mais, ce faisant, il se heurte à la logique de la situation, et à ce qu'il désigne comme ne pouvant être que la partition conséquente de son épouse, laquelle, somme toute, n'a fait que le prendre au mot. La révolte qui naît alors serait incompréhensible si les termes du contrat avaient une définition nette, claire et incontestable, et si leur agencement ou leurs articulations se faisaient sans ambiguïté. Cet homme ne devrait pas avoir à s'étonner du résultat que produit son attitude : dans la relation qu'il instaure à l'intérieur de son couple, il ne peut pas décider, en même temps, de privilégier le désir de son épouse (et *a posteriori* celui de sa mère) et de conserver au sien la primauté qu'il réclame (avoir un rôle important et primordial, en contradiction flagrante avec la condamnation non déguisée de l'attitude de son père).

Autrement dit, il faut bien que l'un ou l'autre tienne la clef !

La nature et les causes du malentendu que nous repérons là ne sont pas une petite affaire à décortiquer. Nous y reviendrons souvent et longuement. Leur ébauche, néanmoins, mériterait largement de se dessiner ici et à cette place, pour, à la fois, résumer ce qui a été dit et permettre d'entendre plus aisément la suite. Car cette suite va créer les conditions d'abord de ce qui, au sein des couples, ne cesse pas, de plus en plus fréquemment et de plus en plus intensément, de se débattre.

La grande idée de la démocratie ayant heureusement fait son chemin, nous sommes devenus coutumiers de ces alternances de pouvoirs, et chacun, quel que soit le mode sur lequel il les vit, à défaut de s'en féliciter ouvertement, en prend au moins son parti, puisque c'est la loi de la majorité qui l'emporte, et qu'il peut espérer un renversement de majorité, voire décider de militer pour. Mais que devient et que peut être le sort de cette démocratie, si on s'obstine à vouloir en appliquer les règles dans un groupe de deux, dans lequel, par définition, ne peut pas se dégager de majorité ? Autrement dit, ça n'est plus d'un débat sur la forme qu'il s'agit, mais d'un débat sur le fond. Il s'amorce et, là, je crois que je ne peux pas faire mieux que laisser M. Marquez-Barato reprendre la parole. Il le fait sur un ton vif.

« Ce n'est pas de maquillage seulement qu'il est question. Ce n'est pas non plus de vêtements, de fanfreluches ou de petites culottes sexy. C'est de bien d'autres choses. C'est de reconnaître dans son partenaire un autre, un autre respectable et qui a le droit d'exprimer et ses sentiments et son désir. Et, pour ça, entre nous, j'ai bien peur que ce soit foutu. Vous savez, docteur, nous ne faisons, ici, que poursuivre nos disputes, celles qu'on a entamées ailleurs et depuis déjà longtemps. Vous pensez bien que, la question de la bascule, je me la suis moi-même posée et je la lui ai posée. Et je crois, maintenant, que j'aurais vraiment mieux fait de me taire ! »

Puis, se tournant vers son épouse, il poursuit :

« Tu sais bien à quoi je fais allusion et tu te souviens bien de ce que tu m'as dit, il y a quarante-huit heures. Je le répète ici pour qu'on ne laisse rien de côté et qu'on puisse tout aborder et même ça. »

Puis, se retournant à nouveau vers moi :

« Justement, quand j'ai évoqué la période de la passion, je lui ai dit ne pas comprendre ce qui s'est passé. J'ai essayé de lui rappeler des choses pour lui montrer que j'avais de quoi m'étonner. Je lui ai dit : "Tu aimais ça à ce moment-là, j'en suis sûr, je ne rêvais pas, je le sais, j'étais là, c'était moi et j'ai encore tes cris à mes oreilles." Elle m'a répondu : "Tu as toujours cru que je criais de plaisir, alors que je criais de douleur !" Vous vous rendez compte ! C'est inadmissible ! Ça, je ne peux pas l'admettre, je ne peux pas le croire, je ne veux pas le croire ! C'est du mensonge, c'est du mensonge ! C'est grave, c'est très grave ! Parce que, pour atteindre un homme et le réduire totalement à l'impuissance, le réduire totalement en bouillie, on ne fait pas mieux. Vous comprenez pourquoi je dis que c'est un énorme problème de communication et que c'est un problème qui dépasse de loin en importance les histoires de maquillage ou de jupes ! »

Il est ému à un point qu'on peut aisément imaginer. Son regard brillant va de sa femme à moi, mais ne s'arrête sur l'un ou l'autre que pour désigner brièvement l'interlocuteur à qui une phrase, un mot, un bout de discours parfois s'adresse. Mais le plus souvent, parce que l'émotion est trop forte, le regard reste lointain, dans le vague. Comme si le plus important de son propos ne s'adressait principalement qu'à lui-même. Il poursuit, en direction de son épouse :

« Tu te rends compte que tu m'enlèves tout ? que je n'ai plus rien ? Comment veux-tu, après ça, que j'existe ou que je puisse croire avoir existé, à un moment quelconque, pour toi ? C'est pour ça que je te redis, comme à un qui veut se suicider : "Vas-y." Et c'est pour ça aussi que, depuis hier, j'ai pris la décision de ne plus être le substitut de ton père. Je ne suis pas là pour que tu passes ton temps à te battre contre moi, à décider de me détruire. Je ne suis pas la bonne adresse !... »

On perçoit, dans la progression du dialogue, que l'hypothèse de la répétition des conflits parentaux se confirme. Mais, bien sûr, chacun, spectateur seulement de l'autre, ne voit que ce qui ne le concerne pas et, se croyant indemne parce que opaque à lui-même, projette sur son partenaire ce que précisément il ne peut pas percevoir de sa propre partition. L'incise ne mérite pas d'être prolongée, parce que le dialogue en lui-même est très parlant et très éclairant. La réponse de la discrète Mme Marquez-Barato fuse sans attendre :

« Là, tu te trompes. Tu te trompes complètement, et tu pourrais même te demander si ce n'est pas toi plutôt qui as choisi, peut-être, de prendre la place de mon père.

— Non ! essaie-t-il de protester.

(Mais elle ne veut pas se laisser interrompre et poursuit :)

— Laisse-moi finir. Laisse-moi finir, tu veux bien ? »

Son ton est très doux et très ferme à la fois. Elle lutte contre les larmes qui l'oppressent. Elle a le visage penché en avant, la tête dans la direction de son mari, le menton en retrait, et elle le regarde de côté et par en dessous, en ponctuant régulièrement ses propos d'un geste un peu tranchant de la main ouverte et tendue de profil vers lui.

« J'ai toujours cru que je ne parlais pas par crainte de blesser l'autre et que l'autre ne pouvait pas ne pas le comprendre. Mais j'ai su, il y a peu de temps, que ce n'est pas ce qui arrive. C'est même tout le contraire. Sur mon fond de silence, toute l'information n'est donnée que par l'autre. Moi, je croyais que, si je me taisais, l'autre comprendrait que son information n'est que la sienne et seulement la sienne. En fait, je me suis rendu compte qu'il la prenait toujours pour la totalité de l'information, comme si mon silence annulait jusqu'à la possibilité que je puisse avoir une opinion, et encore moins une opinion différente. Moi, au début, c'est pas que je ne voulais pas, mais je ne *pouvais* pas exprimer les choses... »

Elle s'arrête un court instant, puis se tourne vers moi. J'avoue que je suis assez stupéfait de la manière dont elle a pu cerner ce problème de l'information et l'énoncer avec une formulation aussi précise et lapidaire. Et, quand elle a insisté sur son impossibilité à exprimer les choses, je n'ai pas pu m'empêcher de repenser à son aventure linguistique. Aventure contemporaine d'un certain nombre de bouleversements sur le choix de vie, les repères culturels et géographiques. À remettre cela, encore une fois, en correspondance avec le récit de son mari sur ses expériences carcérales, je n'ai pas pu m'empêcher de penser qu'il a bien fallu qu'ils en fassent, l'un et l'autre, du chemin pour parvenir, si jeunes, à cette extrémité où ils explorent le fin fond d'une problématique que des siècles de réflexion n'ont pas réussi à rendre moins trouble. Elle s'adresse à moi :

« Mon mari m'a déclaré une fois que j'étais la femme parfaite. Je lui ai fait remarquer que c'était probablement parce que je ne parlais pas. Jusque-là, je faisais tout ce qu'on attendait de moi et tout ce qu'il attendait de moi. J'ai été aussi comme ça avec mes parents jusqu'à l'âge de douze ans. À ce moment-là, je me suis mise à travailler, à travailler très dur pour me donner le droit de penser ou de dire comme j'avais envie. C'est la même chose avec mon mari. Jusque-là, il n'avait rien à redire. Mais maintenant que j'essaie de parler, de dire ce que je peux avoir à dire, parce que je me construis et que j'ai plus confiance en moi, je déchois, je deviens une méchante, une cruelle, une sorcière...

— Moi, l'interrompt-il, j'ai la désagréable sensation d'être marié à une étrangère. Jusqu'à il y a quarante-huit heures, je croyais que j'avais quelque chose, que j'avais vécu quelque chose, au moins à un moment. Avec cette femme, avec ma femme ; et qu'on traversait un sale moment et que ça allait s'arranger. Mais j'ai eu tellement mal ! C'est probablement pour tout le mal que j'ai moi-même produit. Alors je doute. Et, aussi, je redoute [*sic*] encore plus.

— Mais tu ne comprends rien ! Tu ne veux pas m'entendre, tu ne veux pas comprendre que, moi, je n'ai pas voulu te faire mal. J'ai simplement voulu te dire la vérité. Et, cette vérité, maintenant, si je te la dis, c'est pour en faire quelque chose, ça n'est pas pour tout casser. Tiens, par exemple, tu m'as connue comme un être humain bordélique. C'est vrai que j'ai toujours été bordélique et que j'ai toujours trouvé que ranger ou régler les choses, c'est une perte de temps. Toi, tu es ordonné, tu aimes que tout soit propre, parfait, net, rangé. J'ai fait un effort, j'ai fait ça pour toi, pas pour moi, et, maintenant, moi-même je ne suis plus bordélique et je trouve du plaisir à ne plus l'être. C'est comme pour mes culottes Petit Bateau que tu n'aimais pas et que, moi, je trouvais confortables, j'ai fait un effort. J'ai mis de la lingerie fine, j'essaie de mettre des jupes et des robes. Pour les jupes et les robes je n'y suis pas tout à fait, mais pour les petites culottes, maintenant, j'aime bien, je trouve ça très bien, ça me plaît beaucoup et je sais que c'est grâce à toi... »

En écho à Mme Brunette qui aurait pu la rencontrer comme n'importe quelle femme de cette collection dont elle argue, la mère d'Achab pourrait, elle aussi, trouver son « bonhomme » chiant. Après tout, il ne cesse pas de la harceler, de lui demander toutes sortes de choses qui lui paraissent impossibles, comme changer de lingerie, se maquiller, devenir aguichante, ne pas être bordélique, accepter sans rechigner les rapports sexuels quand lui et lui seul le décide. Or, c'est de cette arme extrême qu'elle finit par user : elle se refuse ou, à tout le moins, elle ne marque aucun enthousiasme. Ce qui est vécu en contradiction avec les premiers moments de la rencontre, mais ce qui, quand la question est abordée par le « bonhomme », lui fait regretter de l'avoir soulevée, tant la réponse lui paraît dure à encaisser.

Il est vrai que, en écho à notre richissime quinquagénaire, M. Marquez-Barato aurait pu finir par regretter le temps perdu et raconter combien et comment sa femme, un jour, l'a réduit à l'impuissance en lui infligeant d'affronter crûment une sacrée désillusion.

Si bien qu'on serait tenté de donner raison à Mme Brunette et de convenir avec elle que, décidément, « les hommes et les femmes ne sont pas faits pour vivre ensemble ».

Mais voilà, ce n'est pas à cette vérité que ce couple a adhéré et ce n'est pas la voie de ce fatalisme qu'il a empruntée. Il a préféré affronter l'épreuve. Et ce qui a débuté sur le mode de la violence s'est terminé dans une perspective de conciliation. Non pas par hasard, mais par la mise au point, sinon la mise au grand jour, de ce qui régit le rapport toujours aveugle des partenaires d'un couple quel qu'il soit. C'est passé par la révolte de l'épouse contre ce qu'elle a dit ne percevoir que comme une contrainte (« j'ai toujours envie de faire le contraire de ce qu'on me demande »), puis par la référence au couple parental du père, enfin par la référence à la relation de la mère à ses propres parents (« j'ai été aussi comme ça avec mes parents jusqu'à l'âge de douze ans... »), pour finir par aboutir, d'une part, à l'aveu de l'importance de la déconfiture ressentie et à la prise en charge d'une partie des responsabilités dans la situation (« pour tout le mal que j'ai moi-même produit... »), et à une tirade lénifiante, d'autre part, qui débute par : « Ça n'est pas pour tout casser... » Laquelle fait écho au « alors, je doute. Et je redoute encore plus... », elle-même reprise de cette curieuse formulation : « je suis dans une inquiétude acharnée... ».

Il n'est pas question d'emboucher les trompettes, qui ne sont d'ailleurs pas de mise, d'un triomphalisme illusoire et de prétendre que ce couple soit sorti de l'ornière. Il a seulement franchi une étape. Il aura bien d'autres rechutes, d'autres épreuves, d'autres épisodes de tension. C'est inévitable. Et j'ajouterai que ce sera tant mieux, avant d'étayer mon opinion, parce que ce sera la preuve qu'il demeure vivant et que son entreprise prospère.

Ce qui peut paraître dans une telle affirmation paradoxal ou déroutant ne l'est, en effet, qu'au regard de ce qui prend force d'idéologie dans le fameux discours ambiant de nos sociétés contemporaines. Bien sûr, les discours rassurants sur la vie à deux ne datent pas d'aujourd'hui, puisqu'il n'y a jamais eu un conte de fées ou un conte tout court qui n'ait sacrifié, dans son fond comme dans sa forme, au traditionnel et obligé *happy end*. Mais l'impact du message verbal des contes, simple avertissement désignant une voie possible comme une ligne d'horizon lointaine, n'a aucune parenté avec celui du spectacle offert par l'écriture cinématographique ou télévisuelle qui lui a succédé et l'a définitivement remisé au rancart. Le visuel montre et impose son spectacle, à l'insu du spectateur, comme une indétrônable *évidence* qui finit par fonctionner comme référence ultime, voire comme loi.

Cette proposition peut heurter parce qu'elle reviendrait à soutenir que nos contemporains ne seraient que des jobards dénués de tout sens critique, ce qui, évidemment, ne peut être qu'abusif, vexant et gratuit. Sauf à concevoir qu'il pourrait s'agir, là, simplement, d'une intoxication à bas bruit, d'un piège difficile à démasquer autant qu'à éviter, redoutable et rarement dénonçable comme tel, tant son montage est parfait et quasi cohérent.

Le premier récit de ce chapitre, par exemple, met en relation des événements qui, même s'ils se situent à une grande distance dans le temps, ont besoin d'être articulés ensemble par notre quinquagénaire. Cette articulation ne se fait pas n'importe comment, mais elle associe des faits qui, par certains aspects, ont entre eux une parenté, une communauté, une ressemblance, des caractéristiques semblables ou opposées. La manière dont le « camion » ou le « salon » reviennent dans la conversation comme une ponctuation en apprend bien plus sur les sentiments du locuteur que toutes les explications formelles et linéaires qu'il pourrait donner. Si on prête la même attention au deuxième récit, on y rencontrera des éléments qui s'agencent de la même manière. Est-ce à dire que ce soit l'effet du choix auquel j'ai procédé pour illustrer mon propos ? Pas du tout : en fait, chacun, sans même se rendre compte qu'il le fait, ne procède pas autrement, autant dans la manière dont il écoute un discours, une déclaration ou un récit que dans celle dont il organise ses propres expressions. Il n'y a là rien que de très ordinaire. Et on sait reconnaître la folie ou l'étrangeté à l'écart qu'on perçoit, même confusément, par rapport à cette manière de procéder qui est la règle d'organisation de toute personnalité et celle de toute communication. Nul ne peut, sauf à souffrir de troubles graves, prétendre s'extraire de la manière dont, au fil du temps, il a accumulé des faits, des sensations, des sentiments, des pensées. Même si la collection peut parfois en paraître disparate, dérisoire ou ridicule, chaque élément porte la trace infalsifiable du sujet et n'en témoigne ni plus ni moins que comme constituant son histoire.

Il est évident que, dans un parcours existentiel, sans rentrer dans le détail des mécanismes qui y font loi, des événements peuvent être plus ou moins marquants, plus ou moins vivement ressentis ou plus ou moins anodins et négligeables. Au fin fond de chaque sujet, les collections s'organisent donc selon une hiérarchie qui n'est pas arbitraire, mais qui, elle aussi, se trouve obéir à des motivations strictement individuelles. Ce n'est pas par hasard que le souvenir des expériences carcérales ou celui du comportement de ses parents vient dans l'exposé de notre Sud-Américain. Ce sont des faits qui l'ont marqué, l'ont modifié et ont constitué pour lui les jalons considérables de son devenir et de la conscience de ses aspirations. Bien sûr, l'extrême disparité des éléments de chaque collection individuelle ne peut que rendre problématique sa communication en bloc à un quelconque partenaire. D'autant que l'agencement desdits éléments, leurs articulations et l'ordre dans lequel ils établissent, entre eux, des rapports de commande et de subordination ne sont pas plus apparents au sujet lui-même qu'à son interlocuteur. On en a l'illustration dans les longs échanges des parents d'Achab. Comment pouvait-on se douter, d'emblée, qu'il pouvait y avoir un quelconque rapport entre les jupes et les culottes sexy d'une part et ce qui transparaît d'autre part du conflit du père avec son propre modèle parental ou de la relation de la mère à ses propres parents ? *A posteriori*, et avec à peine un effort, on parvient à saisir, non pas l'intégralité des éléments de l'histoire, pas même un nombre quelconque ou respectable de ces éléments, mais déjà un modèle d'organisation (sûrement provisoire et labile parce que trop simple) des éléments. La meilleure preuve en est que chaque lecteur trouvera les récits que je rapporte sûrement plus accessibles et plus riches d'enseignement que les discours que je cherche à y articuler, quel que soit l'effort de simplicité ou de clarté que je puisse faire.

Si, donc, on se trouve contraint de constater que la grande disparité des éléments individuels explique l'extrême difficulté de toute communication, nous pouvons en tirer déjà au moins deux conséquences immédiates.

Nous pouvons comprendre, d'abord et maintenant, l'énigmatique affirmation de Mme Brunette. Elle nous dirait en quelque sorte que, ayant conscience de l'extrême difficulté que je viens de décrire et tenant à établir un minimum de communication, elle opte pour au moins une communauté d'expérience et de sentir, en adhérant à l'opinion que les femmes sentent toutes pareillement et regardent les choses avec les mêmes yeux. Et, comme elle récidive, en fondant un second ménage après sa rupture avec son premier « bonhomme », elle viendrait comme dire sa conscience aiguë du fait que la vie à deux est une gageure et une aventure, certainement pas toute simple. Et, de cela, on peut lui savoir gré.

Nous pouvons essayer de trouver ensuite, et grâce à son message, ce qui, par-delà la disparité des éléments constitutifs d'une histoire, pousse les hommes et les femmes à s'unir, alors même qu'ils subodorent l'entreprise comme difficile et quasi insurmontable.

Nous serions vite invités à invoquer, pour répondre à cette question presque ridicule, bien évidemment l'amour ou les pulsions sexuelles, nous n'aurions pas à aller nous torturer outre mesure quand les choses seraient si simples. Mais j'ai déjà dit que je trouvais cela par trop expéditif et nettement insuffisant. D'ailleurs, même si pareil recours semble utile, commode et assez fiable pour faire l'objet d'une série de discours savants, il ne rend pas compte des différents tableaux du devenir des couples. Sauf à vouloir le mettre à toutes les sauces, lui faire effectuer toutes sortes de combinaisons et l'utiliser comme un outil de colmatage, malléable et judicieux, de toutes les brèches qui peuvent se constater. Pourquoi notre quinquagénaire a-t-il épousé sa première femme, ou Mme Brunette son premier « bonhomme » ? L'amour ! Pourquoi s'en sont-ils séparés ? Parce qu'ils ont cessé de les aimer ! Pourquoi ont-ils cessé de les aimer ? Parce que, l'amour, c'est un mystère qui naît, s'épanouit et meurt parfois. Mais pourquoi meurt-il ? Parce que ! Parce que c'est comme ça et que toutes les romances et les chansonnettes le disent. Et, si elles le disent, c'est que c'est vrai ! Oui, mais pourquoi ?

On pourrait continuer indéfiniment ce jeu dans lequel les enfants excellent !

Pour ce qui est des pulsions sexuelles, elles aussi peuvent être mises à toutes les sauces. Mais nous en apprendrons bien plus en reprenant l'histoire de la « vache ébouillantée » qu'en faisant, sur le mode infantile, le recensement de toutes les zones de contradiction que nous pourrions relever. Car, de cette jeune femme japonaise, on pourrait dire qu'elle aime incontestablement son époux. Et pourtant elle se refuse aux rapports sexuels. Si nous acceptons le cas de figure comme une occurrence non rare et toujours fascinante, nous pouvons broder suffisamment autour pour en faire un roman à succès. Il y a la matière pour. Par contre, si nous nous astreignons à suivre la progression du dialogue, nous ne pouvons que nous rendre compte que ce qui est censé passer par le sexuel passe bien par le sexuel, mais que cela n'a rien à voir avec ce qui ne passe pas par la génitalité, laquelle n'est qu'une voie parmi d'autres de l'effectuation de la sexualité. Ce refus de l'acte sexuel est donc lui-même de nature sexuelle. Autrement dit, et il me paraît nécessaire de le redire une fois de plus et nettement à cette occasion, on ne doit pas confondre, comme on le fait souvent sinon toujours, la sexualité et la génitalité. Est sexuel tout ce qui a trait au désir. Or, ce désir peut emprunter toutes formes d'expression et s'appliquer à tous les champs imaginables. Assurément, c'est dans l'acte dit sexuel qu'il se manifeste de la façon la plus épurée et la plus radicale. Mais l'exemple même que nous venons de voir illustre bien que l'abstinence volontaire, le refus d'un partenaire peuvent être l'expression parfaite et rigoureuse d'un désir, même si ce désir emprunte la voie de ce que les expressions courantes diraient inconsidérément être du non-désir. C'est évidemment un moyen, excessif probablement (mais y avait-il une autre possibilité ?), de vider un débat sur le fond. Ce débat qui, ramenant à l'évocation des modèles de conjugalité des parents des partenaires, ne fait que mettre au jour un autre débat sur la distribution des pouvoirs. La métaphore de la clef, de la faim et du robinet vient bien le dire, et reçoit en écho : « j'ai toujours envie de faire le contraire de ce qu'on me demande... ». Lequel propos, à être mis en parallèle avec un autre (« je me demande si ce n'est pas toi qui as choisi de prendre la place de mon père... »), renvoie à un conflit qu'on devine avoir eu lieu, et de façon violente, entre cette jeune femme et son propre père.

Ce qui nous fait retrouver en filigrane le sourire, sincèrement navré et toujours très doux, de Mme Brunette qui nous invitera, une fois de plus, à la suivre dans la voie de la sagesse qu'elle a su découvrir. Puisque nous aboutissons à cette quadrature du cercle que constituent les luttes de pouvoir entre *deux* individus, autant en prendre notre parti et renoncer à continuer de nous creuser la tête.

Et notre contexte social, alors, de triompher et de faire retour en nous offrant, oblatif et sans rancune, ses solutions sages, pragmatiques, bon marché, séduisantes et réalistes.

N'aurions-nous pas mieux fait de cantonner notre énergie à la seule tâche dont elle soit digne : soigner les enfants ?

Mais est-ce vraiment du temps perdu, d'autant que c'est à suivre cet enfant et toujours l'enfant que nous parviendrons, sans doute, à comprendre du mieux possible les ornières que chaque génération ne fait que creuser un peu plus sous ses pas ?

Gageure ?

Pourquoi pas ?

Et ne mérite-t-il pas que nous la relevions ?

Sixième partie

PLAIDOYER POUR L'USAGE D'UNE GRAMMAIRE ÉLÉMENTAIRE

Une trop grande promiscuité entraîne la confusion. Seule la bonne distance assure le salut de chacun.

(Aphorisme
du folklore judéo-libyen.)

Celui qui défend les pères par ses paroles ressuscite les morts par chacun de ses mots.

(Extrait du rituel
de la prière juive de l'après-midi.)

Accepter, à cette étape de la réflexion, de se laisser impressionner par les ricanements tonitruants et victorieux du contexte social, c'est faire preuve d'une sensiblerie certaine autant que d'une désespérante surdité à la dénonciation de ses stratagèmes. Se laisser gagner, sans résister, à son avis que la problématique du couple est bien trop complexe pour être abordable ou compréhensible, c'est faire preuve d'une regrettable paresse ! S'en laisser imposer, enfin, par tous les discours contradictoires et hargneux qu'il a fait fleurir autour de la question, en particulier ces dernières décennies, c'est participer sciemment à la dérive qu'il vise et dans laquelle il ne pourrait que nous entraîner définitivement et immanquablement.

Il est vrai que, pour renverser un courant aussi bien entretenu, il ne faut pas seulement se désolidariser des positions prêtes à l'emploi qu'il offre si généreusement, il faut surtout le vouloir et accepter pour cela de faire un petit effort. Un effort qui n'aurait rien d'excessif devrait, en effet, suffire pour sortir de l'impasse et pour parvenir, sans le moindre artifice ni le moindre recours à un matériel autre que celui dont nous disposons, à y « voir clair », comme nous inviterait à le faire Mme Brunette — qui ajouterait sûrement, avec la sagesse et la sérénité qui la caractérisent, que c'est toujours « mieux ».

Partons du modèle de la démocratie à deux. N'est-ce pas ce qui apparaît dans l'esprit de chacun comme la solution, sinon idéale, du moins la plus intelligente, de la vie du couple ? Si ce modèle a été autant vanté, si son adoption a été autant encouragée, n'est-ce pas avant tout parce qu'il constitue le pendant le plus parfait de la démocratie élargie dont l'organisation de nos sociétés ne peut que vouloir s'enorgueillir ? Il serait le moyen le plus simple de parvenir à une sorte d'identité structurale, rassurante et facilitatrice, entre les modèles sociaux élémentaires et le système plus vaste qui les englobe. Mais un fait essentiel demeure tu et se trouve au principe de toutes les méprises : sa mise en œuvre s'avère, dans la pratique, extrêmement difficile, et ressemble à s'y méprendre à un exercice acrobatique sinon périlleux. Un homme généreux, d'un libéralisme aussi méritoire et aussi apparemment oblatif que M. Marquez-Barato ne semble-t-il pas en avoir rencontré la limite ? Au point de commencer son discours en déclarant, amèrement, qu'il ne veut plus d'enfants tant la présence de cet enfant a paru être parvenue à l'exclure du lit conjugal auquel il estime avoir un droit légitime. Ce serait comme si, selon ses propres dires, sa partenaire, d'être devenue mère, avait soudainement, et sans raison bien claire, voulu cesser d'être femme.

Notons, sans tarder, que l'exploitation de ce cas va se poursuivre encore longtemps au point de pouvoir paraître outrancière. C'est qu'il présente l'avantage de montrer les protagonistes ne se heurtant pas avec de banales, péremptoires et simples affirmations, mais n'hésitant pas à aller explorer les problèmes jusqu'au fond le plus profond de leurs pensées, en permettant que s'effectue, de la sorte, une circulation de parole d'une rare densité. L'ensemble constituant un exemple, peu habituel, où la compétence et la bonne volonté des deux partenaires sont mises sans réserve au service d'une adhésion sans limites au modèle démocratique dont l'avènement semble recherché de la manière la plus têtue.

Est-ce à dire que ce modèle ne serait qu'une solution lointaine que chacun doit seulement s'efforcer de chercher à atteindre et vers laquelle il doit tendre toute son énergie ? S'il en était ainsi, on pourrait prétendre avoir enfin trouvé le moyen subtil, efficace et intelligent de mobiliser les individus vers un but, somme toute, assez remarquable. Le fait regrettable, c'est que, à l'usage, l'incitation semble ne pas tenir longtemps ses promesses et aboutir souvent à l'échec autant qu'à la désaffection. Comment comprendre alors que sa séduction et son pouvoir attractif puissent continuer de s'exercer à ce point sur les couples qui se constituent ? N'est-ce qu'un effet lié à un ordre des choses dans lequel les humains ne sauraient, jamais et en rien, tirer le moindre enseignement de l'expérience de leurs semblables ? Pourquoi pas ? Mais cela n'exclut pas la possibilité que ce soit, néanmoins, l'effet d'un leurre supplémentaire et savamment entretenu de nos modèles sociaux.

Il suffit, en effet, de dire la chose possible, d'en taire soigneusement les difficultés et les écueils, puis de la vanter comme hautement prometteuse, pour voir, malgré la déconfiture clamée de ceux qui en seront revenus, s'engouffrer dans l'aventure les cohortes renouvelées de candidats qui, mus par une considérable générosité, seront solidement déterminés à s'y essayer. Or, placés dans de telles conditions, ils ne pourront récolter que déceptions et dégâts.

Mais ces dégâts, qui paraîtront regrettables et dommageables aux seuls intéressés, ne se seront pas produits en pure perte. Ils feront la joie et les délices de notre contexte qui se hâtera de reconnaître à chacun le droit inaliénable d'exercer sa liberté : c'est-à-dire le libre droit aux manifestations de son humeur, la libre et entière disposition de sa personne et sa toujours libre appréciation de la situation. L'ensemble étant assorti de l'affirmation réitérée du respect individuel et de l'encouragement le plus ostensible et le plus véhément à l'exercice jaloux de l'autonomie : que celui qui veut se séparer de son partenaire ne connaisse aucune entrave à son désir, mais puisse trouver, bien au contraire, dans une organisation judicieuse mise à son service, toutes les facilités dont il puisse rêver !

Le bénéfice de cette opération sera aisément présenté comme immense pour les intéressés, mais il le sera surtout et en tout premier chef, sans que rien n'en soit dit, pour le contexte lui-même qui en sortira grandi : il verra reconnus et applaudis son louable souci de l'égalité, son sens des réalités et son respect effectif de la liberté de chacun. Il pourra, de surcroît — et ce sera sans doute, sinon son plus grand mérite, du moins son plus grand bénéfice —, distraire d'une critique possible de ses choix ou de ses orientations des individus qui ne sortent jamais ni tout à fait bien ni tout à fait comme avant de ce genre de naufrage. D'autant que bon nombre de ces individus, engoncés dans les méfaits de leur mésaventure, n'auront pas la moindre velléité de critiquer la structure qui les aura conduits à cette impasse. Ce ne seront pas eux qui iront faire le procès du modèle de la démocratie à deux. Ils seront bien trop longtemps occupés à remâcher leur mésaventure, chacun restant intimement persuadé, pour son propre compte, qu'il avait été partie prenante et sincère pour fonder ladite démocratie, qu'il a malheureusement été berné et que c'est l'autre, toujours, qui est cause de l'échec pour n'avoir pas respecté la règle du jeu.

M. Marquez-Barato, démocrate convaincu et profondément convaincu, au passé politique qu'il nous fait découvrir en parlant des geôles sud-américaines dont on sait que les tenants de la démocratie en sont les victimes quasi exclusives, ne peut qu'aligner les preuves de son adhésion à l'esprit qui doit animer une pareille entreprise. Il y montre, à n'en point douter, de louables dispositions, puisqu'il va jusqu'à affirmer qu'il ne décidera pas comme son presque-barbare-de-père de mettre sa femme au lit quand lui seul le voudra. Il va d'ailleurs encore plus loin, puisque, comme nous l'apprend son récit, il ira jusqu'à supporter, pendant de nombreuses années et toujours au nom du respect de son option initiale, une dose certaine de frustration dans l'exercice de son activité génitale. (Nous serons amenés à réexaminer ce détail, parce que nous n'avons pas fini d'épuiser l'enseignement et la signification profonde de ces atermoiements et de cette révolte.) Certes, cet homme qui respecte les réticences de sa femme même si elles le frustrent n'hésite pas pour autant à lui demander de porter des culottes sexy et de se maquiller, comme elle nous l'apprend elle-même. Mais cela suffit-il à remettre en cause ses bonnes dispositions, à disqualifier son attitude ou à faire dire qu'il ne serait pas, malgré ses protestations et les preuves qu'il aura données des années durant de sa bonne volonté, un véritable adepte de la démocratie à deux ? Ce serait un peu expéditif ! Et conclure dans ce sens serait faire preuve d'une hâte pour le moins suspecte ! La seule conclusion, provisoire, qu'on puisse tirer du constat de ces contradictions, sinon flagrantes, du moins notables, même si elle est un peu maigre, mérite néanmoins d'être déjà énoncée : l'exercice de la démocratie à deux n'est pas une chose facile ; il n'est ni simple ni évident.

On voit mal, d'ailleurs, comment pourrait s'organiser efficacement, dans cette optique, un modèle sans heurt et qui puisse affronter la réalité. Et, s'il pouvait en être, serait-ce vraiment de la démocratie ? Ne se trouverait-on pas, plutôt, dans un conjungo doucereux et toxique dont l'idée largement répandue comme exemplaire se situe à l'opposé du respect des individus qui forment couple ? Pourrait-on imaginer une sorte de véritable concours de désintéressement concerté et mutuel sous la forme d'une double et perpétuelle oblativité qui peuple les rêves des jeunes gens ou de ceux qui sont dans l'attente impatiente d'une union, comme l'est, par exemple, notre quinquagénaire camionneur ? Cela reviendrait à croire à la possible performance de perpétuels et répétitifs « Après vous (toi), je vous (t') en prie ! », « Non, non je n'en ferai rien ! », « Mais si, mais si... », « Mais non, mais non... », etc., qui, directement issus de l'imagerie rose bonbon d'une presse du cœur stupide autant que dévastatrice et largement relayée par les feuilletons télévisuels, ne pourraient produire, en fin de compte et à l'usage, que la sidération ou la paralysie.

On peut, certes, ne rien vouloir entendre à tout cela, balayer l'existence de cette argumentation faite de dérision et s'obstiner à opposer à des affirmations qui pourraient être jugées arbitraires ou expéditives le plus cinglant et le plus vigoureux des démentis. On ne se ferait pas faute de citer des solutions élégantes et judicieuses qui ont de plus en plus cours et qui seraient rentrées dans l'usage : la répartition des tâches, devenue indispensable depuis que le travail féminin s'est généralisé (« ceci est de mon domaine, ceci est du tien » ; « ceci est de ma compétence, de ma responsabilité, et ceci... », etc.) ; ou bien celle des panels (« bon, on se réunit, on en parle, on réfléchit, on envisage toutes les possibilités, on se munit de tous les avis et on prend une décision... ») ; ou bien encore la fameuse concertation (« ne faisons les choses que si nous sommes bien d'accord, tous les deux, pour les faire »). Mais il tombe sous le sens que ces inventions ne fondent leur succès que sur la seule séduction de leur formalisme.

En théorie, c'est vrai que c'est de la plus belle eau, mais, dans la réalité et dans la mise en chantier, c'est une tout autre affaire. C'est tout simplement impossible. Cela ne peut pas se passer sans anicroche. Quand un problème se pose et que les avis divergent, c'est qu'ils ont toutes les raisons de diverger. Les amener à converger n'est pas un mince travail ni une opération simple. Notre Sud-Américain, quand il demandait à sa femme de mettre des culottes sexy, ne pouvait pas avoir, lui, le moindre doute sur la validité de sa demande et le droit qu'il avait de la faire. Il ne pouvait pas imaginer un seul instant que cette demande pût être choquante pour son épouse. Sinon, l'aurait-il faite ? Certainement pas ! On peut même supposer qu'il a su y mettre, et qu'il y a mis, les formes nécessaires, en suggérant que..., en disant que si..., en déclarant possible..., etc. Son épouse, en symétrie, quand elle se refuse aux rapports sexuels, ne dit-elle pas elle-même ne pas comprendre pourquoi son mari se révolte contre ses réticences ? On peut imaginer qu'elle n'a probablement pas manqué d'invoquer quelque excuse, de se trouver quelque raison ou quelque prétexte. C'est seulement la répétition de l'effet des raisons ou des suggestions ou des prétextes qui amène au constat dans toute sa sécheresse et à sa narration dans sa brutalité. Chacun a sacrifié aux formes exigées par l'exercice de la démocratie à deux. Mais le fond des pensées, lui, est demeuré le même. Les demandes, les exigences ou les avis ne peuvent que diverger. Et ils divergent nécessairement, ne serait-ce que parce qu'ils s'émettent de la bouche de chacun des partenaires et que des différences fondamentales et irréductibles existent entre lesdits partenaires. Si le couple décide, après trois ou quatre ans, de venir parler de tout cela, c'est bien la preuve que la situation avait fini par devenir impossible.

Encore pourrait-on refuser cette démonstration parce que cet exemple serait trop restreint, trop complexe, insuffisamment exploité pour l'instant ou à connotation trop violente. Soit !

Prenons un autre exemple, très simple et quotidien. Un couple décide de partir en vacances, l'un des partenaires voudrait aller en Grèce et l'autre en Espagne. Disons que ces solutions seraient strictement équivalentes sur tous les plans et ne différeraient que par une simple question d'attirance individuelle. Ils ne vont pas partir chacun de son côté, ça n'a pas de sens, encore que ça se fasse de plus en plus. Ils partiront donc soit en Grèce soit en Espagne. Il est certain, alors, qu'il y en aura toujours un des deux dont le désir initial n'aura pas été satisfait. Une issue à l'alternative pourrait être celle de choisir un pays tiers. Mais le problème se reposera de manière strictement identique. Car ce pays tiers sera nécessairement invoqué par l'un plutôt que par l'autre des partenaires, et sa seule évocation indique bien une asymétrie dans l'attractivité que peut exercer ce pays sur chacun des deux pris individuellement. Essayons, à la limite, d'imaginer qu'il pût exister un pays tiers qui fasse véritablement l'unanimité, chacun des deux partenaires ne pourra pas oublier qu'il ne s'agit, en l'occurrence, que d'un choix second, et qu'il aura consenti à l'autre une concession sur ce qui était son désir initial. Or, les mécanismes qui interviennent dans toutes les situations à potentiel conflictuel ne sont qu'une complexification de ce mécanisme élémentaire. N'y portons aucun jugement, c'est déjà assez difficile comme ça, contentons-nous de continuer à procéder au simple démontage de ces évidences et d'essayer de voir ce qu'elles impliquent.

Il nous est facile de comprendre que, si les partenaires trouvent, tôt ou tard, des solutions qui peuvent être complémentaires, et s'ils y consentent, c'est parce qu'ils les espèrent provisoires et les introduisent toujours et immanquablement dans une forme de stricte comptabilité qui contrebat toute idée de désintéressement ou d'oblativité. C'est cette même comptabilité que la venue de l'enfant remet en chantier et dont on a vu qu'il en exige une exécution artisanale et une forme de résultat affiché pour lui servir de point de départ dans l'existence. En fait, les partenaires, déjà, comme toujours, négocient. Ils ne font que négocier. Ils ne cessent pas de négocier ce qu'ils perçoivent comme des amputations mutuelles et mutuellement concédées. Même quand il s'agit de concertation, de délimitation des rôles ou des prérogatives, on sait bien que celui qui convainc est en général celui qui a proposé ladite concertation et que la répartition des tâches ne se fait jamais aisément : celui qui finit par céder en veut toujours, plus ou moins consciemment, à l'autre de l'avoir convaincu, et celui qui a convaincu en veut à l'autre d'avoir dû user de temps pour le convaincre et de n'avoir pas bénéficié de la confiance spontanée et de la concorde réputées, à en croire la rumeur du contexte, devoir régner au sein des couples et être favorisées par le fameux amour. Sur fond de cette réputation de facilité qui seule peut expliquer la sagesse des mesures libéralistes et souples du contexte social, cela se passe toujours dans le dépit et l'amertume. Et cela ne se supporte précisément que comme devant être impérativement provisoire. Les partenaires ne cessent pas de se guetter en attendant la faute de l'autre, l'erreur de l'autre, l'écart de l'autre qui leur permettra de pouvoir retrouver un bout de zone d'influence supplémentaire. La comptabilité la plus méticuleuse s'instaure, répétons-le, en ne laissant rien passer, en affectant le moindre événement d'un indice d'importance, en le versant dans tel ou tel secteur, et en produisant, mieux que ne le ferait le plus perfectionné des ordinateurs, des bilans instantanés de la situation, sans la moindre coquille ou le moindre oubli.

On pourra s'en étonner peut-être, mais ce comportement pointilleux n'a rien d'horrible ni de monstrueux, et encore moins d'exceptionnel. Il est banal, courant et strictement de règle. Car ce n'est ni plus ni moins que de l'échange, ce qui, inclus dans la vie d'un couple, introduit *a fortiori* et implicitement la dimension du sexuel. C'est du sexuel, là autant sinon plus qu'ailleurs. Et le sexuel réclame et exige, pour sa satisfaction, et pas seulement dans le domaine génital, l'existence d'un partenaire ! D'ailleurs, si on examine la teneur de la comptabilité que recèlent les textes ou les doléances de M. et Mme Marquez-Barato, on pourra constater qu'elle est spécifique de chacun d'eux. Comme si elle était proprement conforme au sexe de chacun des partenaires. L'une, masculine, fait dans le détail et propose des correctifs sur le mode du maquillage, des fanfreluches, des talons hauts et des culottes sexy. L'autre, féminine, refuse ces termes, se révolte contre ce qu'ils représentent, mais s'agrippe, en revanche, à des notions intangibles d'identité (« ça, c'est une attaque, ça, c'est une forte attaque »), tout en concédant que des progrès peuvent se faire par une voie bien plus générale et presque passive (« maintenant, moi-même, je ne suis plus "bordélique" et j'y trouve du plaisir »). Nous verrons plus loin combien et comment ce genre de distribution n'est ni gratuit ni hasardeux.

Ce qui achève de ruiner définitivement l'exemplarité dont on veut affubler le modèle de la démocratie à deux, si tant est qu'il puisse prétendre avoir un statut autre que celui d'une illusion, c'est que les partenaires, qui ne sont pas chacun seul, ne sont pas, dans l'espace de leur rencontre, fût-il restreint au lit conjugal, isolés. Ils s'y retrouvent plus ou moins nantis, plus ou moins alourdis, plus ou moins riches, plus ou moins denses, plus ou moins influents. Parce qu'ils ne cessent pas de se mouvoir et d'être munis de leurs acquis et de tout ce qui les a marqués et a fait d'eux ce qu'ils sont et pas autre chose. Ils seraient, par leur accumulation d'expériences, tout comme des masses volumiques à facettes multiples et multiformes. Placés sur telle facette étroite, leur centre de gravité ne leur permet aucun équilibre, ils se laisseront convaincre et ne pourront que laisser à l'autre le soin de modifier leur position, espérant bien pouvoir lui rendre, tôt ou tard, la pareille. Placés, en revanche, sur une surface large qui les rend stables, ils sont inébranlables, attendant que leur position soit reconnue comme prévalante, et deviennent alors convaincants. On conçoit que, à prendre un continuel appui l'un sur l'autre, ils puissent, en fonction des événements auxquels ils se trouvent confrontés, changer de position et de facette et se trouver dans un mouvement constant dont la comptabilité serait comme l'équation fondamentale. Or, ce qui fait leur masse, leur volume, leur assise, et distribue leur plus ou moins grande stabilité, c'est le contenu de leur histoire. C'est-à-dire leurs déterminants, les éléments les plus divers de leur passé, la panoplie des personnages que leurs expériences existentielles respectives ont croisés et qui les ont plus ou moins, plus ou moins fort, plus ou moins durablement marqués. Et, trônant au sommet de cette panoplie, occupant la place la plus grande, nimbées de toutes les auras, de tous les mystères et de toute la puissance, les inévacuables et toujours formidables figures parentales. Celles-là, plus que toutes en effet, sont fondamentales et constituent la clef de voûte de tout l'édifice relationnel. Tout simplement et tout bêtement parce que les relations qui y ont été nouées au décours de l'enfance, quelles qu'en aient été la teneur ou les circonstances, sont les plus intenses et les plus formatrices qui soient, les plus durables et les plus persistantes, aussi.

Ne laissons pas passer l'occasion d'éviter un malentendu qui pourrait se greffer à ce niveau et risquer de soutenir une idée entièrement fausse, mais qui a la vie dure. Il est en effet courant de nos jours d'entendre dire que la responsabilité des parents dans l'éducation des enfants serait tellement importante que toutes leurs erreurs ne pourraient qu'être préjudiciables aux enfants. Ce point de vue ne se trouve largement répandu que grâce à la subtile culpabilité qu'il ne cesse de sécréter et de manipuler pour asseoir une autre forme certaine de pouvoir du contexte social. Car, si c'était aussi vrai et aussi simple, cela conduirait à décider qu'il pourrait y avoir un mode d'être, d'éduquer, d'élever qui pourrait préserver l'avenir des enfants. Or, ça, c'est non seulement impossible, mais totalement illusoire et dangereux. Parce que chaque parent devrait, à chaque moment de son existence et pour le moindre de ses comportements ou pour la moindre de ses décisions, pouvoir avoir en mémoire, instantanément et syncrétiquement, de manière fulgurante et efficace, l'ensemble des réseaux qui commandent ses motivations et pouvoir en faire immédiatement un tri soigneux et sans erreur. On conçoit que, à croire cela possible, plus personne ne se sente autorisé d'agir. Et combien toutes les entreprises d'information quels que soient leur motivation ou le véhicule qu'elles empruntent ne peuvent aboutir qu'à une plus grande sidération, si ce n'est pas à la démission parentale. Les enfants ne peuvent que pâtir de cette regrettable passivité, mais on devine qui peut, une fois de plus et une fois encore, en récolter les bénéfices.

À l'écart d'une idée aussi aberrante, chercher à comprendre la prégnance des réseaux relationnels de chaque individu à son couple parental, ce n'est pas seulement destiné à s'attarder sur des considérations idéologiques. Ce n'est pas, non plus, pour satisfaire une simple curiosité ou sacrifier au pur formalisme d'une méthodologie. Cela permet de saisir l'intégralité de chacun des discours des trois cas exposés, par exemple, et, par-delà ces discours, l'essence de tout discours qui peut se tenir dans ce domaine, et ce, quelle que soit la sexuation du locuteur.

Car notre quinquagénaire et sa première épouse autant que l'encore-très-jeune Mona, Mme Brunette et chacun de ses « bonshommes » autant que les autres femmes qu'elle cite en référence, Aglaë, Bertrand et Georges-Henri, M. Marquez-Barato et son épouse nippone, Achab, Paulin, Frédéric, Fanny, Gilles, Jonathan, Sarah ou Léo, Benoît-Fermton, sa mère et son père, le marchand de journaux, le concierge ou le buraliste, qui on voudra, le lecteur qui déchiffre cet écrit et moi-même qui l'agence, partageons en commun une expérience strictement universelle qui influe sans relâche et continuellement sur chacun de nos comportements, quels que soient nos conditions, nos métiers, notre sexe et nos âges : nous sommes, tous et sans exception, nés d'une mère et, autrement dit, issus d'un corps de femme. Aucun de nous ne peut prétendre pouvoir ou avoir pu échapper, ne serait-ce qu'une fraction de seconde, à ce qui mérite, au sens le plus fort du terme, le nom d'expérience. Je sais que, l'objection d'actualité qui pourrait m'être faite, c'est que la grossesse masculine c'est pour bientôt. Mais je ne fais pas de la prospective ni de la fiction. J'entreprends seulement d'explorer un domaine suffisamment ardu et je n'ai pas l'intention de me disperser dans de détestables conjectures ou de délirantes supputations.

Être né d'une mère, cela veut dire, pour chacun — rappelons-le une fois de plus et rappelons aussi que la démonstration scientifique en a été largement faite —, que, dès après notre conception, bien avant notre naissance, longtemps avant notre naissance, nos organes des sens, qui, à l'exclusion de la vue, étaient fonctionnels, ont accumulé, sur un terrain, une matière, un cerveau absolument vierges, une quantité considérable mais finie de perceptions, toutes, sans exception, issues du corps maternel. Imaginons ces perceptions comme des objets de volumes et de formes divers que l'on mettrait au fond d'un coffre. Toutes les autres perceptions, comme autant de couches successives venant être disposées dans ce coffre, au fil du temps et de la vie, se rangeraient, selon leur ordre de mise en place et les lois de la pesanteur, en relation étroite avec les interstices, les espaces qui se trouvaient entre les objets, épousant la forme de ces objets, et se trouvant marqués dans les rapports qu'ils instaurent entre eux, par la présence même et la conformation de ces objets. On conçoit, à poursuivre l'effort d'imagination, que les espaces entre les objets et la trace des objets eux-mêmes ne s'effaceront jamais tout à fait, mais que leur moindre accentuation ne se fera que sous l'amoncellement des strates de perceptions et que cet amoncellement demandera un temps assez considérable. On comprend, par le biais de cette image, que l'importance de la mère puisse être plus grande pour un nourrisson ou un enfant que pour un adulte ou un vieillard. Mais on comprend aussi comment elle peut, définitivement et à jamais, persister et intéresser tout individu quel qu'il soit.

La présence de ces objets initiaux, on l'aura compris, contribue à forger la singularité des individus autant qu'elle s'offre, dans le tout petit âge, comme réceptacle de l'histoire transgénérationnelle.

Par l'attention qu'elle porte à son enfant, par la satisfaction, de quelque ordre qu'elle soit, qu'elle ressent de sa présence, par la place que cet enfant occupe dans son économie personnelle, telle mère saura trouver les gestes adéquats pour donner du plaisir ou de la réassurance, voire de la sécurité, alors que telle autre en sera empêchée ou quelque peu gênée. Ce que tel enfant percevra, recueillera, accumulera sera nécessairement différent de la perception, du recueil ou de l'accumulation de tel autre. Et tout cela, ne le perdons pas de vue, passe par le rapport des corps et par ce rapport seul. Il va sans dire que ce rapport est lui-même conditionné par le rapport du corps maternel à sa périphérie. Ce qui inclut le corps de la mère comme véhicule de ses déterminants et de son histoire qu'elle transmet, ainsi, aisément et intégralement.

Mais qu'en est-il du père ? Parce qu'il existe aussi, et que, présent ou absent, il ne peut pas ne pas avoir d'influence sur son enfant.

Pour lui, il en va tout autrement.

Il n'y a jamais eu et il ne peut pas y avoir entre son corps et celui de l'enfant de communication immédiate. De cette communication favorisée par l'emboîtement des corps que produit la grossesse et qui se prolonge par la contiguïté des mêmes corps après la naissance. Un père peut s'évertuer à materner, à changer, à nourrir, ce qu'il apportera sera immanquablement et toujours versé, dans les registres perceptuels de l'enfant, au compte d'une action strictement maternelle — ce que d'ailleurs chacun perçoit, ne serait-ce qu'en désignant couramment cette action comme maternante. L'étalonnage sensoriel du tout-petit, qui s'est fait sur les seules afférences issues du corps maternel, ne reconnaîtra à ces gestes aucune spécificité. Il ne les recueillera que comme substitutifs et apparentés à ceux qu'il aurait pu obtenir de sa mère, même s'ils ne sont pas très exactement conformes à l'attente qu'il en avait. Tout comme il l'aurait fait de ceux d'une nourrice, d'une tante, d'une grand-mère, et tout comme il le fera plus tard de ceux des tatis de crèche. Cet étalonnage précis et méticuleux serait comme la base d'une grammaire élémentaire mais prodigieusement rigoureuse, ou, pour parler plus moderne, la base d'un logiciel informatique avec lequel aucune négociation ne peut être possible.

Autrement dit, il n'y a pas d'information que le corps du père puisse transmettre à son enfant ou qui puisse être spécifique de leurs rapports mutuels. Il n'y a pas, au tréfonds, au fin fond de la mémoire de quelque individu qui soit, de souvenir qui porterait la trace du corps du père. Il ne peut donc y avoir aucune possibilité pour un père de transmettre, comme peut le faire la mère, par ses gestes ou son corps, ses déterminants ou son histoire. Il ne pourra le faire, sur ce fond de distance irréductible, que par le biais de la parole, et encore cela demandera-t-il des conditions précises.

Attention ! Cela ne veut pas dire que le père soit, pour autant, une entité seconde ou négligeable. Bien au contraire. Il est une entité première, fondamentale et absolument indispensable au développement harmonieux de l'enfant. Au point que j'ai été amené [10], face à ce que j'ai nommé *acquis*, pour situer l'apport issu des afférences du corps maternel, à dire du père qu'il constituait un *dû* à son enfant. Il est fondamental donc, mais, et il faut bien le comprendre, d'une tout autre manière que la mère. Il ne l'est pas par son corps ou ses gestes propres et strictement inidentifiables par l'enfant, il ne l'est que par sa parole et principalement par ce que représente cette parole pour la mère qui, elle, pourra transiter par ses gestes l'effet de cette parole à l'enfant. Autrement dit, l'action du père se situe primordialement dans ce que j'ai appelé, plus haut, la périphérie du corps de la mère et peut occuper dans cette périphérie une place plus ou moins importante, plus ou moins décisive.

C'est la mère, en effet, qui introduit le père de son enfant auprès de son enfant en le lui désignant comme tel. Et cela n'a pas plus besoin de grands discours que de déclaration formelle et péremptoire. Les gestes les plus simples, en général, y suffisent, dès lors que ces gestes témoignent de l'importance que le père a pour la mère : importance suffisamment grande pour qu'elle puisse la reconnaître comme partie intégrante et primordiale de son propre désir. La grammaire élémentaire de la perception du tout-petit versera au compte du père tout ce qui se sera exprimé de cette nature dans la gestuelle maternelle, tout ce qui viendra en tempérer le sentiment d'autarcie et la violence potentielle qui risquent de faire débouler sur lui, sans la moindre atténuation, l'histoire transgénérationnelle de sa mère. La mère apparaîtra, alors, comme ce qu'elle est en réalité, une moitié seulement du pôle parental ; une moitié parfaitement définie et, avant toute chose, se définissant elle-même comme telle. C'est par ce biais précis et indispensable que le monde symbolique deviendra alors accessible à l'enfant.

Un père, je l'ai déjà dit, peut souhaiter transmettre à son enfant quelque chose de lui, de son histoire, de sa place ou de son importance, il ne le pourra jamais que par l'intermédiaire des effets du corps de la mère sur l'enfant. Ce serait comme si sa parole ne pouvait pas transiter par une autre voie et que l'impact qu'elle aurait sur la mère venait subvertir les gestes de cette mère et interférer dans la manière dont ces gestes réagenceraient la disposition des objets au fond du coffre, pour reprendre la métaphore déjà utilisée.

On comprendra mieux, maintenant, que l'accession des parents à leur statut respectif ne se fasse que sur un mode asymétrique. Et c'est la prise en compte et l'acceptation de ce caractère asymétrique qui sera strictement constitutif des rôles différenciés qu'ils auront à jouer. Un père peut s'évertuer à jouer les mères en croyant pouvoir le devenir ou assurer un peu mieux sa place d'autre parent, il ruinera toutes les chances qu'il avait au départ et ne sera jamais qu'une figure chichement investie et difficilement investissable. Une mère pourrait s'évertuer à vouloir jouer les pères et éloigner d'elle, volontairement ou au nom de quelque *a priori* personnel, son enfant, elle ne paraîtra jamais pour cet enfant que rejetante et dangereuse.

Si les deux pôles parentaux ne sont pas strictement définis par une relation d'interdépendance, jamais l'enfant ne pourra percevoir, dans son champ d'expérience, le rôle de cette instance tierce qui permet la fameuse triangulation et qui lui permettra un jour de s'éloigner, libre, de sa base.

On pourrait envisager l'examen de tous les cas de figure : entente, mésentente des parents, facteurs concordants ou séparateurs, etc. Mais ce n'est pas ici le propos. Car je n'ai voulu que survoler le problème pour en dégager deux éléments importants :

— la relation d'un enfant, quel que soit son sexe, au corps de sa mère est spécifique et se poursuit, ne serait-ce qu'à l'état de trace, tout au long de son existence ;

— il n'y a et il ne peut y avoir de relation spécifique d'un enfant, quel que soit son sexe, au corps de son père. La relation d'un enfant à son père ou d'un père à son enfant n'est médiatisée que par la parole et passe nécessairement par le pivot que constitue le corps de la mère.

Cela étant admis et, je l'espère, suffisamment étayé, la conséquence qui en découle immédiatement, c'est que le réexamen de la fameuse démocratie à deux, à la lumière de ces développements, en découvre le côté fallacieux et proprement trompeur.

Où pourrait s'ancrer une quelconque similitude entre des partenaires puisque la fonction de leurs parents autant que leur fonction parentale propre est constitutivement asymétrique ? Quelle serait la prétendue supériorité masculine accusée d'avoir de tout temps écrasé la femme, quand, à l'évidence, un homme peut rester indéfiniment dans l'attente d'une grâce que lui ferait, pour entrer dans une communication fiable avec son enfant, la mère de son enfant en position toute-puissante de pivot ? Et n'oublions pas que les phénomènes qui se produisent à cette étape ne s'atténuent pas dans le passage des générations, mais ne font que se majorer et se radicaliser. Car c'est par la manière dont elle introduit auprès de sa fille une parole paternelle qu'une mère permettra à cette fille, devenue mère à son tour, d'entendre et de désirer répercuter auprès de son enfant la parole du père de cet enfant. C'est par la manière dont elle introduit auprès de son fils une parole paternelle qu'une mère permettra à ce fils, devenu père un jour, de désirer et de pouvoir tenir une parole autour de son enfant. Je ne formule pas en clair ce qui se passe, à l'inverse, quand ces conditions ne sont pas respectées. Chacun peut aisément l'imaginer.

Or, la désaffection des pères de leur fonction est un phénomène qui va croissant et qui s'accentue au détriment de chacun de nous sans exception. Et cette désaffection ne s'est pas faite par hasard, mais par la conjonction d'une série considérable de facteurs autant que par le truchement d'un certain nombre de discours plus véhéments et plus hargneux les uns que les autres et sur lesquels nous reviendrons.

Si la fonction paternelle a son immense importance, c'est qu'elle constitue pour l'enfant issu du corps maternel l'autre terme d'une dialectique libératrice. C'est la fonction paternelle qui permet à l'enfant de prendre, à l'égard du traçage de sa mère sur lui, une distance suffisante pour créer sa propre personne et ses propres repères. Annulant, en quelque sorte, chacun des deux parents par l'autre, il aurait quelque chance de ne pas leur demeurer, constamment et plus ou moins consciemment, assujetti et de devenir un jour, peut-être, le sujet de sa propre parole. Ce qui ne manquerait pas de le mettre en position suffisamment responsable et suffisamment consciente de ce qui l'entoure et le sollicite pour ne pas se laisser, sans réagir, manipuler par des mots d'ordre. Or, si ce cas de figure se multiplie ou si de tels sujets se mettent à exister en grand nombre, le contexte social aura bien plus de mal à les constituer en masse conglutinée, uniformisée et aisément maniable. On conçoit que cela puisse porter quelque préjudice à une politique productiviste et consommatrice. Car on imagine volontiers que de pareils sujets ne puissent être que rétifs à ce que distillent et charrient les divers messages incitatifs et les messages publicitaires de toute nature. On conçoit plus aisément que ce que nous avons repéré, dans les actions du contexte social, comme néfaste à l'instauration d'une certaine mesure revient à un encouragement sans limites de tout ce qui, de près ou de loin, ressemble à une action maternante.

Sans remonter, en effet, à l'aube des temps, ni vouloir faire un historique approfondi de la fonction paternelle et de son impact sur les modèles sociaux, remarquons simplement que l'avènement de la société industrielle ne pouvait que s'en trouver gêné. Et que la question de la persistance ou de l'évacuation de cette fonction a dû alors se poser de façon plus insistante. Comment la défaire, l'annihiler, s'en libérer et en réduire l'importance ?

Le processus qui s'est amorcé à cette époque s'est poursuivi sans rupture et sans relâche jusqu'à nos jours et il a joué remarquablement sur le fameux pivot que constitue la mère pour en bloquer le fonctionnement.

Que peut craindre le plus une mère, sinon la mort de son enfant ? D'autant que l'une de ses plus grandes difficultés existentielles tourne autour de cela. Mettant au monde un enfant, elle perçoit, sans se le formuler ou en prendre la moindre conscience, que cet enfant, qui, tant qu'il était en elle, se trouvait promis au monde des vivants, sera promis à la mort dès qu'il sera sorti d'elle. Ce n'est déjà pas si simple, quand rien de tangible ne menace immédiatement l'enfant. Mais c'est suffisamment présent pour induire chez la mère un comportement phobique, une position sempiternellement coupable et une propension irréductible à la surprotection (qui équivaut à la tentation de remettre cet enfant en elle). Or, si un important conflit armé survient, des enfants de mères mourront en très grand nombre. Ce sera la mise en acte de la plus intolérable des horreurs. Et la trace de la survenue de ces morts persistera indéfiniment. Pour peu que des conflits continuent de s'alimenter et de se perpétrer de par le monde, cette trace sera tout aussi indéfiniment entretenue. Si, de surcroît, les images et les reportages de ces événements ne cessent pas d'être apportés à domicile par la télévision, l'horreur n'en sera, encore, que plus présentifiée et la surprotection ne fera que s'accentuer et s'aggraver. Si on ajoute à cet ensemble la présence de la menace nucléaire à laquelle nous sommes tous soumis, la coupe sera pleine à ras bord. Il peut sembler alors qu'au service de la survie de l'enfant ne resteront plus que les mères vigilantes. Les pères et les autres hommes, en revanche, auront été et se seront eux-mêmes définitivement disqualifiés, par la folie de leurs sempiternelles entreprises guerrières.

Et que peuvent vouloir, en plus, des mères éminemment et encore plus prévenantes pour leurs enfants pareillement menacés, sinon le confort, le bien-être, le bonheur, la joie et la satisfaction des besoins confondus avec les désirs ? C'est autant que ne demande qu'à leur apporter une société au productivisme de plus en plus échevelé. On conçoit que ce ne soit pas par hasard, mais bien pour ces raisons précises et soigneusement tues que l'enfant aura été intronisé par notre contexte social. Alors elles foncent, elles s'adonnent, réjouies et enthousiastes, au don d'elles-mêmes, à l'oblation, au sacrifice, à la résolution et à la prévention de tous les problèmes qui peuvent survenir. Elles sont déjà toutes prêtes, comme la mère des jeunes filles dans l'histoire « La gradation », à aller jusqu'à offrir aux ébats de leurs enfants des lits moelleux plutôt que de les laisser explorer leurs émotions les plus intimes et les plus secrètes dans l'inconfort d'une voiture ou dans celui des champs. Arguant sans relâche de la noblesse de leurs tâches, elles se transmuent sans le savoir, avec la meilleure des consciences et le soutien de tous les discours qui les entourent et leur apportent un indéfectible soutien, aussi bien en mères courage qu'en mères maquerelles voyeuses qui prennent leur jouissance par procuration au travers d'un corps dont elles paraissent ne pas pouvoir admettre qu'il pourrait, un jour, ne plus leur appartenir.

Les faits s'emboîtent admirablement et le piège fonctionne à la plus grande satisfaction des piégées et des piégés eux-mêmes.

Revenons au chapitre des sortilèges du contexte social et on pourra enfiler avec une admirable logique les unes après les autres les perles qu'aura trouvées notre contexte inventif. Mouvance des idéologies, affaiblissement de la famille, libéralisation poussée des mœurs, fracture des couples, instauration des nouveaux modes de conjugalité, procréatique, extrême souplesse d'une société d'où se dégage, de plus en plus nettement, l'idée que « tout est possible », etc. Les enfants des mères se réjouiront impunément et longtemps de pareilles dispositions. Ils croiront pouvoir profiter grassement et gratuitement de l'extraordinaire aubaine. Mais, quand ils prendront acte du fait que tout, tout sans exception, se paie et qu'ils apprendront le prix que tout cela leur aura coûté, il sera trop tard. Trop tard pour revenir en arrière, trop tard pour reprendre la négociation, trop tard pour échapper à l'aliénation. Ce qui leur restera se résume à une alternative simple : en prendre son parti, se taire et reconduire les mêmes erreurs aux générations ultérieures (ce qui ne fera, répétons-le, qu'en majorer les effets), ou bien rompre, rompre tout lien au moyen du formalisme légal, en croyant pouvoir un jour innover, par le recours à la seule intelligence, et sans savoir que la dette qui a été contractée par cette suite de concussions demeurera à jamais ineffaçable, quitte à devoir s'apurer, majorée des inévitables intérêts qui auront couru, sur les générations futures.

La passation de l'histoire, celle du relais à prendre en compte pour l'identifier, savoir qu'il est là et faire avec, celle non moins importante du transgénérationnel qui serait comme un devis préalable ou une forme de cahier des charges, tout cela sera à jamais impossible. On n'assistera plus à une transmission régulière et sans heurt de ce qui constitue une quelconque valeur et qui aura été longuement éprouvé, de ce qui aura été désigné comme danger ou leurre parce qu'ayant déjà produit de nombreux dégâts. On verra simplement surgir des adhésions massives à des mots d'ordre subits ou à des modes encensées par les courants médiatiques. Il n'y aura plus rien pour structurer ne serait-ce que la succession des générations. Elles cohabiteront sur un pied voulu d'égalité, chacune avec ses croyances et ses fois, happant ce qu'elles voudront ou ce qu'elles pourront dans un contexte qui leur en fournira une provende directement issue des impératifs du moment. On a bien vu des scoubidous et des porte-clés servir d'emblème à des générations entières ! Que cela dérive aujourd'hui sur le capillaire, le vestimentaire ou les courants musicaux, rien n'en est fondamentalement changé. Ce ne sont que des changements conjoncturels d'aussi tristes oripeaux.

Mais tout cela, même admirablement conduit et ayant même largement convaincu des preuves de son efficience, peut paraître insuffisant à assurer durablement le résultat. Car, si l'accumulation des déboires des enfants grandissants et le constat de l'échec des moyens mis à la disposition des mères pour « faire le reste » après qu'elles auront consenti à faire ces enfants leur donnaient une conscience soudaine quoique tardive du leurre dans lequel elles sont tombées, que se passerait-il ? Ne mettraient-elles pas leur énergie inépuisable et soudainement recouvrée au service d'un mouvement de renversement ? C'est une hypothèse, et une hypothèse qui se vérifie, par exemple, dans la nature des rapports qui s'instaurent parfois entre belles-mères et brus : la même mère qui aura tout fait pour que son fils n'accède à aucune liberté, la même mère qui aura éjecté de la manière la plus radicale, sa vie durant, le père de ce fils, n'aura pas assez de mots durs et pas assez d'énergie pour tenter de lutter contre la disqualification inéluctable de son propre fils par sa bru nouvelle. Au début, cela ressemble étrangement à un désir jaloux de garder sur son fils l'intégralité de son pouvoir, mais très vite c'est de tout autre chose qu'il se met à être question. Comme si l'enfant nouveau venu à la génération suivante venait brusquement tout faire basculer à nouveau et, peut-être à cause de la distance ou de l'expérience, susciter chez la grand-mère paternelle une soudaine nouvelle et salutaire clairvoyance.

Or, de ce risque, de ce danger, il ne peut pas être question. C'est un processus qui ne pourrait être que dommageable pour le contexte social qui s'évertuera donc à le circonvenir. La dispersion des familles, l'entame des réseaux pergénérationnels, les règles les plus légales prônées pour aseptiser les communications à l'intérieur de la parentèle risquent de ne pas suffire tout à fait à éviter le possible retour à des modes de faire et d'être qu'on voudrait définitivement révolus. Une sécurité supplémentaire s'impose. Elle pourra venir se greffer sur ce qui est déjà acquis. Il suffira de verser quelque huile supplémentaire sur le feu du conflit qui oppose les hommes et les femmes, en excitant un peu plus l'esprit d'une stérile compétition, et en majorant le discours sur les méfaits de la différence. La machine productiviste a eu tout à gagner en mettant les femmes au travail. Et rien n'a été plus facile ensuite que de les mettre en concurrence ouverte avec les hommes. On a soutenu le bien-fondé de leurs revendications et on a salué et encouragé l'éclosion d'un discours dont il a été dit qu'il leur était enfin propre. Mais, bien sûr, on n'a rien changé, car un certain immobilisme, tout comme celui, tactique, de l'administration, ne peut qu'être propice à entretenir et exacerber l'amertume, l'insatisfaction et la hargne qui en résultent. Le discours féministe de ces dernières années a plus fait, par ses excès et sa violence, pour la désaffection des pères de leur fonction que des décennies de toutes les autres options. A-t-il rencontré quelque opposition ouverte ? Pouvait-il être question pour des fils de mère de ne pas consentir une place prépondérante à la parole et aux souhaits de ce groupe auquel appartient celle-là même dont le corps les a si durablement marqués ? Comment imaginer que cette fonction paternelle, dont on a vu combien sa mise en place obéit à des mécanismes délicats, puisse tenir le choc ? Dans la réalité, y a-t-il un père qui ne soit pas ou puisse ne pas être gêné dans l'accomplissement de sa tâche par son traçage initial ? À cet égard, et quand on considère le processus dans son historicité, peut-il y avoir d'autres pères que des pères de pacotille ?

Devant les résultats encourageants de mesures centrées sur le même objectif, il ne restait plus qu'à promouvoir la grossesse masculine comme solution élégante destinée à pallier les inégalités constitutives qui règnent au sein des couples parentaux. N'est-ce pas ce qui s'entreprend ? C'est seulement quand on y parviendra tout à fait qu'on pourra dire que l'entreprise aura pris son rythme de croisière et sera définitivement et à jamais assurée de son fonctionnement sans bavure.

Il va sans dire que c'est au mépris le plus radical des règles de la grammaire élémentaire que ce mouvement aura pris forme et aura atteint le succès qu'on lui connaît. Les critiques violentes, parfois justifiées mais toujours admirablement récupérées et montées en épingle, contre les idéologies qui conservaient un rapport plus ou moins étroit avec cette grammaire ont auguré sa promotion. Mais cela n'a pas suffi. Puisque, et on l'a vu en détail, il ne reste plus un seul secteur de la vie qui gravite autour de la famille qui se soit trouvé préservé de ce bouleversement.

Il ne suffit pas, bien entendu, de le dire pour accréditer que le respect des règles de la grammaire élémentaire puisse apporter une solution intelligente aux conflits qui éclatent. Encore faut-il le démontrer.

C'est ce que nous allons entreprendre, en revenant aux trois cas du chapitre précédent pour saisir ce que chacun d'eux peut nous apprendre de la présence des règles de cette grammaire et des ouvertures qu'elle permet d'envisager.

Ce qui a été dit avec insistance du rapport du corps de l'enfant, quel que soit son sexe, au corps de chacun de ses deux parents respectifs permet d'avancer deux évidences flagrantes, aux conséquences considérables et qui peuvent se formuler ainsi :

— le rapport de l'homme au corps d'une femme est, toujours et immanquablement, placé sous le signe des retrouvailles ;

— le rapport d'une femme au corps de l'homme est toujours, quelles qu'en soient les modalités, placé sous le signe de la découverte.

Souvenons-nous de ce que notre quinquagénaire disait l'avoir frappé dans sa relation neuve à l'encore-jeune Mona : « ... cette chose que je n'avais jamais connue (...) en fait, je la reconnaissais ». Qu'est-ce donc que cette chose, sinon cette trace ineffaçable mais inaccessible et définitivement perdue du tout premier rapport au corps de la mère ? Ce tout premier rapport qui s'instaure dans une atmosphère de détresse et de risque de perdition. Un tout-petit perçoit son expulsion du ventre maternel comme un effroyable et injuste exil. Jusqu'à sa venue à la vie aérienne, le moindre de ses besoins était réglé sans qu'il ait eu même à le percevoir. L'admirable mécanique physiologique ne l'obligeait pas à expandre ses poumons pour renouveler son oxygène, ni à hurler puis à téter goulûment pour se remplir l'estomac de ce qui pourra réguler sa glycémie ou son hydratation cellulaire — façon de traduire, dans le langage le plus précis, les mécanismes qui sont au principe de la faim et de la soif. Le placenta était là. Admirable machine impossible à retrouver et qui, directement branchée sur les organes régulateurs du corps maternel, ne perdait jamais de vue le moindre des paramètres.

Dans les moments de détresse où le besoin se fait sentir avec cette violence et cette acuité, des gestes secourables viennent s'exercer. Les organes sensoriels perçoivent le timbre d'une voix, la qualité d'une mélodie phonatoire, un rythme de parole, un rythme de corps, l'odeur d'un bout de corps, le goût d'une surface cutanée offerte à la succion pour faire patienter... Des sensations, toutes issues de ce grand corps puissant, compatissant et disponible, s'inscrivent à jamais dans la mémoire, d'autant qu'elles sont proches, très proches de celles qui s'étaient déjà enregistrées lors du séjour dans ce paradis définitivement perdu. Des sensations qui sont strictement contemporaines de la fin de la détresse et qui concourront à élaborer un message toujours annonciateur de la fin du calvaire et de la plus parfaite des réassurances.

Le renouvellement pluriquotidien de pareils épisodes, au long des mois que durera la phase de la contiguïté extrême des corps qui suit la naissance, renforcera régulièrement l'attachement au corps qui en est l'origine. Les sensations visuelles, d'une organisation plus tardive, finiront aussi d'associer au message le souvenir de traits mémorisés dans cette phase du développement de l'acuité visuelle qui n'est pas parfaite avant l'âge de trois ans. Domineront, selon les individus et un certain nombre de paramètres difficiles à fixer, le contour d'un visage, une couleur d'yeux, l'expression d'un regard ou celle d'un sourire. On sait combien, dans la stratégie des premiers échanges amoureux, le registre du regard est important. Regard masculin qui regarde, qui scrute, qui détaille, qui épie, qui vérifie imperceptiblement la distribution des traits, comme une antenne exploratoire, pour décider si la poursuite de la relation vaut ou non la peine. Regard masculin angoissé qui évalue dans les moindres détails, pour précisément soulager cette angoisse, ce qui, dans le visage qu'il scrute, annonce ce que pourra être la suite en témoignant d'une certaine familiarité, étonnante et toujours nouvelle[11].

Regard féminin qui, à l'inverse, voit mais joue l'indifférence ou bien qui verse seulement au registre d'un narcissisme conforté ce brusque intérêt. Regard féminin réputé transparent, indifférent et pudique comme s'il traduisait la prémonition que ce qui se joue dans cette rencontre n'est qu'une forme de loterie sur laquelle il n'a pas le moindre pouvoir.

Dans ces jeux d'échanges immédiats se redessine de manière fulgurante et toujours répétée l'asymétrie constitutive des êtres sexués. Le flou des perceptions initiales et marquantes explique la diversité des traits qui peuvent être attractifs pour un homme. Il n'en reste pas moins qu'on peut entendre couramment un homme dire : « C'est (ou ce n'est pas) mon type de femme. » Qu'est-ce à dire, sinon l'aveu de l'existence, chez l'être masculin, d'une forme de perception préréférencée ? Qu'on réfléchisse à l'économie existentielle du tchador, devenu fameux depuis quelques années. N'est-ce pas un moyen comme un autre, inventé pour protéger, dans un tissu social aux règles strictes, les couples déjà constitués en préservant un homme du risque de rencontrer, soudainement et au détour d'une rue, un visage qui pourrait être plus proche de ses perceptions premières et l'amener à devoir reconsidérer, sous l'effet des impulsions qui en découleraient, les choix qui l'ont déjà engagé ?

Il est bien évident que des sensations aussi lointaines et enfouies ne peuvent qu'échapper à l'analyse et qu'elles ne peuvent en rien assurer que la rencontre qui les fait remonter à la surface comporte leur exacte reproduction. C'est bien la raison pour laquelle les premières œillades ne sont jamais qu'une forme de début, hormis ce fameux et rare *coup de foudre*. Une conversation et d'autres échanges s'instaureront par la suite qui exploreront la rémanence des autres sensations. La voix, l'odeur, le rythme phonatoire, une certaine douceur ou au contraire une certaine dureté, un ton conciliant ou au contraire tranchant, etc. C'est de tout un ensemble que se dégagera, peu à peu, quelque chose de plus stable et de plus assuré. Encore que cela risque de ne rien avoir de définitif. Puisque la retrouvaille se sera faite sur une réactualisation de ce qui demeure si flou et que rien n'assure qu'une autre retrouvaille ne paraîtra pas soudain bien plus précise. N'est-ce pas sur cela que se fonde la réputation de certains hommes volages ? Que fait donc Don Juan dans sa quête inépuisable, sinon chercher en vain et encore en vain ? Et pourquoi trouve-t-il « *mille e tre* » candidates à tenter d'occuper la place, sinon pour détrôner cette image perdue insistante et envoûtante à jamais ? Pourquoi les hommes dits « à femmes » jouissent-ils d'une réputation solide et impressionnante auprès des hommes autant que des femmes, sinon parce qu'ils traduisent et subissent un attachement formidable et émouvant à cette toute première union, attachement au service duquel ils déploient cette inépuisable énergie ? Car ce n'est qu'en cela qu'ils sont exceptionnels. Et, pourtant, il faut en entendre quelques-uns parler pour prendre la mesure de la tragédie que constitue leur existence, présentée, par et pour les autres, comme enviable. Remarquons que les femmes « à hommes », à l'inverse, récoltent plutôt la désapprobation de leur entourage. Pourquoi ? Parce qu'elles aussi, annulant chaque partenaire par le suivant, ne feraient que traduire dans leur comportement un attachement excessif et déplacé... aussi à cette toute première image. Mais le mécanisme en est différent, et, on le verra plus loin, il procède d'une autre manière. Je n'en parle ici que sous forme d'une incise destinée à ne pas rater une occasion de mise en symétrie d'un processus qui demeure, malgré cet artifice, dans la plus parfaite et la plus salvatrice asymétrie.

Forger un engagement dans une aventure sur le seul sentiment de reconnaissance que décrit clairement notre quinquagénaire, cela peut ressembler à une construction. Mais, si on veut en chercher une preuve plus convaincante ailleurs, il ne nous est pas nécessaire d'aller très loin.

Ainsi notre géant sud-américain par exemple : quand il croit parler à sa partenaire, il ne peut apparemment que difficilement scinder les deux images qui, à son insu, ne cessent pas, pour lui, de se superposer et de se confondre : celle de sa femme et celle de sa mère. Cela s'entend clairement quand il déclare ne pas vouloir recourir au modèle des relations conjugales qu'il a connues chez ses parents. Cette simple association suffit à le comprendre. Car pourquoi, autrement, en aurait-il fait état ? Il aurait pu se contenter d'évoquer cette possibilité qui existe dans bien des couples sans verser dans cette confidence ou ce commentaire. Quand il installe sa femme en position non soumise à son désir, il ne fait donc que référencer cette position à celle qu'il a connue comme étant celle de sa propre mère. Mais, et sa femme nous le dit, il va plus loin ; il lui demande en même temps de se maquiller, et de porter des talons hauts, des fanfreluches et des culottes sexy ; d'être, comme elle le résume elle-même si bien, une Sud-Américaine. Et là, ce n'est pas seulement d'un débat idéologique qu'il s'agit. Ce n'est pas une simple position de principe qu'on aurait pu croire cet homme vouloir défendre ; lui qui se présenterait volontiers comme gagné par avance aux avantages de la démocratie à deux. Ce n'est pas non plus le résultat de sa possible perception d'un échec de la démocratie qu'il a tenté d'expérimenter, à laquelle il continue de croire et qu'il tenterait de sauver par cet artifice. Ce n'est ni plus ni moins qu'un véritable passage à l'acte, la tentation de se laisser aller à quelque chose de plus fort que lui et qui l'agit littéralement : réparer ou chercher à réparer, dans l'actuel, ce dont, enfant, il a souffert. C'est-à-dire le spectacle d'une mère soumise à ce qu'il aura perçu comme l'autoritarisme paternel, probablement par le concours de sa relation privilégiée à sa mère et du sentiment sourd de révolte que cette mère devait ressentir sans l'exprimer à l'endroit de son mari. On peut supposer, pour rappeler les effets qu'aurait produits le respect des règles de la grammaire élémentaire, que, si cette mère avait intériorisé, de manière suffisante et solide, sa relation au père de son enfant et si elle avait pu en manifester la satisfaction, l'enfant, tôt ou tard, aurait pris ses distances vis-à-vis d'elle ; il aurait pu s'en détacher sans le recours à ce considérable exil linguistique, politique et géographique.

S'il en va ainsi pour les hommes, pourrait-on dire, pourquoi en serait-il différemment pour les femmes ? Après tout, elles aussi ont été un *tout-petit*. Elles aussi n'ont pas dû manquer de nouer au corps de leur mère des relations qui devraient les entraîner immanquablement à éprouver quelque chose de la reconnaissance. C'est certain, et on comprend infiniment mieux, à admettre cela, la teneur du message essentiel de Mme Brunette quand elle nous déclare que « les hommes et les femmes ne sont pas faits pour vivre ensemble ».

On a versé, par exemple, au compte du caractère fortement et regrettablement machiste de nos sociétés la plus grande tolérance à l'égard de l'homosexualité féminine par rapport à l'homosexualité masculine. C'est encore une aberration qui est issue de l'ignorance des règles de la grammaire élémentaire. En fait, le spectacle d'une fillette au sein de sa maman n'a rien de choquant. Alors que le spectacle d'un garçonnet au sein de son père, parce que inhabituel et pervers, serait proprement choquant sinon ridicule. La prégnance de ces images de début de vie organise les réseaux perceptuels ultérieurs. Témoin en est ce commentaire d'une adolescente sur la façon dont se tissent les réseaux et les rapports à cet âge : « Les garçons, c'est gauche, maladroit et tordu ! C'est complètement coincé dans leur manière d'être les uns avec les autres ! L'autre jour, avec une amie, on regardait deux copains qui parlaient ensemble. Il y en avait un qui allait très mal et qui avait une sale gueule ; et l'autre qui essayait de lui remonter le moral comme il le pouvait. C'est dingue ! Et on s'est dit, ma copine et moi, qu'on avait fichtrement plus de facilités qu'eux. Si, elle ou moi, on se trouvait dans la même situation, on se prendrait dans les bras l'une de l'autre, on se câlinerait, on s'embrasserait et on ne resterait pas à distance, en essayant de se porter secours avec de simples mots ! »

Là encore, ce qui joue, c'est la différence sexuelle, autrement dit l'intangibilité d'une anatomie encore pour quelque temps, heureusement, incontournable. Les relations intimes voire intimistes mères-grand-mères, sont parfaitement admises et ne paraissent jamais révoltantes, au point que, très fréquemment, dans le cabinet du pédiatre, les trois générations ainsi distribuées peuvent venir à la même consultation. Il ne m'a jamais été donné en revanche, en plus de vingt ans d'exercice, de voir un père venir me consulter avec son enfant et son propre père. Je sais qu'il y a toutes sortes d'arguments qui peuvent s'opposer à la conclusion que je tire de ce constat. On peut faire valoir que ce sont les conditions de travail, les relations privilégiées des mères aux enfants, le désintérêt des pères pour ce genre d'activité, voire leur force plus grande qui leur permet d'empoigner l'enfant et l'inévitable sac qui l'accompagne et de se passer de l'aide d'une secourable grand-mère, etc. Mais cet ensemble d'arguments ne contredit en rien le fait que le spectacle de la jonction mère/grand-mère (maternelle, le plus souvent, sinon toujours) autour de l'enfant non seulement est parfaitement admis, mais semble le plus naturellement du monde devoir aller de soi. Et j'aurais bien voulu une fois, une fois seulement en vingt ans, rencontrer la situation symétrique. Cela m'aurait suffi et m'aurait évité de me lancer dans ce genre de réflexion et dans le débat que je cherche à soulever.

Qu'il puisse exister entre une femme et sa mère une relation qui est une rémanence des relations du tout petit âge ne fait pas le moindre doute. Mais jamais ce genre de relation ne vient se projeter intégralement sur le père de l'enfant qui en est protégé par, précisément et encore, son anatomie. Que, symboliquement, une femme puisse projeter sur son partenaire un conflit demeuré latent avec sa mère, cela ne fait pas non plus le moindre doute. Mais ce genre d'échange emprunte d'autres voies. La trace ancienne, elle, intervient chez une femme, sur un tout autre mode.

Un autre mode sur lequel on a entendu Mme Brunette se prononcer sans la moindre gêne ou la moindre concession. Dans l'entreprise de découverte qu'effectue toute femme par son rapport au corps de l'homme, elle a, dans la relation à sa mère, une sorte de base de repli toujours assurée et toujours disponible.

Un homme quitte un corps de femme et va passer son temps à chercher à le retrouver. Mais à le retrouver autre, identique et différent à la fois. Strictement identique ou le plus identique possible à ce qui lui en est resté, vaguement mais sûrement et ineffaçablement, en mémoire [12]. Mais différent, nécessairement, de ce qu'il perçoit ou connaît de ce corps dans l'actuel. Si bien qu'il n'a pas la moindre conscience de la nature de sa démarche et que ses tentatives de faire correspondre, parfois, une image à un vieux et presque improbable souvenir ne peuvent que l'étonner quand elles lui sont désignées et ne pas pouvoir lui apparaître autrement qu'incongrues. Il ne semble pas le moins du monde indécent à M. Marquez-Barato de demander à son épouse japonaise de devenir une Sud-Américaine. On peut même remarquer que le refus, opportun, de son épouse lui permet de pouvoir continuer de caresser un rêve sans jamais risquer de sombrer dans la réalisation de ce rêve dont le préserve, d'ailleurs, de la manière la plus sûre, le fait que cette épouse japonaise, même avec la meilleure volonté et en passant par tous ses caprices, ne pourra jamais se muer tout à fait et véritablement en Sud-Américaine. Cela nous permet de remarquer que l'intervention, sur ce point précis, de Mme Marquez-Barato a eu littéralement valeur d'interprétation au sens psychanalytique de ce terme. Mais cela nous permet aussi de comprendre la fonction économique de ces accouplements fondés sur la disparité des conditions de tout ordre. Il ne s'agit pas seulement d'un impact considérable de sa mère sur le partenaire masculin, mais d'un impact aussi formidable de sa mère sur la femme elle-même.

En effet, si une femme radicalement différente de la mère est choisie par un homme, c'est pour le protéger efficacement d'une confusion dont il pressent qu'il risque de ne pas pouvoir l'éviter et d'avoir à en pâtir. Il est évident que la précaution qu'il prend en l'occurrence témoigne de l'intensité de la crainte qui la sous-tend et de l'importance qu'a eue sur lui le traçage initial de sa mère ; traçage qui se sera trouvé renforcé aussi bien par une entreprise de séduction manifeste que par une surprotection excessive. Mais le pendant féminin de la situation obéit à des règles strictement équivalentes. Car l'attractivité formidable qu'exercerait la base de repli d'une femme qui serait contrainte, par sa condition de femme, d'aller à la découverte nécessite que cette entreprise de découverte ait une attractivité au moins équivalente sinon supérieure à celle de la base de repli. C'est ce que paraît pouvoir offrir un être fondamentalement différent de ceux qui ont peuplé l'univers ambiant jusque-là. Les différences de races, de religion, de mœurs, de cultures, de couleurs ou de territoires d'origine, tout ce qui paraît pouvoir assurer, en rupture avec l'identité initiale et de la manière la plus fiable, le respect rigoureux des lois de l'interdit de l'inceste, ne fait que témoigner d'une tentative forcenée et inventive d'échapper à des conditions d'élevage où la transgression de cet interdit a failli se produire. Et ce, autant pour l'homme que pour une femme. Est-ce un hasard que les hommes et les femmes qui se lancent dans une union marquée par la disparité avec le partenaire soient déconsidérés longtemps par leur milieu d'origine que leur audace choque, plus ou moins et toujours ? Mais est-ce un hasard que la conduite des femmes dans ce genre d'occurrence leur vaille plus souvent d'avoir à affronter un mépris encore plus grand ? Elles ne seraient traitées ni plus ni moins que comme ces femmes « à hommes » facilement qualifiées de « putains ». C'est que, pour elles aussi, le privilège donné à la base de repli et le traçage qu'elles témoignent, par leur conduite, en avoir subi risquent de ne jamais leur permettre de s'engager totalement dans une entreprise de découverte et de privilégier cette découverte. Elles seraient demeurées à ce point amarrées à leur base qu'elles se trouvent condamnées à naviguer sur le mode du cabotage et à devoir renoncer même à la perspective d'effectuer, un jour, une vraie traversée. Autrement dit, ce qu'elles semblent avoir en puissance, parce qu'elles ont réuni toutes les conditions de la répétition, c'est leur propension à favoriser le pôle maternel de leur comportement, et elles risquent, par voie de conséquence, d'exclure de la vie de leur enfant toute référence au pôle paternel.

On peut comprendre que des unions aussi acrobatiques ne soient pas l'effet du hasard et qu'elles aient, pour les individus qui en font choix, une fonction économique absolument indispensable autant que vérifiable.

Une défaillance de la fonction paternelle à la génération des parents de chacun des partenaires, quelle qu'en ait été la raison ou le mode d'installation, y est toujours inscrite en filigrane. Elle a fait courir à l'enfant le risque d'une fusion indéfinie avec sa mère. Cette fusion, nous n'avons pas cessé de le dire, a été vécue par l'enfant sur un mode ambivalent. Il s'en est félicité et s'en est réjoui, longtemps. Trop longtemps. Pour finir par se rendre compte, toujours trop tard, qu'elle n'a pas été gratuite et qu'il devra en rembourser intégralement le capital majoré d'intérêts ruineux. Or, que cet enfant fût fille ou garçon, c'est strictement indifférent, la même perspective se dessine pour lui. Ainsi, si on revient à l'histoire de la « gradation », on peut prévoir, sans grand risque de se tromper, que ces jeunes filles accueillies avec leurs jeunes amants dans le confort que leur aura concocté leur mère n'agiront pas différemment avec leurs enfants qu'elles surprotégeront encore plus, probablement. À moins que, lassées par l'immixtion perpétuelle de leur mère dans leur existence, elles ne se décident un jour à tenter de trouver un écho aux cris de désapprobation de leur père auprès d'un partenaire le plus étranger à leur milieu d'origine, à qui elles désigneraient précisément ce qu'elles en attendent. Rappelons que la naissance du petit Achab s'inscrit sur ce mode. Ce n'est pas sans raison que sa mère lui aura choisi un père qui s'évertuera dès le départ à tenter de l'éjecter le plus violemment possible de sa place. C'est ce coup de semonce initial qui permettra aux partenaires de pouvoir entamer, de conserve, leur aventure de progrès.

À l'inverse de l'homme inscrit dans un parcours délimité par deux corps de femme, une femme ne parviendrait jamais à quitter tout à fait le corps d'où son propre corps est issu. Son corps de fille puis de femme en étant la parfaite reproduction, elle n'a même pas besoin d'y entretenir une forme de familiarité pour s'en sentir proche indéfiniment, sans la moindre gêne ou le moindre effort et sans la moindre rupture. Ce qui est, par essence, on ne peut plus incestueux, mais quasi unanimement admis et sur lequel règne la plus lourde des chapes de silence. Mais ce n'est pas étranger au tour que prend l'évolution de nos sociétés. C'est comme pour ce que nous avons dit de l'homosexualité féminine. Là aussi, l'argument de fréquence entraîne une forme d'accoutumance et de banalisation. On met l'accent un peu trop sur la seule dimension hétérosexuelle des relations incestueuses alors qu'il en existe de potentielles entre mères et filles, ou de strictement équivalentes, qui peuvent durer des vies entières et qui ne soulèvent pas la moindre indignation ou la moindre réprobation. Or, n'oublions pas que la loi de l'interdit de l'inceste, loi dont la fonction paternelle est le dépositaire et le garant, vise à interdire à la mère sa tentation de réintégrer en elle le produit de sa grossesse, autant qu'elle incite l'enfant à s'éloigner de ce qu'il a cru percevoir comme un paradis. Et que cette loi ne tient pas compte de la différence sexuelle de l'enfant. Elle vise aussi jalousement à le protéger des méfaits de la fusion qu'il soit fille ou garçon.

C'est à ce point précis qu'il vaut la peine de s'attarder pour voir comment le contexte social ne fait qu'y introduire un peu plus de confusion.

Si la loi de l'interdit de l'inceste vise toute mère et tout enfant quel que soit son sexe, on peut voir ce qu'il en advient dans une atmosphère qui sécrète aussi bien du « tout est possible » que du « tout est permis ».

La dérogation à cette loi n'y devient, en effet, frappante que lorsqu'elle passe par la plus violente de ses expressions sur le mode du franchissement de l'interdit, du passage à l'acte, heureusement encore rare, par la voie de la génitalité. Mais les mots d'ordre du contexte social qui invitent, subrepticement, à s'en gausser ne font que la rendre encore plus pesante et plus mal acceptée que si elle se trouvait naturellement inscrite dans l'ordre des choses. Si bien qu'ils constituent un encouragement considérable à la surprotection et à tous les équivalents de comportement incestueux. Les enfants se trouvent installés, intouchables, au sommet d'une hiérarchie qui les fait de plus en plus précieux et les met à l'abri le plus efficace de cette loi qui seule pourrait les structurer. On peut voir dans ce mécanisme la genèse de la force des atteintes névrotiques actuelles.

Mais, pour ce qui concerne plus spécifiquement les rapports mère-fille, il en va encore différemment. La dérogation de la loi ne peut pas, entre elles, en effet, user d'un passage à l'acte qui est, par essence, simplement impossible. Une mère et sa fille ne peuvent pas avoir de rapport sexuel ; elles ne peuvent pas coïter ensemble. De là à se considérer ou à se croire exclues du champ de l'application de la loi, il n'y a qu'un pas, qu'elles franchissent allègrement, gardant indéfiniment, l'une pour l'autre, un mode d'être, une manière de complicité et de préférence qui les conforte et les réconforte mutuellement. Chacune devenant pour l'autre la référence première. La fille pour la mère sera celle qui lui permettra de faire obstacle à la parole du père. La mère pour la fille sera celle qui, plus que de refuge et de référence ultime, lui servira indéfiniment de base fiable, permanente et disponible de repli.

À comprendre cela, on ne peut qu'accorder à Mme Brunette le bénéfice de la meilleure des bonnes fois quand, avec sa merveilleuse sérénité, elle décrète, allant jusqu'à chercher mon approbation, que « les hommes et les femmes ne sont pas faits pour vivre ensemble ». Et il n'est pas difficile, non plus, de comprendre que l'énonciation de ce qu'elle assène comme une vérité première ne peut trouver sa raison d'être que dans la relation qu'elle a dû entretenir à sa mère, laquelle — selon le schéma auquel nous commençons à être habitués — n'a probablement été qu'insatisfaite par la relation à son époux. Cela étant, on ne peut pas ne pas s'interroger sur ce qu'a pu produire, dans la relation à ses « bonshommes » successifs, un tel *a priori* ; car on se doit de remarquer que Mme Brunette sacrifie une partie, sinon l'intégralité, de sa dimension de découverte potentielle à la dimension privilégiée du repli en territoire connu.

Il est évident qu'on ne peut pas, non plus, ne pas dialectiser la situation. Et on se trouve contraint de se demander pourquoi M. Brunette a choisi son épouse. Il ne fait pas de doute que l'existence de cette dimension de repli devait y être et a dû y être pour beaucoup. Ce qui revient à supposer que la mère de M. Brunette devait avoir, elle-même, la même conviction que celle qu'énonce Mme Brunette et en avoir marqué son fils en lui en ayant fait transiter le message par ses gestes. Ce qui revient à comprendre que le père de M. Brunette n'a sûrement pas été plus investi que ne le fut celui de son épouse.

Si les choses sont déterminées d'une façon aussi rigoureuse et qu'il n'y a rien d'autre à faire que de subir une forme autrement nommée ou autrement envisagée d'un insupportable destin, c'est proprement désespérant et cette longue analyse elle-même ne sert à rien. Que peut une prise de conscience de ces phénomènes contre leur inscription gravée avec tant de force et tant d'intensité dans des zones définitivement inaccessibles ? Comment, à coups de discours normatifs, d'incitations à vertu pédagogique, d'analyses méticuleuses et appropriées, espérer déplacer une machine aussi formidablement écrasante et qui déboule avec ses forces vives depuis le haut de la pente transgénérationnelle ? Qui donc voudrait, affrontant cette épreuve, accepter de se muer sereinement en moderne Sisyphe ? Ne vaut-il pas mieux (et n'y aurait-il pas dans cette perspective une certaine sagesse) s'écarter résolument de la pente et laisser le rocher poursuivre une course indéfinie ? Après tout, n'avons-nous pas aujourd'hui les moyens d'inventer quelque chose de neuf ? Cette tentation n'est pas un fantasme pur et nouveau. Elle a été, plus d'une fois, mise en application par nos couples modernes qui se sont mués en pionniers. Son échec a été retentissant. Car, à l'usage, elle a montré que le malheureux Sisyphe était redoublé, à son insu, d'un Prométhée. Il s'est trouvé enchaîné à sa pente et, à avoir voulu mépriser délibérément le rocher qui le menaçait, il en a été écrasé, ne trouvant plus que la force de pousser, en guise d'aveu de déconfiture, un ultime et tragique soupir. Je dois dire que c'est de certains de ces soupirs et d'autres cris présents à mon oreille, dans des cas que je reprendrai un jour en bloc et en les axant principalement sur cet aspect des choses, que mon entreprise d'écriture se soutient.

Mais ne nous laissons pas impressionner par la manifestation de cette ultime résistance. Car, réduire ce démontage à la seule frange de ce qui pourrait ressembler à du désespoir, c'est refuser une fois de plus d'examiner la dynamique qui le sous-tend.

En effet, les accouplements inscrivent à leur programme, même sur le mode rigoureusement prévisionnel qui est celui que nous connaissons de nos jours, la venue d'un ou plusieurs enfants.

Or, cet enfant, c'est dans sa fonction et dans son statut, viendra immanquablement, lui, tout faire reprendre de l'aventure précédente et faire procéder à son parachèvement.

Mais, pour accepter cela, encore faudrait-il comprendre ce que c'est qu'un enfant.

Or, un enfant, ce n'est pas la denrée surinvestie de notre contexte social. Un enfant, ce n'est pas un roi au sceptre de papier. Un enfant, ce n'est pas un blason qu'on porte plus ou moins bien et à sa propre convenance. Un enfant, ce n'est pas un pantin qu'on bichonne et qu'on arbore pour sa propre gloire. Un enfant, ce n'est pas un individu déjà inscrit dans les listings des flatteurs du besoin. Un enfant, ce n'est pas cet innocent qu'on dévoie et qu'on transmue en un contrebandier efficace pour faire passer toutes les sortes de mots d'ordre. Un enfant, ce n'est pas une promesse de retraites meilleures. Un enfant, ce n'est pas de la main-d'œuvre à bon marché. Un enfant, ce n'est pas qu'un corps aux constantes physiologiques irréprochables et neuves. Un enfant, ce n'est pas un malade potentiel qu'il faut préserver de tout ce qui le menace. Un enfant, ce n'est pas un exutoire commode aux humeurs de ses parents. Un enfant, ce n'est pas la consolation du narcissisme des adultes qui ne pensent qu'à le séduire et à se gagner ses bonnes grâces. Un enfant, ce n'est pas cette bonne conscience qu'on se fabrique pour assouvir un vague et douteux désir.

Un enfant, ça a un statut. Un statut vrai. Un statut situé au plus près de la vérité. Un statut qui est une chance pour cette vérité qu'il est prêt à accueillir, à répercuter, et pour le salut de laquelle il ne consentira pas à la moindre compromission. Un statut entièrement soumis aux effets de cette vérité dont il n'a aucune prémonition mais qu'il espère, requiert, attend et qu'on peut ou non graver sur lui. Un statut qui fait que, cette vérité, il la recevra dans le confort et le bonheur du corps et de l'âme dès lors qu'elle sera conforme aux règles de la grammaire élémentaire ; et qu'il cherchera obstinément et sans relâche à l'obtenir par tous les moyens dont il dispose si elle lui est refusée.

Un enfant, c'est un corps neuf et malléable. Un corps qui ne demande qu'à s'adapter, transmettre, donner et recevoir. Un corps plein d'énergie et extraordinairement réactif, principalement, à tout ce qui malmène les règles de grammaire que son bon fonctionnement exige.

Un enfant, c'est un réceptacle. C'est un écran fidèle sur lequel les regards les moins dessillés et les esprits les plus obtus parviennent toujours à lire ce que leur histoire a recelé d'omissions, de mystères ou d'obscurité.

Un enfant est tout cela parce qu'il n'est, ne demeure et ne demeurera encore pour quelque temps ni plus ni moins qu'un sous-produit de l'activité sexuelle de ses parents.

Or, cette activité sexuelle n'est pas restreinte à la seule activité génitale qui n'en constitue qu'une partie, mais, nous l'avons vu, englobe et inclut l'ensemble des échanges des parents ainsi que leur désir de transmettre ou de transférer, à leur enfant, les éléments de cette histoire qui déboule sur eux avec sa naissance ; cette histoire qu'ils avaient crue définitivement résolue parce qu'elle était restée quelque temps dans une certaine forme de quiétude. Or, cette histoire ne se contente pas de faire une réapparition, elle s'impose, elle envahit tout le paysage et elle renvoie aux colonnes de chiffres qui se sont alignées des années durant et sur lesquelles pas même un regard n'avait été jeté.

Un enfant arrive et chacun des parents, à son insu, perçoit, ne serait-ce que confusément, que quelque chose a changé et que plus rien ne sera plus jamais pareil. Il doit toujours plus ou moins se souvenir de ce temps où, enfant lui-même, il avait constitué pour chacun de ses parents une forme insoupçonnée de chance. Et voilà que cette chance lui est offerte à son tour. C'en est assez pour le mobiliser et le ramener plus ou moins consciemment à reconsidérer ces fameuses colonnes de chiffres. La grammaire élémentaire qui est prête à s'inscrire sur le corps de l'enfant viendra comme un module de lecture permettre de reconsidérer les résultats précaires d'additions effectuées à la hâte.

Le sexuel qui a sous-produit ce miracle ne pourra qu'en parfaire l'accomplissement. Les échanges reprennent. Le statut des retrouvailles du rapport de l'homme au corps de sa compagne vient faire le pendant du statut de découverte qu'elle a exploré et que parfois elle veut cesser de continuer à prendre en considération.

C'est alors que la complémentarité de ces statuts trouve sa finalité et permet de mieux comprendre celle qui soutient et justifie le choix d'une vie en couple.

Revenons pour l'illustrer au cas de la « vache ébouillantée » et reprenons encore une fois le matériel qu'il met à notre disposition.

Quand elle l'entend s'adresser à elle, la partenaire de notre Sud-Américain, sa frêle et diaphane épouse japonaise, ne peut pas imaginer que ce n'est pas à elle que ce discours s'adresse, pas plus qu'elle ne peut imaginer qu'il s'adresse en même temps à elle et à une autre. Comme elle est strictement dans la découverte, elle ne peut que prendre pour argent comptant ce qui lui est dit et qu'elle n'a aucun moyen de relativiser ou de référencer. Si bien que sa surprise est grande et qu'elle a les plus grandes difficultés à la métaboliser. Elle se trouve soumise à deux impératifs contradictoires dont on sait qu'ils ne peuvent être que perturbants : il faut qu'au sein de son ménage elle ait le droit de parole et de décision strictement équivalent à celui de son époux — ce qui fait partie intégrante du contrat qui les a engagés l'un vis-à-vis de l'autre ; et, en même temps, elle doit se maquiller, mettre des fanfreluches, des culottes sexy et des talons hauts, devenir enfin, selon les propres termes de son analyse, une Sud-Américaine. Or, à ce dernier impératif, elle refuse d'accéder, et nous avons vu combien ce refus a comme fonction économique de préserver son époux. On comprend également, maintenant, pourquoi lui, à ce moment-là, la regardait avec une certaine fierté. Ce n'est pas parce qu'elle paraissait lui tenir tête, c'est surtout qu'il devait comprendre, lui-même et dans le même temps, le service qu'elle lui avait rendu. Mais elle, au décours de la consultation, découvre l'ambiguïté de ce message, et parvient à montrer combien par certains côtés sa situation matrimoniale l'a tout de même aidée à progresser. Dans le continent homme qu'elle a découvert, au cours de cette expérience, elle dit avoir été gagnée par les vertus de l'ordre et avoir cessé d'être « bordélique », pour utiliser l'exemple concret qu'elle donne elle-même. Cela semble anodin et s'être fait à bas bruit, par une sorte d'osmose ou d'imbibition, mais ce n'est pas étranger à tout ce qu'elle nous apprend des rapports conflictuels qu'elle a eus avec ses parents. Ses progrès ne se réduisent pas à ce constat : elle a gagné aussi quelque chose de bien plus durable, confrontée qu'elle était aux demandes de son partenaire. Elle a poursuivi jusqu'au bout son opposition qui consistait à ne jamais faire ce qui lui était demandé. Elle n'avait pas réussi par ce moyen à se faire reconnaître par ses parents, jusque dans son refus comme être désirant, elle y parvient enfin avec son compagnon qui est contraint de lui en donner acte. C'est au terme de cette lente maturation qu'elle peut faire un bilan positif de son aventure : sa manière de comprendre les effets de son silence, le pourquoi de son silence, ce que lui a enseigné des autres ce silence, lui donne la possibilité d'envisager pouvoir enfin en sortir et tenir, elle aussi, une parole.

On peut reprendre ligne par ligne cette histoire, on pourra y repérer combien la progression des arguments témoigne du mode de cheminement dans lequel les partenaires se trouvent. Ils sont sur des trajectoires qui se rencontrent, s'affrontent et se conjuguent parfois, puis s'éloignent et divergent pour se rencontrer à nouveau un peu plus loin. Et on ne doit pas s'étonner de ce que le petit Achab soit pratiquement hors de cause et surtout dans une excellente santé à tous égards. Car ses parents plus que tous autres ont compris, et dès la première consultation, ce que cet enfant venait leur apporter comme un plus, par les exigences qu'il a immédiatement manifestées et qu'ils ont su si remarquablement entendre autant que respecter.

Mais ce cas heureux, bien que pouvant paraître inquiétant au premier abord, n'a pu évoluer ainsi que par le concours d'un certain nombre de circonstances. Ce n'est pas pour rien que, très vite dans cette consultation, le proverbe sud-américain vient dans la discussion. La mort du premier fils de M. Marquez-Barato a sûrement eu pour effet de lui enseigner l'extrême gravité au statut de l'enfant. Gravité qui motive la curieuse ponctuation de son discours sous la forme de « je doute et je redoute ». On n'a pas de matériel sur la première aventure de couple de cet homme, mais on est en droit de supposer que, face à la mère d'Achab, c'est dans une relation infiniment plus profonde qu'il s'engage. La mort d'un enfant a toujours des effets de cet ordre. Il suffit, pour s'en convaincre, d'écouter le travail de deuil des parents d'enfants morts subitement. On comprend alors ce qu'il peut y avoir de stupide et d'inadéquat à leur proposer comme solution d'avenir d'en faire immédiatement un autre. Ils sont dans un état de sidération considérable, parce qu'ils perçoivent sourdement qu'il leur faut retrouver l'usage des règles de la fameuse grammaire élémentaire qui, malmenée à leurs générations précédentes, parfois celle de leurs grands-parents, voire au-delà, vient de produire l'insupportable catastrophe qu'ils doivent, eux, innocents de ce qui l'aura programmée en amont, assumer.

Ce qui se dégage de tout cela, et en particulier de l'exploitation de l'histoire exemplaire des parents d'Achab, permet de mieux comprendre encore la gravité extrême du discours de notre quinquagénaire, autant que l'affirmation sereine de Mme Brunette.

À l'intérieur d'un couple, les événements et les échanges n'ont rien à voir avec ce que laisse supposer le modèle théorique et simpliste de la démocratie à deux. En fait, il se vérifie que les couples les plus vivants sont ceux-là mêmes où se livre un perpétuel combat. Cette formulation peut sembler violente ou excessive parce qu'elle utilise, brutalement et sans ménagements, un mot tel que « combat ». Pour beaucoup, le mot « débat » paraîtrait plus convenable, plus acceptable et bien moins heurtant. Mais est-il nécessaire de se perdre dans des atténuations et des détours pleins d'une inutile et néfaste componction ? C'est bien d'un combat et non d'un débat qu'il s'agit. Car chacun des partenaires, avec la force et la véhémence que suscite en lui la présence de ses certitudes, cherche à tracter l'autre vers lui, vers ce qu'il sent, vers ce qu'il vit, vers le lieu où il est convaincu que se déroule et doit se dérouler la vie du couple. Mais l'autre est rétif à quitter, quelles que soient ses protestations de bonne volonté, les lieux auxquels son existence l'avait jusque-là littéralement rivé. Ce genre d'opération ne peut pas se faire avec de la douceur, mais emprunte inévitablement l'allure d'oscillations périodiques d'une grande amplitude. Et ce n'est pas la preuve d'un non-amour pour son partenaire que de montrer à son endroit et à cet égard une forme d'impatience ou d'exigence. Qu'on se souvienne de ce que nous a enseigné l'histoire du petit enfant qui ne voulait pas « sapiner ».

M. Marquez-Barato a exigé de son épouse qu'elle porte des dessous aguichants. Si, croyant obéir à un mouvement d'amour, elle avait accédé à sa demande, elle l'aurait probablement définitivement fixé à la problématique que leur discours a clairement abordée. Non seulement elle refuse ce qu'elle perçoit comme un intolérable caprice, mais elle s'en défend à sa manière, rappelant qu'il s'agit là d'une « attaque » contre son identité, et signifie à son époux qu'elle est elle-même et non une autre, qu'il doit l'accepter telle qu'elle est et pas autrement et qu'il se serait, en quelque sorte, trompé d'adresse. Or, lui, qui ne peut le comprendre alors, se fait encore plus exigeant. Mais plus il le sera et plus marqué sera le refus de sa femme. Jusqu'à aboutir au refus des rapports sexuels. Cette barrière ultime ne suffit pas à cet homme qui n'a toujours pas compris ce qui se passe d'étrange dans sa conduite et qui la subit dans la surprise et la révolte. Partisan formellement convaincu des vertus de la pratique de la démocratie à deux, il cherche, alors, à instaurer précisément un débat. Il interroge directement sa femme sur le sujet et lui demande de dire ce qui s'est passé. Il lui dit avoir encore dans les oreilles ses cris de plaisir. Elle lui répond que ces cris qu'il croyait être de plaisir n'étaient que des cris de douleur. On peut se reporter à l'observation et relire ce passage dont la violence est considérable. Car cet homme reçoit soudainement, à cet aveu, la blessure narcissique la plus féroce qu'il pouvait recevoir. C'est à partir de ce moment-là que la décision de consultation intervient, que les choses sont dites et reprises dans la trame de leur historicité et qu'on assiste à une évolution de l'attitude des partenaires. Il est évident que, si ce travail préparatoire n'avait pas eu lieu, jamais la situation n'aurait pu évoluer sur ce mode et avec cette rapidité.

Mais ce ne sont pas seulement les exigences de M. Marquez-Barato qui se trouvent remises en question. L'attitude de son épouse est elle aussi l'objet de progrès qui peuvent être notés comme considérables. Dans ce qu'elle rapporte de sa relation d'adolescente et de son rapport silencieux aux autres, on perçoit que son opposition violente aux exigences de son mari a eu sur elle le meilleur effet. Puisqu'elle dit elle-même avoir acquis un mode nouveau d'indépendance et avoir compris qu'elle pouvait ne pas être réduite au silence. La référence fugace faite à son père en témoigne : « Dis plutôt que c'est toi qui as essayé de prendre la place de mon père. » Que peut donc signifier cette phrase sibylline ? Son mari lui dit qu'il a perçu sa conduite comme celle qu'elle aurait pu avoir si elle avait voulu la diriger contre son propre père, autrement dit contre celui qui aurait tenté de mettre de la distance entre sa propre mère et elle-même. Elle lui fait cette réponse. Et cette réponse pourrait se traduire, à la lumière de ce que nous avons vu et sans trahir pour autant le matériel à disposition, par quelque chose comme : « Ne me parle pas de mon père ; il n'a jamais essayé (ou jamais pu et j'ai réussi à le lui faire nettement savoir), lui, de s'interposer entre ma mère et moi-même, si bien que j'ai conservé, tracée sur moi, la marque indélébile de ma mère qui peut toujours me servir d'utile base de repli. C'est toi, en revanche, et toi seulement qui t'es essayé à prendre la fonction de mon père et à m'arracher à ma mère, à ma source, en me poursuivant partout où j'en gardais une trace, allant jusqu'à dénier ma propre identité, pour faire de moi une Sud-Américaine. » On conçoit, en même temps, combien cette confusion de part et d'autre ne pouvait qu'aboutir au refus des rapports sexuels. C'est la mise au jour de ce que l'ensemble des propos dessine en filigrane qui a permis une certaine remise en ordre dans cet univers peuplé, comme c'est toujours le cas, de quiproquos.

On peut constater, en poursuivant l'exploitation de cet exemple, que la relation qui conjoint les partenaires à l'intérieur des couples revêt une fonction économique irrécusable et profitable à chacun des deux. On conçoit que notre quinquagénaire puisse envisager sa relation nouvelle sur le mode d'une attente enthousiaste. La rencontre de Mona, à l'opposé d'autres qu'il n'a pas dû manquer de faire, a ceci de valable qu'elle se situe on ne peut plus dans la tonalité précise, que lui-même décrit avec ses propres mots, de la « reconnaissance » de quelque chose qu'il n'avait « jamais connu ». C'est-à-dire qu'il sait, avec une assurance certaine, même si elle semble indéfinie autant qu'indéfinissable, qu'il est prêt à y rejouer quelque chose de la vie qu'il a eue jusque-là. Avec sa précédente femme, et nous avons soulevé cette possibilité, un espoir identique avait bien dû exister, mais il semble qu'il n'ait pas été suivi d'effet et que l'effort d'accomplissement mutuel par l'opposition et le combat ne se soit pas produit au sein d'une vie qui aura été totalement sacrifiée aux convenances — donc au silence aseptisé — et à la mondanité. Cela n'est pas sans évoquer la mésaventure existentielle du malheureux Frédéric. Fanny, concédant aux obligations mondaines et s'enivrant aux sortilèges du contexte social, l'a fait et le faisait avec l'approbation et la collusion de Gilles. Il y a entre Gilles et notre quinquagénaire une seule différence, ridiculement minime mais considérable : la visite d'un soir à un salon désert et froid dont le souvenir avait même été oublié ! Mais, si nous mettons à l'écart ce genre d'occurrence, nous pouvons noter que, le mode de vie qui anesthésie tout mouvement de prise de conscience de ce qui se joue après toute rencontre, c'est ce mode de vie auquel invite, sans nuance, notre contexte social quand il ne prône que la satisfaction des besoins et le sacrifice aux plaisirs sans nombre dont il sait appâter les jobards qui l'écoutent. Autrement dit, ce qu'il promeut avec la plus grande force de prosélytisme qui soit. Toute interrogation, toute ride à la surface de la bonne entente y étant réputée inconvenante ou suspecte, chacun sera invité à scinder son présent de son histoire et à lutter avec la plus farouche énergie contre toute interférence des deux registres, étant entendu que les facilités les plus grandes seront données à qui voudra plier bagage et aller se chercher ailleurs un partenaire plus accommodant. Rien ne manque, tout est à profusion, et chacun peut espérer trouver dans la quantité considérable de solutions toutes faites et mises à sa portée de quoi se consoler et se satisfaire, au moins temporairement. En un certain sens, notre contexte essaie de faire de chacun de nous un Pinocchio de plus.

Si nous revenions au couple Brunette, il pourrait nous sembler patauger quelque peu. Mais la formulation de Mme Brunette paraît traduire plus un bilan instantané qu'une opinion définitive. En effet, et elle le dit elle-même très vite en m'invitant à ne pas en tirer de conclusion, l'opinion qu'elle émet ne remet pas en cause l'intérêt qu'elle continue de prendre pour son « bonhomme ». Elle serait comme « revenue » de sa découverte pour recouvrer quelque sérénité dans un retour à sa base de repli. Mais, si elle n'avait pas été persuadée de ce que pouvait lui apporter de vivre à nouveau avec un homme, elle n'aurait pas contracté une seconde union après l'échec de la première. Il n'est pas possible de ne pas chercher à comprendre le brusque passage à l'acte de M. Brunette quand il décide de plaquer son travail. Il n'y apporte aucune justification et, à la limite, il se contente d'en assener sans le moindre commentaire la décision à son épouse (encore une forme de combat !). Or c'est la narration de cette décision qui va produire chez Mme Brunette les premières et dernières larmes que je lui aurai vues. Comme si, sortant de l'humeur lissée que je lui connaissais, elle se mettait à témoigner d'une inquiétude contre laquelle elle cherchera à dresser sa sentence comme une défense efficace et ultime. Mais, si elle est contrainte à cette manœuvre, c'est qu'elle se sent atteinte par la décision de son époux. Quand elle a fermé boutique après le fiasco de sa recherche du « gros coup », elle ne s'est pas posé la question de la nécessité de retrouver un travail immédiatement. Elle a décidé de faire un troisième enfant. Autrement dit, dans ce ménage, dont l'organisation est on ne peut plus banale et courante de nos jours, cette femme qui travaille prend des décisions sur son travail en toute indépendance, sans craindre de menacer l'équilibre économique du foyer. Mais, dès que son mari cherche à en faire autant, un danger certain se met à peser sur la cellule familiale. Quelle est la signification de ce genre de constat contradictoire, sinon peut-être la perspective d'une remise en cause des modèles conjugaux prônés comme les plus efficaces au développement des partenaires ? Ce n'est qu'une supposition, certes, et on ne peut pas aller plus loin faute de matériel. Mais on ne peut pas rejeter délibérément cette hypothèse, car elle permet de comprendre que la sentence de Mme Brunette serait la manifestation d'une déception et d'un dépit. Déception et dépit qui concernent l'une et l'autre le contrat de la démocratie à deux qui paraît n'avoir pas tenu ses promesses.

Par ailleurs, et à la lumière de ce qui a pu se jouer sur cette scène, nous pouvons essayer de comprendre une des fonctions, insoupçonnée, du travail féminin. S'il répond, comme il l'a toujours fait, parfois à des nécessités économiques, il ne s'y résume pas. La situation financière de Mme Brunette ne semble pas réellement préoccupante. L'exiguïté de son appartement pourrait plaider dans le sens contraire : elle travaillerait pour avoir une habitation plus spacieuse et plus confortable. Mais, si c'était le cas, on ne pourrait pas plus comprendre l'abandon de son commerce, sans avoir cherché immédiatement une solution de rechange, que sa brusque décision de faire un enfant de plus. On sait que l'habitation sert plutôt d'alibi, puisque toute solution de déménagement se heurte à des arguments tels que « quartier », « écoles pour les enfants », « mode de vie », etc. Ce qui reviendrait à comprendre que les revenus du ménage sont ou ont été suffisants du seul fait du salaire de M. Brunette pour permettre à son épouse de rester chez elle. Mais, dès lors que cela est dit, on ne peut pas ne pas avoir à considérer un argument combien légitime et combien souvent retrouvé dans le propos des femmes qui travaillent. Il s'agirait d'une convenance à laquelle elles estiment avoir droit — ce que, d'ailleurs, il n'est pas question de récuser. Mais, quand il leur est demandé d'essayer d'aller plus loin dans l'analyse de cette convenance, on ne peut pas ne pas être frappé de la régularité avec laquelle revient l'expression de leur désir de se « réaliser ». Autrement dit, le travail serait pour elles un moyen d'asseoir un peu mieux leur identité, leur être, leur autonomie, leur enrichissement et leur pouvoir sur elles-mêmes. Serait-il audacieux de l'assimiler alors à une sorte de point d'ancrage, d'attache ou d'appui de levier qui les aiderait à se tracter hors de l'orbe maternel qu'elles sentiraient parfois menaçant ? Et ne pourrait-on pas voir que le combat qu'elles mèneraient contre la gent masculine en général et leur partenaire en particulier ne serait que le déplacement d'un conflit qu'elles ne pourraient pas affronter ouvertement avec leur mère à l'égard de laquelle elles gardent une relation pour le moins ambiguë ?

Dans une optique de productivité, on peut comprendre que le contexte social, en favorisant le seul pôle maternel dans les familles, veuille s'assurer de pouvoir récupérer par cette voie la main-d'œuvre nécessaire à la bonne marche du système qu'il a promu. Qu'il en soit autrement aujourd'hui et que cet engrenage vienne se heurter aux problèmes de chômage ou à ceux engendrés par la mutation des conditions du travail, c'est une tout autre affaire. Mais cette hypothèse, elle, ne peut pas être démentie par les faits qu'enseigne la clinique et qui éclairent d'un autre jour ce qui se passe à l'intérieur des couples constitués.

En effet, nous l'avons vu, les relations à l'intérieur du couple, loin de se placer sous le signe d'une concorde perpétuelle, sont toujours, à des degrés plus ou moins aigus, l'objet de véritables combats. Quand un progrès se marque ou s'enregistre, ce n'est pas par l'effet d'une concession quelconque de la part d'un des protagonistes, mais par son abandon plus ou moins conscient de positions qui lui étaient apparues, longtemps et jusqu'alors, comme indispensables. Et on a pu voir dans les exemples qui ont été traités que la progression se fait par à-coups et dans la violence plutôt que par des tractations ou des raisonnements. Il ne peut en être qu'ainsi de processus ancrés au fin fond de l'inconscient. Pour reprendre la métaphore du coffre et des objets de formes diverses qu'il recèle, il semble laborieux et long d'avoir à défaire méticuleusement toutes les couches qui les recouvrent pour les réagencer autrement. On le fait plus aisément en tassant violemment la surface, comme on le fait quand on s'assoit sur une valise pour la fermer.

C'est à ce genre d'extrémité que les partenaires d'un couple sont constamment contraints. Il va sans dire qu'il n'y a rien d'étonnant à ce que d'aucuns réussissent là où d'autres échouent. Mais, si on se penche sur les situations d'échec, on ne peut qu'être frappé de leur accroissement récent.

Quelle en peut être la signification ?

Il est évident que de tout temps il y a eu une certaine proportion d'individus que leurs modes d'élevage ou d'éducation ont définitivement enferrés dans la seule référence à leur milieu d'origine. Ces individus ne peuvent pas, constitutivement, remettre en question leur ancrage par l'engagement à le modifier que constitue le choix d'un partenaire. Ils peuvent, pour sacrifier à l'usage ou à diverses pressions, s'engager dans une aventure, puis dans une autre, voire dans une troisième, sans jamais évoluer ou changer. Le contenu de leur « coffre » serait comme bétonné au point que rien ne peut plus en mouvoir la surface ou la disposition. Et cela, on l'a vu, tient toujours au mépris dans lequel leurs parents auront tenu les règles de la grammaire élémentaire (lesquels parents, eux-mêmes, étaient..., etc.). Pour ce genre d'individus, l'aventure de couple ne peut être qu'un cuisant échec. Un échec partagé par le partenaire qui ne se sera engagé dans l'aventure, quelle que pourra être l'énergie qu'il mettra à vouloir soutenir le contraire, que parce qu'elle devait précisément aboutir à cet échec.

Mais cela n'explique pas que la proportion actuelle de ces échecs soit devenue considérable. Cela tiendrait-il seulement à des problèmes d'une éducation en voie de remaniement ? Les générations récentes ont-elles à ce point massacré l'élevage de leurs enfants ? C'est une question pertinente, ne serait-ce que parce qu'elle soulève, au passage, celle de l'intérêt qu'il devrait y avoir pour tout pédiatre à se préoccuper de la dimension du couple. On pourrait imaginer, aussi, que ce qui vient se greffer là ne serait pas étranger aux conséquences de l'impact de la Seconde Guerre mondiale et de l'honneur dans laquelle elle a trempé, et pour encore longtemps, l'humanité tout entière. Mais on ne peut pas passer sous silence le dénigrement relativement récent dont a été et dont continue d'être l'objet l'engagement dans une vie à deux. Une vie à deux qui se serait trouvée réduite tout au plus à un commerce sexuel gratuit, à domicile, chichement investi et quasi anonyme, puisque aucune finalité ne lui est impartie, qu'on sait pouvoir changer de partenaire comme on veut et quand on veut et que plus rien de formel ne vient contraindre cet engagement dont la précarité extrême est posée comme une donnée préalable absolument indispensable. Les lois matrimoniales juives, qui ont prévu le divorce, sacralisent cette étape possible de la vie quasiment plus qu'elles ne le font du mariage. Elles l'entourent d'un luxe de détails et de précautions qui sont presque plus importants que ceux qui concernent les épousailles. L'un d'entre eux est particulièrement frappant. Le prêtre-juge peut, de son propre chef et quels que soient les arguments qui lui sont présentés par les parties, refuser d'accorder le divorce, s'il constate que persiste, entre les partenaires qui lui en adressent la demande, de la haine. La raison n'en tient pas à une argumentation théologique qui voudrait faire advenir le règne uniforme de l'amour et punir en quelque sorte ceux qui, par leur conduite, le contrecarreraient. Elle est nettement explicitée par le fait que des partenaires qui se haïssent ont encore, et jusqu'à épuisement de cette haine, à s'apprendre bien des choses l'un à l'autre. Clairvoyance extrême dans ce dont nous avons effectué un démontage laborieux et épuisant.

Rien n'aurait été plus simple pour M. Marquez-Barato que d'aller prendre une maîtresse et pouvoir enfin la déguiser, si son envie avait persisté, en Sud-Américaine attifée de fanfreluches, de talons hauts et de culottes sexy. Peut-être même y aurait-il trouvé un plaisir plus aigu. Mais voilà, il ne l'a pas fait. Il n'aurait pas été non plus difficile à son épouse d'aller s'essayer à un amant qui ne lui aurait pas fait mal, qui lui aurait donné du plaisir et qui ne l'aurait pas écrasée sous des demandes aussi incongrues. Mais elle non plus ne l'a pas fait. Il ne l'a pas fait, elle ne l'a pas fait, parce que le nœud du conflit qu'ainsi ils entretenaient ensemble était littéralement à leur double service. Aiguisant l'un sur l'autre et l'un à l'autre leurs perceptions, c'est à une reprise à leur propre compte de leurs aventures existentielles respectives qu'ils sont parvenus. Et, pour être passés par les défilés de ce qu'ils ont affronté ensemble, ils sont devenus un peu plus sujets de leur propre parole et non pas de simples robots obéissant au doigt et à l'œil aux mots d'ordre du contexte social qui ne fait que perpétuer l'ascendant que gardaient sur eux leurs mères respectives. Ce qui est le plus remarquable dans leur aventure, c'est que, à l'écart de toute référence religieuse et de toute parenté qui aurait pu les y contraindre, ils ont choisi de se marier, au lieu de vivre simplement ensemble, dans ce concubinage dont l'incidence s'accroît considérablement parce qu'il fleure constamment la transgression facile et excitante. Un peu comme s'ils entendaient, par cet acte symbolique, public et social, mieux sceller leurs trajectoires et s'engager l'un et l'autre à ne pas faillir ou faire défection à la première difficulté rencontrée.

Leur enfant leur a été d'une aide certaine, encore qu'il aurait pu constituer un formidable obstacle à la réalisation de ce qui, dans l'après-coup, peut être désigné comme ayant été leur projet.

En effet, la venue de l'enfant affecte autant un père qu'une mère dans les dimensions respectives de la retrouvaille et de la découverte.

Un père qui n'avait eu pour tout destin jusque-là que d'aller d'un corps de femme à un autre corps de femme rencontre dans la surprise le corps de son enfant qu'il découvre. Cette aventure nouvelle qui l'interpelle violemment, il ne peut pas ne pas vouloir la vivre ou la connaître. D'autant que remonte à la surface de sa conscience la trace enfouie profondément du temps où, à l'instar de ce tout-petit, il était lui-même sans défense. La tentation est grande pour lui de singer la mère et de venir la dédoubler sans prendre garde à ce que lui impartissent comme rôle et fonction les règles immuables de la grammaire élémentaire. Notons que le contexte social encourage ce genre de propension prônée par la foi nouvelle en un égalitarisme sans limite entre les sexes en toutes circonstances. Autrement dit, il encourage implicitement et sans pudeur au dévoiement pur et simple de l'indispensable grammaire.

En miroir, une mère qui s'était lancée jusque-là dans une aventure de découverte dans son rapport au corps de son partenaire rencontre le corps de son enfant comme quelque chose qu'elle a « toujours connu » et qu'elle « reconnaît » [13]. Cela vient redoubler la force de ce que nous avions repéré jusque-là comme une base de repli opportune. L'aventure de maternité rapproche toute mère de sa propre mère, élevant la dimension potentielle de retrouvailles à sa propre puissance. Il est fréquent, et on n'a pas manqué de le dire sur tous les tons et dans les instances en principe les plus autorisées, de croire qu'une mère fait fantasmatiquement ses enfants avec son propre père. Rien n'est moins vrai. Sans aucun doute, la référence du père de la mère revient fréquemment en force dans le discours de certaines mères, mais ce n'est pas de l'invocation d'un géniteur fantasmatique qu'il s'agit mais d'une instance qui pourrait être commise à mettre un peu d'ordre dans la triangulation que la naissance montre toujours comme ayant été malmenée. Quand une mère évoque dans ces moments-là son propre père, c'est comme référence et protection contre la menace qu'elle sent sourdre du côté de sa propre mère et à laquelle elle craint de se sentir presque prête à totalement céder, même si cela revient à déplorer plus véhémentement le caractère impossible de l'union sexuelle avec cette même mère, et dès lors refuser obstinément de faire le deuil de cette impossibilité. On conçoit que, pour elle, recouvrer le courage de poursuivre son entreprise de découverte puisse paraître difficile en regard de ce retour au confort de ce qui, mieux encore que reconnu, se trouve être su. Su parfaitement et sans la moindre faille. Or, que prône, là encore, le contexte social, sinon l'idée que, les enfants, c'est une affaire quasi exclusive des femmes ? La féminisation du corps enseignant ou de la médecine, voire de la pédiatrie, n'en est qu'une des voies de démonstration et d'efficience. Et la désaffection des pères de leur fonction, une étape encore plus sûre.

Quand on considère l'entreprise de maternisation, on ne peut que constater combien et régulièrement les bénéfices qu'une mère en tire sont immédiats : un enfant pleure, une caresse le calme ; il a faim, un biberon le satisfait ; il cherche le sommeil, une berceuse l'y conduit ; il a un bobo, un bisou lui rend sa bonne humeur ; il est nourri, il grossit, il grandit, il se développe, objet de soins attentifs et constants. L'entreprise de paternisation, en revanche, s'exerce dans une atmosphère strictement opposée. Elle ne recueille jamais dans l'immédiat le moindre bénéfice. En quoi un interdit, une remontrance, une admonestation peuvent-ils amener l'expression d'une quelconque satisfaction ? Comment un travail de structuration entièrement fondé sur la désignation des places respectives, de la canalisation des désirs, de la désignation de limites, peut-il espérer recueillir autre chose que des protestations et des manifestations de résistance ? Comment pourrait-il, *a fortiori*, recueillir à brève échéance les résultats de ce qu'il met en place, alors qu'il n'est par essence ni plus ni moins qu'un placement à long terme, toujours inachevé, sinon reporté à perte de vue quand ce n'est pas à perte de vie ? Un père ne travaille pas pour l'immédiat, ou bien il le fait dans cette frange de comportements que, on l'a vu, l'enfant verse au compte de gestes maternants.

Quel père, donc, dans notre contexte qui encourage la prouesse des gains faciles à empocher aussitôt, qui voit des multinationales spéculer en Bourse avec leurs énormes liquidités plutôt que de s'agrandir et créer des emplois, quel père ira investir à un terme dont il ne sent, ne comprend ni ne perçoit plus la moindre nécessité ?

On conçoit qu'il n'y ait pas foule à se préoccuper des règles de la grammaire élémentaire.

Les psychanalystes, dont l'essentiel du travail consiste à aider un sujet à émerger des impasses dans lesquelles l'a engoncé le mépris de ces mêmes règles, observent le plus profond silence. Sans doute ne sont-ils pas revenus de leur surprise devant l'ampleur des phénomènes auxquels ils assistent et qui les éclaboussent jusque dans la constitution de leurs propres écoles. Mais ils font bien tout de même. Car ce n'est pas dans leurs prérogatives que peut s'inscrire un cri d'alarme. Ils sont logés à la bonne enseigne pour savoir combien toute compromission ne peut se supporter que par l'existence de la jouissance. Et qu'attaquer cette jouissance de front ne peut qu'en renforcer le maintien. Il faut que le sujet atteigne le fin fond de l'insupportable pour amorcer un mouvement de retour à la surface. Rien de moins logique, donc, que d'observer cette passivité qui n'a rien d'une démission.

Les systèmes religieux ont perdu de leur crédit et ne reviennent, dans ce jeu, que sous la forme d'un fanatisme qui ressemble à s'y méprendre à un retour du refoulé :

excessif, terrible, peu crédible et qui se déconsidère autant qu'il déconsidère les systèmes qu'il serait censé défendre.

La médecine est devenue, à son insu et à son corps défendant, un instrument efficace au service de l'asservissement général. D'avoir voulu se muer en science l'a sensiblement écartée de son essence initiale d'art, dans lequel pouvait se reconnaître la part humaine de l'artiste. Plus que tout autre secteur, enfermée dans le faux débat de la consommation qu'elle entraîne et qui ruine la Sécurité sociale, elle se préoccupe de vouloir conserver un halo de grandeur qu'elle a tout fait elle-même pour éteindre. Elle continue et continuera longtemps ses exploits, faisant ce qu'elle peut pour combler de poignées de paille le fond d'un tonneau des Danaïdes dont elle feint de méconnaître la véritable nature.

Alors ?

Il est vrai que, pour le contexte social, le résultat de toutes ces entreprises revient au même. D'un côté, les protagonistes réduits au statut de corps consommateurs n'ont qu'une durée de vie limitée et sont appelés à disparaître à terme ; et, de l'autre côté, les sociétés plus durables et qui se forgent ne peuvent pas cesser de produire sous peine, dans la logique qu'ils se sont choisie, de ne plus exister ou de ne plus pouvoir assurer aux individus qui les composent un accès toujours majoré à des besoins qui vont croissant. Il n'y a, dans ces conditions, aucune hésitation à avoir. Les modèles sociaux qui se forgent ne peuvent qu'être privilégiés aux dépens des individus qui les composent.

Mais c'est là que tout capote. Car les mêmes individus enivrés par la dimension du besoin et prêts à y applaudir sans réserve demeurent travaillés par une dimension tout autre et qui leur paraît strictement incompatible avec les options pourtant de plus en plus aguichantes et séduisantes qui leur sont offertes. La naissance d'un enfant remue chez tout un chacun bien trop de choses pour que ces choses puissent être passées sous silence. Le bouleversement qu'elle entraîne chez quiconque s'y est essayé est d'une force et d'une violence insoupçonnables et qu'on ne peut décrire ni en mots, ni en chiffres, ni en courbes. À cet égard, certes, il ne peut pas être pris en compte par les critères réputés sérieux de nos civilisations férues de preuves tangibles et mesurables. Il n'en existe pas moins. Pas moins que n'existe chez chacun la nécessité des règles de la grammaire élémentaire qui n'ignore rien des mécanismes les plus méticuleux de la physiologie des corps. Cette grammaire élémentaire qui engage les couples dans la recherche têtue d'une entente le plus souvent difficile à trouver, mais qui fonde leur aventure existentielle non pas sous le seul signe de l'exécution d'un programme de charnalité animale, mais sous le signe du respect d'eux-mêmes, de leur partenaire, de leur enfant, et de l'autre enfin.

On aura compris que la crise de dénatalité de nos sociétés, loin d'être un message de désespoir ou de mort, est sûrement le message le plus vibrant et le plus inventif qu'elles aient réussi à lancer en faveur de la vie.

De la vie.

Certes ! disent-elles.

Mais pas à n'importe quel prix !

Paris, le 3 mai 1987.

Notes

1. *L'Enfant porté*, Paris, Éd. du Seuil, 1982, et *Une place pour le père*, Paris, Éd. du Seuil, 1985.

2. Cf. *l'Enfant porté, op. cit.*, p. 143 et *passim.*

3. Dont il sera amplement question dans les chapitres V et VI de cet ouvrage.

4. Peut-il y avoir meilleure preuve de la transformation progressive de nos sociétés en masses mobilisables ? L'acte politique n'est-il pas censé procéder du choix le plus grave que puisse effectuer un sujet ? Quelle signification revêt alors cette entreprise de matraquage ou de séduction qui permet de gagner des voix non pas en convainquant de la justesse de sa cause, mais en jouant sur divers réflexes parfaitement étrangers à la chose politique ?

5. Les gens de télévision eux-mêmes avouent, navrés, savoir que, lorsque la qualité des émissions croît, les indices d'écoute baissent ! Mais que dire des candidats politiques qui modulent et nuancent leurs programmes en fonction du résultat des sondages ! Comme si l'Histoire n'était pas là, encore fraîche, pour rappeler que les masses peuvent aller jusqu'à soutenir la pire horreur d'un projet de société !

6. Pour les détails de ce cas, on peut se reporter à la publication que j'en ai faite, à l'époque, dans l'ouvrage de Ginette Raimbault, *Médecins d'enfants*, Paris, Éd. du Seuil, 1973.

7. L'étude plus détaillée de ces fonctions sera traitée dans le dernier chapitre de l'ouvrage.

8. Je me dois de signaler que j'ai abordé amplement cet aspect des choses dans mes précédents ouvrages, *l'Enfant porté*, Paris, Éd. du Seuil, 1982, et *Une place pour le père*. Paris, Éd. du Seuil, 1985.

9. *Une place pour le père*, Paris, Éd. du Seuil, 1985, p. 304.

10. Je ne fais que résumer, ici, dans ses grandes lignes, ce que j'ai exploré bien plus en détail dans mon ouvrage *Une place pour le père*, Paris, Éd. du Seuil, 1985.

11. Comment ne pas profiter de ces considérations pour reprendre la fameuse légende d'Œdipe ? Elle nous apprend que, pour se punir de l'inceste dont la nature lui a été révélée, il se crève les yeux. Pour-

quoi le choix de cette punition précise ? Pourquoi le choix d'une amputation de cet organe ? Logiquement, s'il ne s'était agi que de s'infliger un supplice au lieu le plus responsable de l'exaction, Œdipe aurait dû s'émasculer, se soumettre au supplice auquel se trouvaient condamnés, dans l'Inde antique, les coupables d'inceste : ils devaient, leur sexe tranché entre les mains, sortir de la ville et s'en aller dans la direction du soleil couchant. Au lieu de quoi Œdipe, lui, se crève les yeux. Ne serait-ce pas comme pour se débarrasser à jamais de ces organes qu'il juge comme les premiers responsables de son erreur et qui se sont avérés inutiles pour ne lui avoir pas permis de reconnaître tout à fait celle qui lui avait donné le jour ? Cela n'ôte rien aux différentes interprétations qui font de l'œil un organe au potentiel sexuel considérable, mais l'enchaînement des faits ne s'en trouve, ainsi, qu'un peu mieux précisé.

12. Ce fait structure, d'ailleurs, le vécu des aventures amoureuses, tel qu'en témoignent les récits, mais aussi les poèmes et les chansons. L'homme ressasse ses souvenirs ; il s'en sent riche, il les choie, les fixe pour pouvoir constamment les avoir à portée d'évocation. Une femme, à l'inverse, évoque rarement ses souvenirs, non pas qu'elle ait une mémoire moins grande, mais parce qu'elle vit chaque instant comme définitif, devant l'être ou ayant dû l'être. Cela se comprend aisément dès lors qu'on revient à ces différences que j'ai connotées de « retrouvailles » et de « découverte ».

13. Notons donc que l'enfant, par sa venue, conférerait à chacun de ses deux parents la dimension ontologique singulière de son partenaire : il apporterait à la mère une meilleure compréhension de ce que serait la « reconnaissance », et au père une approche possible de ce que serait la « découverte ». C'est probablement la raison pour laquelle l'idée a longtemps prévalu qu'un enfant pouvait être un moyen de soudure des partenaires d'un couple. Mais, pour que cela puisse se faire, il faudrait encore que leurs histoires respectives ne pèsent pas trop sur les individus. Autrement dit, que cette histoire soit mobilisable et que sa mobilisation ait déjà été entreprise. On conçoit que, à l'inverse, laisser au seul statut de l'enfant le soin de résoudre une problématique aussi complexe et marquée par la démission parentale préalable est proprement dérisoire.

Table

Dans la collection « Poches Odile Jacob »

N° 1 : Aldo Naouri, *Les Filles et leurs mères*
N° 2 : Boris Cyrulnik, *Les Nourritures affectives*
N° 3 : Jean-Didier Vincent, *La Chair et le Diable*
N° 4 : Jean François Deniau, *Le Bureau des secrets perdus*
N° 5 : Stephen Hawking, *Trous noirs et bébés univers*
N° 6 : Claude Hagège, *Le Souffle de la langue*
N° 7 : Claude Olievenstein, *Naissance de la vieillesse*
N° 8 : Édouard Zarifian, *Les Jardiniers de la folie*
N° 9 : Caroline Eliacheff, *À corps et à cris*
N° 10 : François Lelord, Christophe André, *Comment gérer les personnalités difficiles*
N° 11 : Jean-Pierre Changeux, Alain Connes, *Matière à pensée*
N° 12 : Yves Coppens, *Le Genou de Lucy*
N° 13 : Jacques Ruffié, *Le Sexe et la Mort*
N° 14 : François Roustang, *Comment faire rire un paranoïaque ?*
N° 15 : Jean-Claude Duplessy, Pierre Morel, *Gros temps sur la planète*
N° 16 : François Jacob, *La Souris, la Mouche et l'Homme*
N° 17 : Marie-Frédérique Bacqué, *Le Deuil à vivre*
N° 18 : Gerald M. Edelman, *Biologie de la conscience*
N° 19 : Samuel P. Huntington, *Le Choc des civilisations*
N° 20 : Dan Kiley, *Le Syndrome de Peter Pan*
N° 21 : Willy Pasini, *À quoi sert le couple ?*
N° 22 : Françoise Héritier, Boris Cyrulnik, Aldo Naouri, *De l'inceste*
N° 23 : Tobie Nathan, *Psychanalyse païenne*
N° 24 : Raymond Aubrac, *Où la mémoire s'attarde*
N° 25 : Georges Charpak, Richard L. Garwin, *Feux follets et champignons nucléaires*
N° 26 : Henry de Lumley, *L'Homme premier*
N° 27 : Alain Ehrenberg, *La Fatigue d'être soi*
N° 28 : Jean-Pierre Changeux, Paul Ricœur, *Ce qui nous fait penser*
N° 29 : André Brahic, *Enfants du Soleil*
N° 30 : David Ruelle, *Hasard et Chaos*
N° 31 : Claude Olievenstein, *Le Non-dit des émotions*
N° 32 : Édouard Zarifian, *Des paradis plein la tête*
N° 33 : Michel Jouvet, *Le Sommeil et le Rêve*
N° 34 : Jean-Baptiste de Foucauld, Denis Piveteau, *Une société en quête de sens*
N° 35 : Jean-Marie Bourre, *La Diététique du cerveau*
N° 36 : François Lelord, *Les Contes d'un psychiatre ordinaire*
N° 37 : Alain Braconnier, *Le Sexe des émotions*
N° 38 : Temple Grandin, *Ma vie d'autiste*
N° 39 : Philippe Taquet, *L'Empreinte des dinosaures*
N° 40 : Antonio Damasio, *L'Erreur de Descartes*
N° 41 : Édouard Zarifian, *La Force de guérir*
N° 42 : Yves Coppens, *Pré-ambules*
N° 43 : Claude Fischler, *L'Homnivore*

N° 44 : Brigitte Thévenot, Aldo Naouri, *Questions d'enfants*
N° 45 : Geneviève Delaisi de Parseval, Suzanne Lallemand, *L'Art d'accommoder les bébés*
N° 46 : François Mitterrand, Elie Wiesel, *Mémoire à deux voix*
N° 47 : François Mitterrand, *Mémoires interrompus*
N° 48 : François Mitterrand, *De l'Allemagne, de la France*
N° 49 : Caroline Eliacheff, *Vies privées*
N° 50 : Tobie Nathan, *L'Influence qui guérit*
N° 51 : Éric Albert, Alain Braconnier, *Tout est dans la tête*
N° 52 : Judith Rapoport, *Le Garçon qui n'arrêtait pas de se laver*
N° 53 : Michel Cassé, *Du vide et de la création*
N° 54 : Ilya Prigogine, *La Fin des certitudes*
N° 55 : Ginette Raimbault, Caroline Eliacheff, *Les Indomptables*
N° 56 : Marc Abélès, *Un ethnologue à l'Assemblée*
N° 57 : Alicia Lieberman, *La Vie émotionnelle du tout-petit*
N° 58 : Robert Dantzer, *L'Illusion psychosomatique*
N° 59 : Marie-Jo Bonnet, *Les Relations amoureuses entre les femmes*
N° 60 : Irène Théry, *Le Démariage*
N° 61 : Claude Lévi-Strauss, Didier Éribon, *De près et de loin*
N° 62 : François Roustang, *La Fin de la plainte*
N° 63 : Luc Ferry, Jean-Didier Vincent, *Qu'est-ce que l'homme ?*
N° 64 : Aldo Naouri, *Parier sur l'enfant*
N° 65 : Robert Rochefort, *La Société des consommateurs*
N° 66 : John Cleese, Robin Skynner, *Comment être un névrosé heureux*
N° 67 : Boris Cyrulnik, *L'Ensorcellement du monde*

Imprimé en France sur Presse Offset par

BRODARD & TAUPIN

GROUPE CPI

La Flèche (Sarthe), le 11-09-2001
N° d'impression : 8226
N° d'édition : 7381-1029-X
Dépôt légal : septembre 2001